［第五版］

国際経済学の基礎

「100項目」

多和田眞
近藤健児
［編著］

創成社

はしがき

PREFACE

本書は国際経済学を基礎から学ぶ人のためのテキストです。日本の経済はいうまでもなく外国の経済と密接な関係をもっており，世界経済に大きく依存しつつ経済発展を遂げて，今日の経済的な繁栄を築いてきました。そして，近年では，日本経済の動向が世界の経済にかなりの影響力を及ぼすまでになってきています。国際間での財，サービスの移動や情報の交換に関する技術の著しい発達によって，国際的な経済取引も飛躍的に増大しており，そのなかで日本経済が果たす役割もきわめて重要になってきています。したがって，国際社会の一員であることを自覚するだけでなく，私たちの経済生活を実り豊かなものにするためにも，きちんとした国際経済の知識を身につけておくことが大切です。

経済問題のほとんどが国際経済と何らかの形で結びついており，限られた範囲で「国際経済学」として何を学ぶかを設定するのは簡単ではありません。大学での国際経済学の講義内容も年々新しいトピックが加えられ，内容豊富になってきています。そこで一般的には，国際経済学を①「国際貿易」に関する部分と②「国際金融」に関する部分，それに③「世界経済事情」に関する部分に大別し，多くの大学の経済学部では，さらに①を「貿易理論」「貿易政策」「国際要素移動」などの分野に，②を「国際金融」「国際マクロ経済学」などの分野に，③を「アジア経済論」「アメリカ経済論」「ヨーロッパ経済論」などに分けて講義を行っています。本書は国際経済学の入門を目的にしていますので，これらの全分野からもっとも重要と思われるテーマを選び，その基礎的な説明を行っています。本書で学んだ後，さらに深く国際経済学を学びたいと思う人は，巻末の参考文献にあげられているテキストに進んでください。

本書の第1の特色は，見開き2ページ完結で1項目を扱っていることです。こうすることで，大学の講義で使用する場合に，担当者は取り上げたい項目を自由かつ容易に取捨選択できます。また学生は各項目のはじめにある1～2行の要約を活用して，ワンステップずつ着実な学習を進められます。

第2の特色として，初学者でも十分に読みこなせるようにできるだけ平易な表現を用い，数学をほとんど使わずに，図や表を通して直感的な内容理解を優先したことがあげられます。

第3に，基本的な学習内容の理解を確認するために，各章の終わりには練習問題が付けられています。自力でトライしてみることをおすすめしますが，難しければ最初はそのまま解答と解説を読んでかまいません。大切なことは「わかったつもり」で済ますことなく，理解を深めることなのです。

本書は『国際経済学』多和田眞／近藤健児編著，創成社，1999年（2002年，2005年改訂）の新版として企画されましたが，新しい執筆者も加わって前著は大幅にリニューアルされました。分担執筆された原稿は，編者を中心に内容の精選をはかるべく議論を重ね，大幅な改稿作業を経て完成にいたりました。本書の出版にあたり，創成社の西田徹氏には大変にお世話になりました。ここに深くお礼申し上げます。

2007年3月25日

多和田　眞
近藤　健児

第五版発行にあたって

このテキストも2018年の第四版発行からほぼ4年が経過しました。世界経済はその間に大きく変化しました。特に，2019年に始まった新型コロナ感染症の世界的拡大は，2022年2月の現在でも，未だに収束する気配がなく，世界経済に深刻な影響を与えています。この感染症拡大が，最終的に世界経済にどのような影響を与えるのか，それによって世界の経済システムがどのように変化すると予想されるかといった問題については，現在，多くの研究がなされているところです。こうした研究成果によって，この感染症の世界経済への影響に関する信頼できるデータが出揃うためには，もう少し時間がかかりそうです。したがって，今回の改版では新型コロナ感染症と世界経済の関係については触れませんでした。次回の改版ができれば，その時にこの問題についても取り上げていきたいと考えています。したがって今回は，それ以外の世界経済の事情について，第四版以降に生じた最新の内容を記載しました。今回の改版にあたっても，創成社の西田徹氏に大変お世話になりました。深くお礼を申し上げます。

2022年3月1日

多和田　眞
近藤　健児

CONTENTS

第3章　ヘクシャー＝オリーンの貿易モデル　39

第4章　伝統的貿易政策　57

第5章　新貿易政策　75

第6章 国際要素移動 87

第7章 国際収支統計 103

第8章 国際金融 111

第9章 国際マクロ経済学 135

第10章 現代の国際貿易の諸問題 155

第11章 現代の国際金融の諸問題 177

第１章

簡単な貿易モデル
（生産を含まないモデル）

1 財の初期賦存と閉鎖経済均衡

生産のない自給自足の閉鎖経済の下では，財の初期賦存量に需要量を一致させるように均衡価格が決まる。

自給自足で経済が成り立っている国を考えます。このようなB国との貿易を考えない（貿易や移民を考えない），一国だけで完結している経済を**閉鎖経済**（autarky，closed economy）といいます。この国は第1財，第2財の2種類の財だけが存在しているとしましょう。財の生産も無視し，あらかじめ X_0 と Y_0 の分量だけ財を保有している（図1の点 A）とします。このようにあらかじめ保有している財の組を**初期賦存量**（initial endowment）と呼びます。閉鎖経済はB国からの財の購入を考えていないので，財の消費は初期賦存量が最大量になります。

この閉鎖経済の市場均衡（需要量と供給量が一致する状態）がどのように成立しているのかを考えます。供給量が初期賦存量の大きさで一定であるため，需要量と供給量が等しくするためには，初期賦存量に需要量を合わせるように財の交換が成立します。第1財と第2財に対する需要の大きさを D_X と D_Y と表すと，均衡では

$$D_X - X_0 = 0, \qquad D_Y - Y_0 = 0$$

となります。つまり図1の初期賦存量の点 A が閉鎖経済の均衡点です。

では需要の大きさ，D_X と D_Y はどのように調整されるのでしょうか。国全体の需要の大きさは，この国の所得水準と財の価格によって決められます。第1財と第2財の価格を p_X と p_Y，この国の所得水準を I とします。所得水準 I の大きさは初期賦存量の価値の総額になりますから，この国の予算制約式は

$$I = p_X X_0 + p_Y Y_0 = p_X D_X + p_Y D_Y \tag{1-1}$$

と表されます。この時，初期賦存量の大きさ（X_0，Y_0）は固定されていますから，所得水準は価格によって決められています。よって，需要の大きさは価格の影響だけを考えれば良いのです。

では需要と価格の関係を考えましょう。閉鎖経済均衡では初期賦存量が消費量になっていますから，この国の**厚生**（welfare）の水準は点 A を通る無差別曲線で表されます。この無差別曲線の点 A における接線の傾きを**限界代替率，MRS**（marginal rate of substitution）と呼びます。限界代替率は，第1財の消費量を1単位増やすとき，手放しても良い第2財の量のことであり，消費者が望む第1財と第2財の交換比率を表します。たとえばMRSの大きさが2である場合，消費者は第1財1単位が手に入るなら，第2財2単位を手放しても良い（第1財は第2財の2倍の価値がある）と考えています。

売れ残りや品不足が市場に存在しない（市場が均衡する）ためには，この限界代替率に一致するように，市場での財の交換比率が定まらなければなりません。市場での財の交換比率は，第1財1個の価値を第2財の量で表した財の価格の比率（p_X/p_Y）です。つまり限界代替率に等しい価格比率が，市場を均衡させます。このように，閉鎖経済市場を均衡させる価格を国内均衡価格といいます。

図1

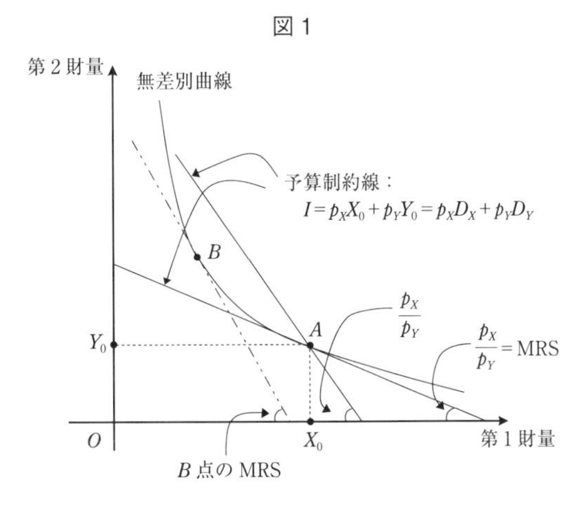

2 自由貿易均衡

貿易が自由に行われる時，各財について世界の輸出量と輸入量が一致している状態を自由貿易均衡と呼ぶ。

まずＡ国とＢ国の２国で考えましょう（Ｂ国は，Ａ国以外のすべての国を表している場合が多いので，Ｂ国をROW（rest of the world）と呼ぶこともあります）。閉鎖経済の場合，Ａ国とＢ国のそれぞれに第１財と第２財の市場が独立した別個の市場として存在しています（以後，Ｂ国に関する数値にはすべて右肩に＊印をつけます）。財の価格は市場ごとに決まるので，Ａ国とＢ国では同じ財であっても異なる価格で取引が行われている場合がほとんどです。しかし貿易が自由に行われる場合，Ａ国とＢ国は同じ市場での競争に直面するので，同じ財は同じ価格で取引されるようになります。

Ａ国とＢ国の２国からなる世界経済を考えましょう。消費者の選好はＡ国とＢ国で同じとします。Ｂ国の第１財と第２財の閉鎖均衡時の価格をp_X^*とp_Y^*とすると，Ｂ国の初期賦存量（X_0^*，Y_0^*）を図２−１のように考えれば，閉鎖経済下のＡ国とＢ国の価格比率は，一般に（無差別曲線の形状が相似拡大という性質を仮定すれば）次のような関係になります。

$$\frac{p_X}{p_Y} < \frac{p_X^*}{p_Y^*}$$

貿易が開始されると，経済主体はこの価格比率の違いを利用し，Ａ国ではＢ国より不足気味（$Y_0 < Y_0^*$）で高価だった財を，相対的に安価な価格でＢ国から購入（輸入）し，また国内では比較的に豊富にあった（$X_0 > X_0^*$）ため安価だった財をＢ国に高く売ること（輸出）ができます。国際間でこうした取引が行われる市場を国際市場と呼びます。

貿易によって両国では財の価値が変化するため，国際市場での財の価格比率は国内均衡価格から変化していきます。各国は初期賦存量を起点として，国際市場での取引価格である国際価格比率で財の交換を実現します。この国際価格比で交換される財の組合せを表したものが，図2−2の貿易下の予算制約線I_Wです。新しい予算制約線に無差別曲線が接するT点で，各国の財の消費点が決まります。こうして決まる両国の需要量の合計が，賦存量の合計（世界全体の賦存量）に等しくなるように国際価格が調整されます。つまり，A国の輸出（輸入）量とB国の輸入（輸出）量が一致するように国際均衡価格が決まる，ということです。この均衡を**自由貿易均衡**（trade equilibrium）と呼びます。なお，自由貿易均衡の国際価格をp_X^W, p_Y^Wとすると，両国の閉鎖経済時の価格比との関係は，

$$\frac{p_X}{p_Y} < \frac{p_X^W}{p_Y^W} < \frac{p_X^*}{p_Y^*}$$

となります。

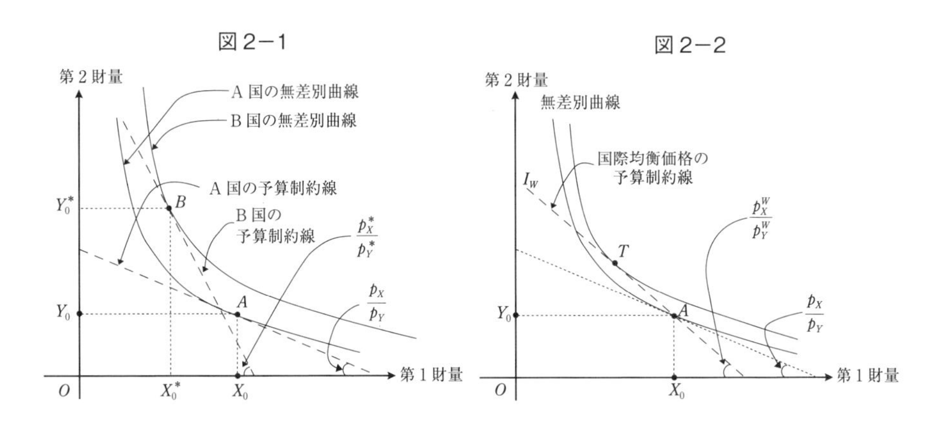

3 貿易三角形と貿易利益

貿易三角形は底辺と高さに貿易量をとる三角形であり，一般に大きいほど貿易利益が高い。

第2節で見たように貿易下の消費点は，国際価格での予算制約線に無差別曲線が接している，図3−1のような T 点で決まりました。この T 点と初期賦存量を示す A 点の位置の差が，A国の貿易の大きさを示しています。図3−1でA国が国際市場で AB の大きさだけ第1財を販売（輸出）し，BT の大きさ分の第2財を購入（輸入）していることが確認できます。この時，図3−1（図3−2）で示されているように，AB（DT）を底辺とし，BT（CD）を高さとする直角三角形を**貿易三角形**（trade triangle）と呼びます。自由貿易均衡では，A国の輸出（輸入）量とB国の輸入（輸出）量が一致していますから，A国とB国の貿易三角形は完全に合同な三角形です。

図3−1と図3−2で，自由貿易均衡時の厚生水準の大きさを確認してください。各国の閉鎖経済下の（初期賦存点での）厚生水準 U_0 は，鎖国状態にある時の厚生水準です。自由貿易時の厚生水準を表している（T 点を通る）無差別曲線 U_W は，U_0 より高い厚生水準になっています。貿易が開始された結果，厚生水準が上昇しています。このように，貿易を選択することでもたらされる利益のことを**貿易利益**（gains from trade）といいます。

初期賦存量である A 点と自由貿易均衡である T 点が離れていればいるほど，貿易が活発に行われているといえるので，貿易三角形は大きくなります。よって貿易三角形が大きいほど，一般的には貿易利益も大きくなります。

図3−1

第2財量

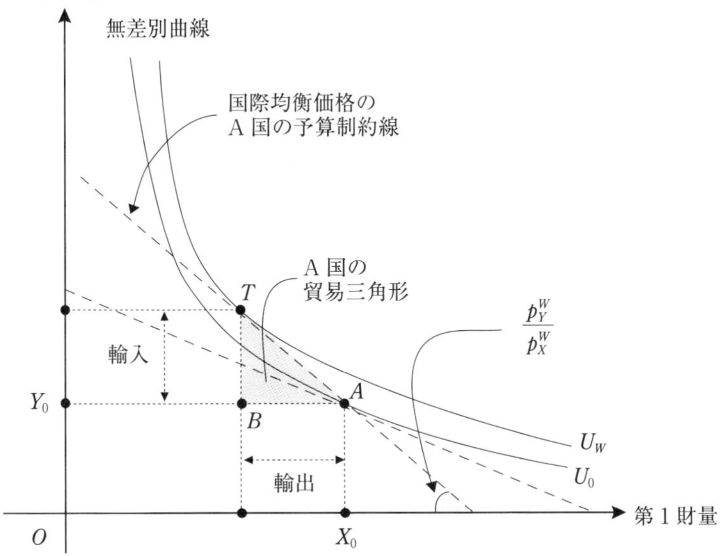
無差別曲線
国際均衡価格の
A国の予算制約線
A国の
貿易三角形
T
$\frac{p_Y^W}{p_X^W}$
輸入
Y_0
B
A
U_W
U_0
輸出
第1財量
O
X_0

図3−2

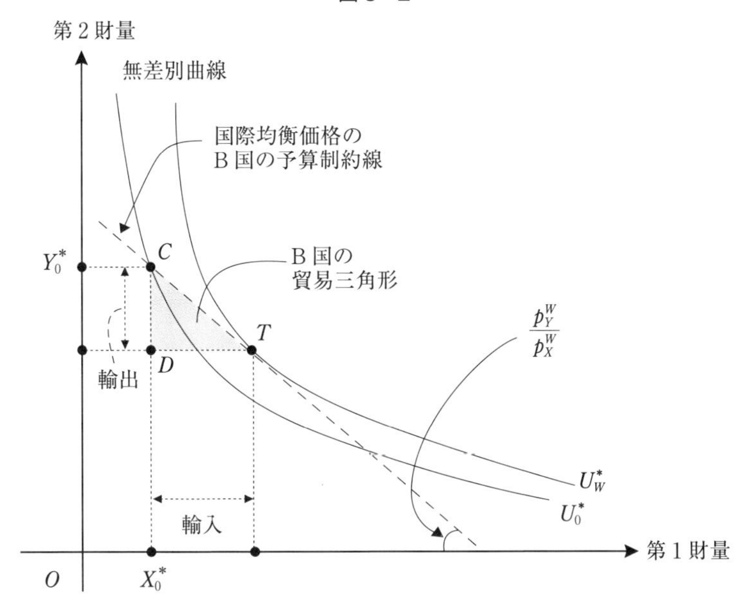
第2財量
無差別曲線
国際均衡価格の
B国の予算制約線
C
Y_0^*
B国の
貿易三角形
T
$\frac{p_Y^W}{p_X^W}$
D
輸出
U_W^*
U_0^*
輸入
第1財量
O
X_0^*

4 交易条件とオファー曲線

輸出財１単位で何単位の輸入財を獲得できるかを表す交易条件で，対応する貿易量を示したものがオファー曲線。

前項において図3−1のA国の場合，貿易三角形は底辺と高さが輸出量と輸入量になっていました。横軸方向に１つ移動した時に縦軸方向にどれだけ変化するかを意味しているのが傾きですから，貿易三角形の斜辺の傾きは，輸出量が１単位増加した時に輸入量がどれだけ増えるかを表しています。つまり輸出量で輸入量を割った値になります。

輸入財価格で輸出財価格を割った値（輸出財価格／輸入財価格）を，**交易条件**（terms of trade）と呼びます。交易条件は，輸出財１単位で輸入財を何単位獲得できるかを示しています。第５節で詳しく学ぶように，交易条件が上昇すると，同じ輸出財の量でより多くの輸入財を獲得できるようになるため，通常はその国の厚生水準を上昇させます。

さて，国際価格比（交易条件）が定まると，対応する貿易三角形の形が決まります。図4−1は初期賦存点を原点とし，横軸に輸出量，縦軸に輸入量を軸にとっています。原点からの直線を引くと，その傾きは交易条件を表します。この直線の傾きが輸入量／輸出量を表していることを確認してください。この直線を交易条件線と呼びます。

さまざまな交易条件のすべてに対して，対応する貿易三角形があるので，貿易量を表す頂点のすべてを結ぶと，図4−1のような輸出量と輸入量の関係を表す曲線を描けます。この曲線を**オファー曲線**（offer curve）といいます。

図4−1のようにオファー曲線は途中から屈曲する形になることがありますが，これは次のように解釈されます。交易条件が改善された場合，少量の輸出財でより多くの輸入財を獲得できるため，初めのころは輸出を増

やすことで相対的に多くの輸入財を獲得する形で貿易が行われます。しかし交易条件が大幅に上昇すると，ほんの少しの輸出財でもありあまる輸入財を獲得できるようになります。国内では輸出財の希少性がより高く評価されるようになるため，輸出を減らすようになるのです。

オファー曲線を利用すると，貿易均衡を簡単に示すことができます。A国とB国の間での貿易ではA国の輸出量（輸入量）はB国の輸入量（輸出量）であることを考慮して，A国のオファー曲線のグラフにB国のオファー曲線を描くと，B国の輸入量と輸出量をそれぞれ横軸と縦軸にとることによってB国のオファー曲線が図4−2のように描けます。図4−2において両国のオファー曲線の交点でA国の輸入量（輸出量）とB国の輸出量（輸入量）が一致するため，この点が貿易均衡点となります。この自由貿易均衡点では，両国は同じ国際価格比（交易条件）P_1 に直面して貿易が行われています。これは財の国際市場が均衡している（均衡価格が定められている）ことを意味します。

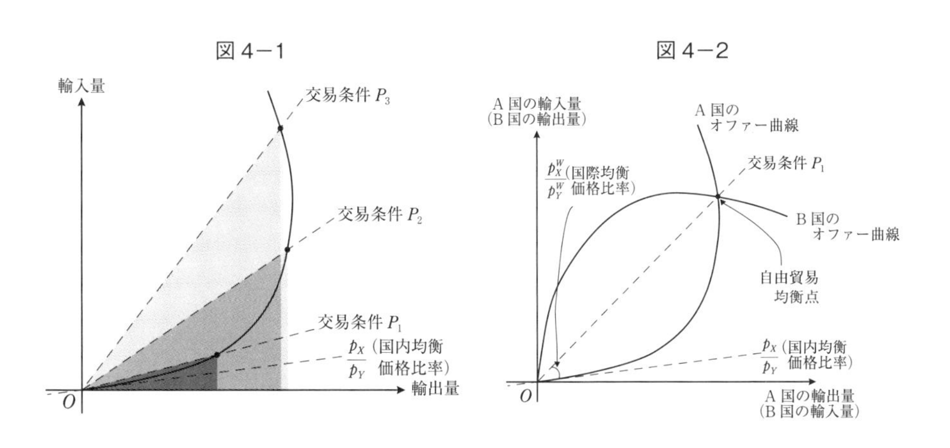

5 貿易無差別曲線

貿易無差別曲線とは初期賦存点を原点として，無差別曲線を貿易量の図に転写したもの。

各国の厚生水準と貿易量との関係を考えましょう。オファー曲線と厚生の関係を明らかにすれば，貿易量と厚生水準の関係を簡単に表すことができるため，非常に便利です。そこで無差別曲線を利用します。

さまざまな交易条件に対して貿易三角形の頂点をとったものがオファー曲線ですから，図5−1の貿易三角形の頂点（交易条件に対応する消費点）を通るU_1，U_2のような無差別曲線を，初期賦存点を原点とする図5−2に移し描いたものが**貿易無差別曲線**です。貿易無差別曲線は，ある交易条件が与えられた時に実現する輸出量と輸入量の組合せに対応する厚生水準を表しています。図5−2に描かれる交易条件線は，図5−1の予算制約線と対応していますから，貿易無差別曲線は交易条件線に貿易点で接している曲線です。

なお，閉鎖経済均衡時の厚生水準は，貿易のない場合の無差別曲線の水準です。よって，図5−2の原点を通る貿易無差別曲線U_0が閉鎖経済時の厚生水準になっています。このことから閉鎖経済時の価格比率より交易条件が改善している限り，自由貿易下での厚生水準は改善していることが確認できます。

貿易無差別曲線を利用して，自由貿易均衡の**パレート最適性**（Pareto optimality）を確認しておきましょう。自由貿易均衡を実現する交易条件線はオファー曲線の交点を通る直線です。両国の貿易無差別曲線は交易条件線に接していますから，両国の貿易無差別曲線もオファー曲線の交点で接しています。両国の貿易無差別曲線の接点を出発点として考えると，一方の国の厚生水準を上昇させようとすると，残る一方の国の厚生水準は必ず低下してしまいます。したがって，自由貿易均衡は世界全体でパレートの意味で最適な均衡になっています。

図5−1　　図5−2

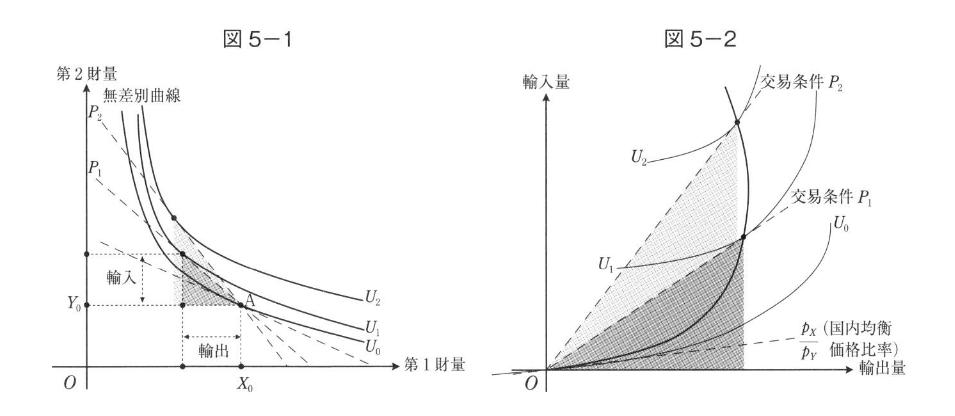

図5−3

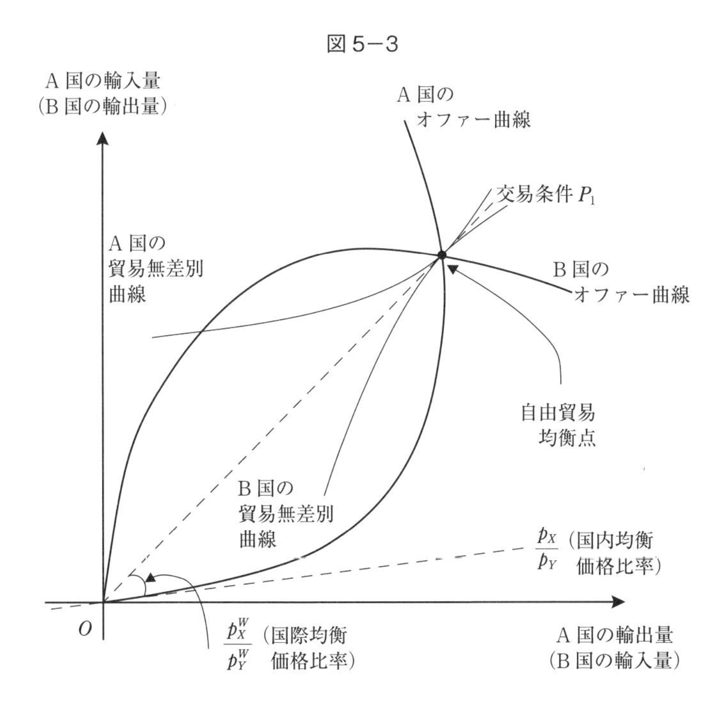

6 マーシャル=ラーナーの条件

自由貿易均衡が局所的に安定であるための条件。A 国の輸入需要の価格弾力性＋B 国の輸入需要の価格弾力性＞1。

自由貿易均衡の安定性を考えましょう。たとえば図 6−1 のように，自由貿易均衡を実現する交易条件 P_1 とは異なる，交易条件 P_2 が与えられたとします。図 6−1 のような交易条件 P_2 の下では，A 国が輸出しようとする第 1 財量の方が，B 国が輸入しようとする第 1 財量よりも多くなっています。国際市場で第 1 財の超過供給が発生している状態ですから，輸出財である第 1 財の国際価格 p_x は下落（輸入財価格は上昇）し，A 国にとって交易条件は悪化します。交易条件 P_2 の悪化は自由貿易均衡に到達するまで続き，国際市場は自由貿易均衡の e 点に向かって調整されていきます。このように交易条件の調整によって経済が均衡に向かっていくとき，均衡は**安定**（stable）であるといいます。均衡状態から交易条件が上昇した場合，国際市場で輸出財の超過供給が発生していることが，自由貿易均衡が安定となるための条件です。

自由貿易均衡は常に安定であるとは限りません。交易条件が改善した時，輸出量が減少する場合もありますから，国際市場で必ず超過供給が発生するとは限らないのです。A 国輸出量の減少が B 国輸入量の減少より大きく，国際市場で超過需要が発生すれば，均衡は不安定になります。図 6−2 では複数の交点（a 点，b 点，c 点）が存在していますが，このうちの b 点は自発的に均衡に復帰しない不安定な均衡です。b 点の状態から A 国の輸出財価格が上昇すると，輸出財の国際市場で超過需要が発生し，ますます価格が上昇して均衡から離れていきます。

均衡が安定になる条件を，少し詳細に考えましょう。交易条件が 1%上昇したとき，輸出量が何%変化するかを**輸出の価格弾力性**（price elasticity of export)，**輸入量が何％変化するかを輸入の価格弾力性**（price elasticity of import）といい，それぞれ$\varepsilon_X \varepsilon_M$と表します。定義から，A 国の交易条件が1％上昇したとすると輸出はε_X％，この財のB国の輸入がε^*_M％変化します。したがって，$\varepsilon_X + \varepsilon^*_M > 0$なら，交易条件の上昇がA国の輸出財の国際市場で超過供給を発生させるため，均衡に復帰します。

この時，輸出財の総額と輸入財の総額が等しい状態（貿易収支均衡）を，価格弾力性の関係で表すと$\varepsilon_X = \varepsilon_M - 1$となります。これは$\varepsilon_M > 1$なら$\varepsilon_X > 0$，つまり$\varepsilon_M > 1$なら交易条件の改善は輸出量を増加させることを意味します。よって輸入需要の価格弾力性の大きさにより，輸出が増加するか減少するかを示せます。

以上のことから，交易条件の改善が，輸出財の国際市場で超過供給を導く条件は，$\varepsilon_X = \varepsilon_M - 1$と$\varepsilon_X + \varepsilon^*_M > 0$が同時に成立していることになります。$\varepsilon_X = \varepsilon_M - 1$を$\varepsilon_X + \varepsilon^*_M > 0$に代入すると$\varepsilon_M + \varepsilon^*_M > 1$が導かれます。**すなわちA国の輸入需要の価格弾力性＋B国の輸入需要の価格弾力性＞1**という条件が安定条件として成立します。これをマーシャル＝ラーナーの**条件**（Marshall＝Lerner condition）といいます。

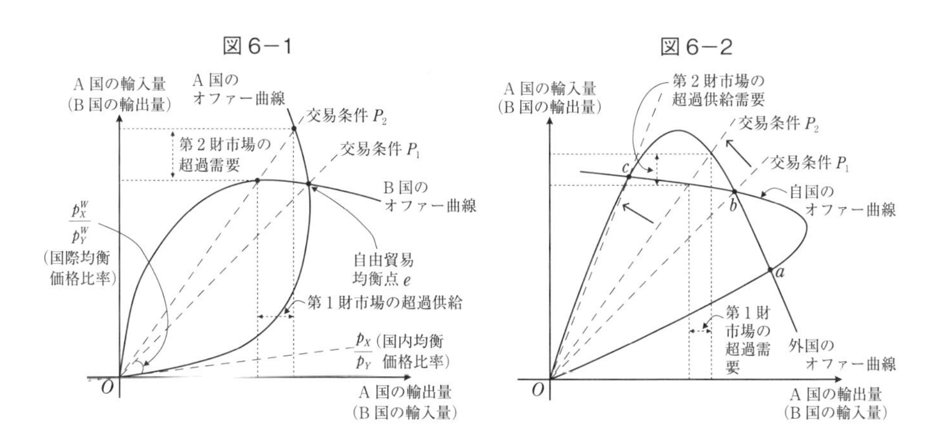

第１章　練習問題

1. 鎖国していたＡ国が開国し，Ｂ国との貿易を開始しました。貿易開始前はＡ国の第１財の価格が10円，第２財の価格が40円でした。次の各問に答えなさい。

　(1) 貿易開始後にＡ国の第１財価格は20円に，第２財の価格は30円になりました。このとき，Ａ国はどちらの財を輸出し，どちらの財を輸入しているでしょうか。

　(2) 貿易相手国であるＢ国では，貿易前の第１財価格は２ドル，第２財の価格は４ドルでした。このとき，Ａ国とＢ国の経済力に大きな違いがないとすると，Ａ国の財の価格比率（p_X/p_Y）は変化するでしょうか，しないでしょうか。変化するとしたら，どう変化するでしょうか。

　(3) 自由に貿易が可能であるにもかかわらず，鎖国を放棄してもＡ国とＢ国の間では，第１財，第２財ともに，貿易が行われませんでした。このとき，国際価格比率（p_X^W/p_Y^W）の大きさはいくつでしょうか。

2. いま，Ａ国の輸出財の価格は50円，輸入財の価格は100円です。次の各問に答えなさい。

　(1) 交易条件の大きさはいくつでしょうか。

　(2) 輸出財の価格が100円に上昇した時，輸入量は上昇するでしょうか，減少するでしょうか。理由をつけて答えなさい。

【解答】

1. (1)　第１財を輸出し，第２財を輸入している。

　(2)　相対価格が上昇するように変化する。

　(3)　$(p_X^W/p_Y^W)=1/4$

2. (1)　1/2

　(2)　交易条件が改善するので，輸入量は増大する。

第2章

リカードの貿易モデル

7 国際分業と絶対優位

貿易を通じて国と国の間で国際分業が成立。国と国の間の技術水準の違いの捉え方の１つとしての絶対優位。

この章では，第１章ではなかった生産がある場合の代表的な貿易モデルであるリカード・モデルを説明します。

各国は他の国よりも割安に生産できる財の生産を増やして，国内で消費せずに余った分を輸出します。そして，割高にしか生産できない財の生産を減らして，国内で足りない分を輸入でまかないます。このような「国と国の間の分業関係」を，**国際分業**（international division of labor）といいます。

国際分業は，垂直分業と水平分業に分けられます。**垂直分業**（vertical division of labor）とは，技術水準が異なる国や地域の間で生じる分業です。**水平分業**（horizontal division of labor）とは，技術水準が似ている国や地域の間で生じる分業です。たとえば，先進工業国で工業製品を作って輸出して，発展途上国で一次産品を生産して輸出する，といったようなことが垂直分業です。先進工業国の間で自動車が貿易されるといったように，同じ産業内での貿易（産業内貿易）において，主に水平分業はみられます。より詳しく見てみると，産業内貿易において垂直分業も存在することがあります。たとえば，コンピュータ産業において，高性能なスーパーコンピュータは先進工業国が生産して，普及型のパソコンは発展途上国が生産する，というような場合です。

国と国の間の相対的な生産効率の違いによって，どの国がどの財を輸出または輸入することになるのかが決まると考えたのが，イギリスの経済学者のリカード（D. Ricardo）です。ここでは，国と国の間の生産効率の差を捉える方法の１つである**絶対優位**（absolute advantage）という概念を説明します。

具体的な数値例で絶対優位を説明します。A 国で小麦 1 kg を生産するためには 1 時間働く必要があり，別の B 国で同じだけ小麦を作るためには，10 時間働かなければならないとします。このとき，同じ 1 時間働いたとしても，小麦は A 国において 1 kg 生産できるのに対して，B 国では 1/10 kg しか生産できません。つまり，労働生産性（労働 1 時間当たりで生産できる小麦の量）は，A 国の方が B 国よりも高いです。したがって，「A 国は B 国よりも小麦の労働生産性が高いので，A 国は小麦の生産について絶対優位を持つ」といいます。別の言い方をすると，「A 国は B 国よりも少ない労働時間で小麦 1 kg を作ることができるので，A 国は小麦の生産について絶対優位を持つ」となります。財を生産するために必要な生産要素の絶対量が少ない，という意味で優位な立場にあるので，絶対優位というのです。絶対的な生産性の高さを比較することで，絶対優位かどうかを判断するので，ある 1 国のみがすべての財の生産について絶対優位を持つことがあり得ます。この絶対優位は，世間で言われる生産性で技術の優劣を判断することに対応しています。

8 比較優位

相対的な生産効率の違いを表すものが比較優位。ある国だけがすべての財の生産に比較優位を持つことはない。

国と国の間で，相対的にどの財の生産が得意かどうかを見分けるものが，**比較優位**（comparative advantage）です。比較優位は，絶対優位とは異なった方法で国と国の間の生産効率の違いを捉えます。

具体的な数値例で比較優位を説明します。A 国と B 国の 2 国があり，小麦と牛肉の 2 種類の財があり，生産要素は労働力のみであると仮定します。A 国では，小麦 1 kg と牛肉 1 kg を作るのに，それぞれ 1 時間と 5 時間働く必要があるとします。一方，B 国では，小麦 1 kg と牛肉 1 kg を作るのに，それぞれ 10 時間と 20 時間かかるとします（表 8 を参照）。このとき，A 国は小麦と牛肉の生産について絶対優位を持ちます。では，A 国は小麦の生産と牛肉の生産のどちらの方が相対的に得意でしょうか。これを判断するためには，国と国の間の相対的な生産効率の違いの意味を知る必要があります。

まず各国で小麦を 1 kg 前より多く作るとき，どんなことが起きるかを見てみましょう。A 国において，小麦を 1 kg 多く生産しようとすると，1 時間の追加的な労働投入が必要です。すでに労働者は完全雇用されていたとすると，そのためには牛肉の生産に使っていた 1 時間を，小麦の生産に向ける必要があります。牛肉の生産の労働時間が 1 時間減ると，牛肉の生産量は 1/5 kg 減少します。つまり，小麦 1 kg 作ることの**機会費用**（opportunity cost）は牛肉 1/5 kg です。この計算方法は，次のとおりです。

$$\text{小麦の生産の機会費用} = \frac{\text{小麦 1 kg の生産に必要な労働時間}}{\text{牛肉 1 kg の生産に必要な労働時間}} = \frac{1}{5}\text{kg} \tag{8-1}$$

一方，同じようにして，B国においては，小麦1kg生産することの機会費用は牛肉1/2kgです（計算方法は上の式と同じようにして，10/20 = 1/2kgです）。

次に，牛肉を各国で1kg前より多く作るときについて同じように考えてみます。すると，A国において牛肉1kg作ることの機会費用は，

$$\text{牛肉の生産の機会費用} = \frac{\text{牛肉1kgの生産に必要な労働時間}}{\text{小麦1kgの生産に必要な労働時間}} = \frac{5}{1} = 5\,\text{kg} \tag{8-2}$$

となります。一方，B国においては，牛肉1kg作ることの機会費用は小麦2kgです（計算方法は上の式と同じようにして，20/10 = 2kgです）。

以上のことから，小麦1kg多く作ろうとするとき，A国の方がB国よりも少ない牛肉の犠牲の下で達成できます。これは，A国の方がB国よりも相対的に小麦の生産が得意である，ということを意味します。そこで，「小麦の生産の機会費用はA国の方がB国よりも小さいので，A国は小麦の生産について比較優位を持つ」というのです。また，牛肉の生産の機会費用を比較することで，B国は牛肉の生産について比較優位を持つ，といえます。牛肉と小麦の生産のどちらの方が比較的得意（優位）なのかをみることから，比較優位と呼ぶのです。

ここで注意してもらいたいことが2つあります。1つ目は，「すべての財についてある国のみが比較優位を持つことはない」ということです。というのも，上の2つの式の計算方法からわかるように，牛肉の生産の機会費用は小麦の生産の機会費用の逆数だからです。2つ目は，生産の機会費用が各国で異なるのは，絶対的な労働生産性が異なるからではなく，相対的な労働生産性が異なるからである，ということです。

表8　小麦と牛肉の生産技術

	小麦1kgの生産にかかる労働時間	牛肉1kgの生産にかかる労働時間
A国	1時間	5時間
B国	10時間	20時間

9 リカード・モデルの特徴と生産関数

リカードの貿易モデルは労働力のみが生産要素で，生産関数を図に描くと原点を通る直線になる。

リカード・モデル（Ricardian model）の主な特徴は2つあります。1つ目は，生産要素は労働力のみです。リカードの貿易モデルは，商品の価値はそれを生産するためにかかった労働時間によって測る，という労働価値説に基づくものであったので，生産要素は労働力のみです。ですから，所得分配の問題が生じません。生産要素が2つ以上あると，貿易によって生産要素の価格がどう変わるかによって，得する経済主体と損失を被る経済主体がでてきます。2つ目は，財1単位を生産するために必要な労働投入量は，一定であることです。言い換えると，労働生産性は，たくさん生産するときとほんの少ししか生産しないときとで同じです。

投入係数を用いて，リカード・モデルにおける**生産関数**（production function）を説明します。第1財と第2財の2種類の財があり，生産要素は労働力のみとします。ある国において，第1財と第2財を1単位生産するために必要な労働投入量（労働時間）を，それぞれ記号を使って a_{L1}, a_{L2} と表します。この a_{L1} と a_{L2} は**労働投入係数**（input coefficient）と呼ばれます。ここで第1財の生産量を X_1 とします。すると，第1財を X_1 だけ生産するときに必要となる労働投入量は，$a_{L1}X_1$ です。ここで第1財の生産に投入される労働量を L_1 とすると，$L_1=a_{L1}X_1$ と表すことができます。これを書き換えると次のようになります。

$$X_1=\frac{1}{a_{L1}}L_1 \tag{9-1}$$

これが第1財の生産関数です。$1/a_{L1}$ は労働生産性（労働投入係数の逆数）

を表しています。

第1財の生産関数を図に描くと，図9のように原点を通る傾きが$1/a_{L1}$の直線になります。直線になる理由は，たくさん生産しても財1単位当たりの生産に必要な労働力の量a_{L1}は，一定のままだからです（これを固定投入係数といいます）。たとえば，$a_{L1}=2$とすると，5単位生産しようとするときは，10単位の労働投入量が必要となります。言い換えると，労働生産性は$1/a_{L1}=1/2$なので，10単位労働力を投入すれば，財を5単位作ることができます。一方，第2財についても，同様にして生産関数$X_2=(1/a_{L2})L_2$を導出することができます。

他の国についても，各財の生産関数を図示することができます。生産関数が原点を通る直線であることに変わりはありませんが，労働生産性が異なれば，それに伴って生産関数（直線）の傾きが違ってきます。

図9　リカード・モデルの生産関数

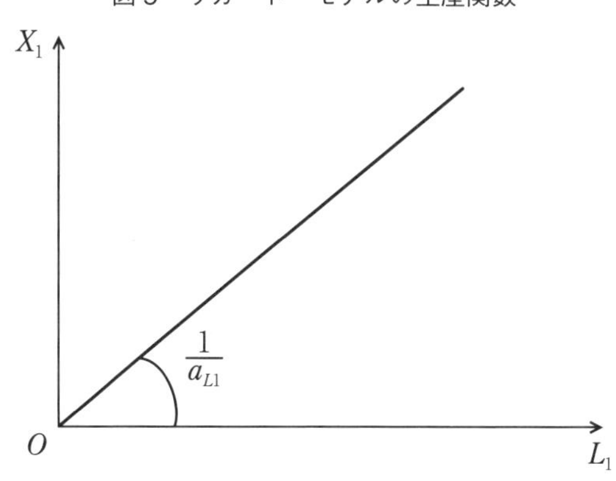

10 生産可能性フロンティア

生産技術と要素賦存量がわかれば，生産可能性フロンティアを描くことができ，生産可能性フロンティアは直線になる。

生産可能性フロンティア（production possibility frontier）とは，「生産要素を無駄なく使って，与えられた生産技術で可能な限りたくさん各財を生産したときの生産量の組み合わせを表したもの」です。生産可能性フロンティアを描くためには，生産技術と要素賦存量を知る必要があります。第1財と第2財の生産関数を，それぞれ$X_1=(1/a_{L1})L_1$，$X_2=(1/a_{L2})L_2$とします。

まず要素賦存量について説明します。この国で財の生産に使うことのできる総労働量をLとします。このLのことを労働賦存量と呼びます。労働力が無駄なく使われていることを式で表すと，

$$L_1+L_2=L \tag{10-1}$$

となります。この状態を**完全雇用**（full employment）といいます。

生産可能性フロンティアは，4つのステップで描くことができます。1つ目のステップは生産関数を描くことです。図10の右下と左上にそれぞれ第1財と第2財の生産関数が図示されています。ここで注意してもらいたいことは，原点から左に行くにしたがってL_2が増えて，原点から下に行くにしたがってL_1が増えることです。2つ目のステップは，完全雇用の条件を図示することで，左下の図のようになります。傾きは45度の直線です。3つ目のステップは，完全雇用となるL_1とL_2の組み合わせを適当に選んで，そのとき生産される各財の量の組み合わせを，右上のところに描くことです（たとえば，点Eです）。4つ目のステップは，3つ目のステップで描いたいろいろな点を結ぶ作業です。こうすることで，図10の右上

にある生産可能性フロンティアが得られます。

生産可能性フロンティアを式で表すと，

$$a_{L1}X_1 + a_{L2}X_2 = L \tag{10-2}$$

となります。各財の生産に必要な労働投入量の合計が，労働賦存量に等しいことを意味しています。これを描くと，図 10 の右上にあるように，傾きが相対的な労働生産性 a_{L1}/a_{L2} の直線となります。この傾きは限界変形率（marginal rate of transformation）と呼ばれます。ここで注意してもらいたいことは，固定投入係数でかつ生産要素が 1 つなので，たまたま生産可能性フロンティアは直線になっている，ということです。

図 10　生産可能性フロンティア

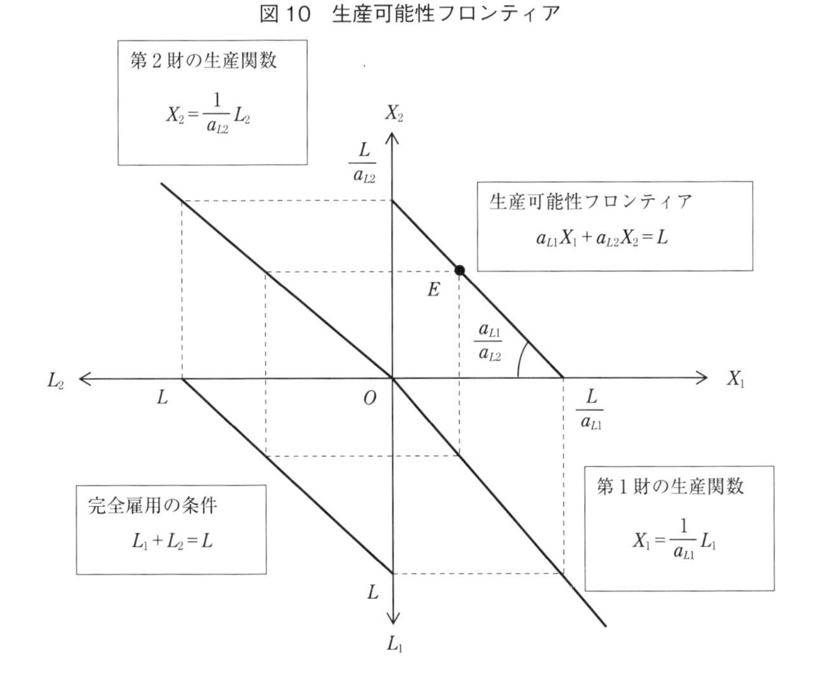

11 利潤ゼロの条件

完全競争市場なので利潤はゼロ，生産される財の価格と労働投入係数に賃金率をかけて得られる平均費用とは等しい。

リカード・モデルでの利潤ゼロの条件（zero-profit condition）を説明します。労働力の価格である賃金率を w とします。この w は労働時間１時間当たりの賃金（時給）のことです。また，財市場と労働市場は完全競争的です。

まず限界費用と平均費用を導出します。第１財を X_1 だけ生産するとき，労働力は $a_{L1}X_1$ だけ必要です。ですから，X_1 生産するときにかかる総費用は $a_{L1}wX_1$ です。よって，限界費用（MC）は $MC=a_{L1}w$ です。一方，総費用 $a_{L1}wX_1$ を生産量 X_1 で割ることで，平均費用（AC）は $AC=a_{L1}w$ です。別の方法を使うと，第１財を１単位生産するためには，a_{L1} だけ労働時間がかかるので，それに賃金率 w をかけることで，平均費用 $a_{L1}w$ が求まります。同様にして，第２財の限界費用 $a_{L2}w$（＝平均費用）を求めることができます。この設定では，限界費用と平均費用は等しくなります。

利潤最大化の条件から，財が生産されるならば，価格が限界費用に等しく，かつ価格は平均費用を下回りません。財が生産されないときは，価格が平均費用を下回るときです。第１財と第２財の価格をそれぞれ p_1, p_2 とすると，財の価格と平均費用の間には，第１財について見てみると，$p_1 \leq a_{L1}w$ が成り立っています。というのも，もし価格の方が平均費用よりも高いならば，利潤がプラスになるので，利潤がゼロになるまで，新規参入が続いて財の価格が低下したり，労働市場で賃金率が上がったりするからです。

したがって，財が生産されるならば，利潤ゼロの条件（価格と平均費用が等しいこと）が成立します。というのも，第１財が生産されるならば，

$p_1 = a_{L1}w$ が成り立つからです。言い換えると，$p_1 = a_{L1}w$ の両辺に生産量 X_1 をかけると，$p_1X_1 = a_{L1}wX_1$ となり，これは左辺の総収入 p_1X_1 と右辺の総費用 $a_{L1}wX_1$ とが等しいです。つまり，利潤がちょうどゼロになるところで財は生産されます。同じようにすると，第2財が生産されるならば，利潤ゼロの条件 $p_2 = a_{L2}w$ が成り立っています。一方，財が生産されないときは，$p_1 < a_{L1}w$ や $p_2 < a_{L2}w$ になっています。

12 閉鎖経済の均衡

閉鎖経済では，予算制約線と生産可能性フロンティアが一致して，均衡において相対価格と相対的な労働生産性は等しい。

貿易がまったく行われない経済のことを，閉鎖経済（または自給自足経済）といいます。**閉鎖経済均衡**（closed economy equilibrium）は，「国内の財の需要と供給が等しくなるところ」で決まります。

まず生産面について説明します。第1財と第2財の2種類の財があるとします。財の生産は生産可能性フロンティア上で行われます。つまり，労働賦存量をLとすると，$a_{L1}X_1 + a_{L2}X_2 = L$で表される生産可能性フロンティア上のどこかが生産点です。

次に需要面について説明します。閉鎖経済では，消費可能領域を示す予算制約線が，生産可能性フロンティアと等しくなります。生産可能性フロンティアを表す式$a_{L1}X_1 + a_{L2}X_2 = L$の両辺に賃金率$w$をかけると，$a_{L1}wX_1 + a_{L2}wX_2 = wL$となります。ここで，第1財と第2財の価格をそれぞれp_1，p_2とすると，2つの財がともに生産されるとき，$p_1 = a_{L1}w$と$p_2 = a_{L2}w$が成り立ちます。そこで，上の式はさらに書き換えることができて，$p_1X_1 + p_2X_2 = wL$となります。これは労働所得が財の生産額と等しいことを意味しています。消費者の直面する財の価格は，生産者と同じp_1とp_2なので，予算制約線と生産可能性フロンティアは一致します。ですから，生産可能性フロンティアと（社会的）無差別曲線が接するところが，最適な消費点になります。

閉鎖経済では，国内の財の需要と供給が等しいところが均衡となるので，生産点と消費点は一致していなければなりません。よって，図12にあるように，点Eが閉鎖経済均衡となります。

閉鎖経済では，生産可能性フロンティアの傾きである技術的限界変形率と限界代替率とが等しくなります。2財とも生産されるとき，$p_1 = a_{L1}w$ と $p_2 = a_{L2}w$ が成り立つので，

$$\frac{p_1}{p_2} = \frac{a_{L1}w}{a_{L2}w} = \frac{a_{L1}}{a_{L2}} \tag{12-1}$$

が得られます（各産業で賃金率 w が等しいことを利用しています）。また，限界代替率と相対価格が等しいです。よって，相対価格を介して，

$$\frac{a_{L1}}{a_{L2}} = \text{技術的限界変形率} = \frac{p_1}{p_2} = \text{限界代替率} \tag{12-2}$$

が成り立ちます。つまり，図12の点 E は，消費者にとっても生産者にとっても最適な点で，社会的な観点からも最適な生産と消費の組み合わせなのです。

図12　閉鎖経済均衡

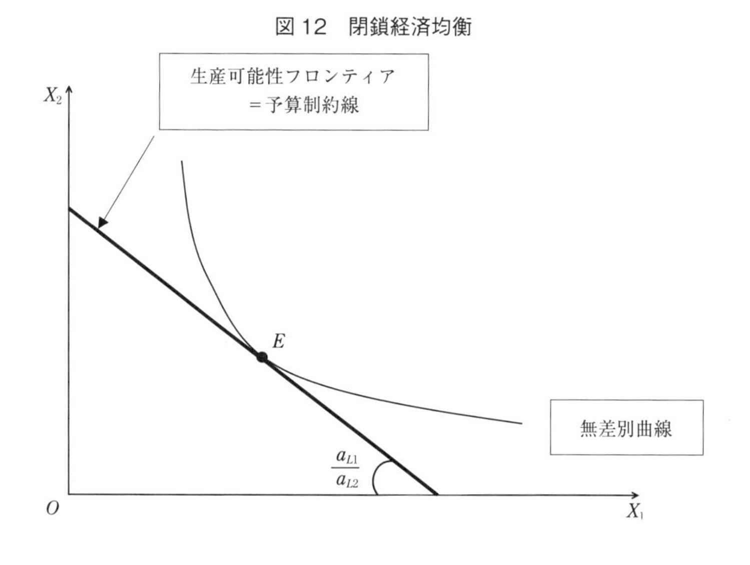

13 世界全体の生産可能性フロンティアと特化パターン

世界全体の生産可能性フロンティアから世界の供給量がわかる。相対価格の水準から各国の財の生産量が決まる。

世界全体の生産可能性フロンティア（world production possibility frontier）とは，「世界全体で財を最大でどれだけ生産できるかを表したもの」です。A国とB国の2国があり，第1財と第2財の2種類の財があるとします。このとき，世界全体の生産可能性フロンティアを描いたものが図13−1で，各国の生産可能性フロンティアを合成したような形です。ここでは，$(a_{L1}/a_{L2})<(a_{L1}{}^{*}/a_{L2}{}^{*})$ を仮定していて，これはA国が第1財の生産に比較優位を持つことを意味します。

まず両国とも第2財の生産に特化している図13−1の点Eから見ていきます。**特化**（specialization）とは，「ある財の生産のみを行うこと」です。点Eでの第2財の世界の生産量は，A国とB国の労働賦存量をそれぞれLとL^*とすると，$L/a_{L2}+L^*/a_{L2}{}^{*}$です。そして，第1財を生産しようとするときは，その財に比較優位を持つA国が生産を担当した方がよいです。フロンティア上を点Eから点Fに進むにつれて，B国は第2財に特化したままで，A国だけが第1財の生産を次第に増やしています。このとき，A国は2つの財をともに生産しています（これを不完全特化といいます）。点Fでは，A国は第1財に特化しています。もっと第1財を生産しようとすると，B国も第1財を作る必要があります。点Fから点Gに進むにつれて，A国は第1財に特化したままで，B国が第1財の生産量を増やしています。点Gでは，両国とも第1財に特化しています。

相対価格が変わると，各国の財の生産パターンが変わります。世界市場において，第1財の価格はp_1，第2財の価格はp_2として，A国の生産パターンを見ていきます（B国についても同様に考えることができます）。

図13－2には，A国の生産可能性フロンティア $a_{L1}X_1 + a_{L2}X_2 = L$ が描かれています。まず $(a_{L1}/a_{L2}) < (p_1/p_2)$ のとき，第1財に特化します。というのも，利潤ゼロの条件のところで説明したように，賃金率を w とすると，そもそも $p_1 \leq a_{L1}w$ と $p_2 \leq a_{L2}w$ です。財に対して需要があると，適当な賃金率の下で財は生産されるので，$(a_{L1}/a_{L2}) < (p_1/p_2)$ のとき $p_1 = a_{L1}w$ と $p_2 < a_{L2}w$ です。つまり，第1財は生産されて，第2財は生産されません（点 I）。次に，$(a_{L1}/a_{L2}) = (p_1/p_2)'$ のとき，A国は不完全特化しています（線分 HI 上）。というのも，$p_1 = a_{L1}w$ と $p_2 = a_{L2}w$ だからです。最後に，$(a_{L1}/a_{L2}) > (p_1/p_2)''$ のとき，第2財に完全特化します（点 H）。というのも，$p_1 < a_{L1}w$ と $p_2 = a_{L2}w$ だからです。

図13－1　世界全体の生産可能性フロンティア

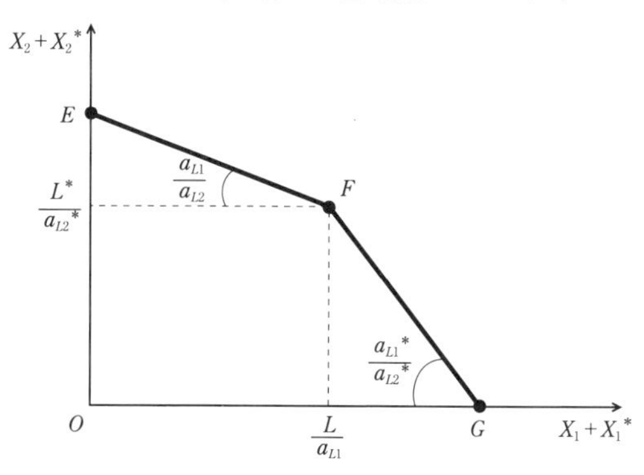

図13－2　特化パターン

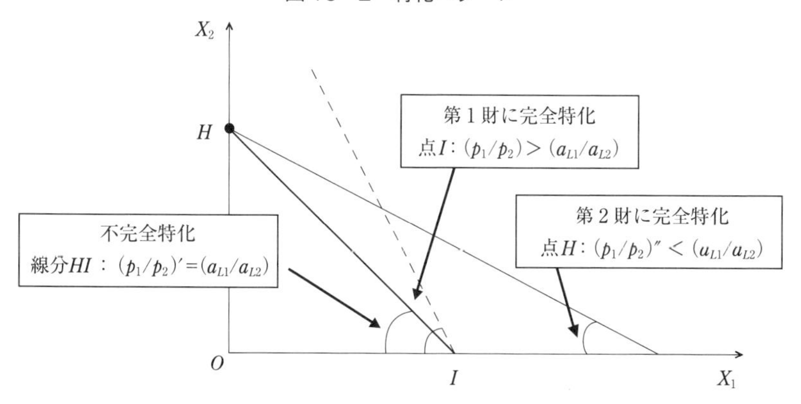

14 自由貿易均衡と貿易利益

比較優位を持つ財を各国が輸出することで，すべての貿易参加国は貿易によって損することはなく貿易利益を得る。

まず**自由貿易均衡**（free trade equilibrium）を説明します。$(a_{L1}/a_{L2})<(a_{L1}{}^*/a_{L2}{}^*)$ を仮定します。自由貿易均衡は，「世界の財市場の需要と供給が一致する状態」です。ワルラスの法則から，第1財の世界市場のみの均衡を考えればよいです。

世界の第1財の供給曲線 S は図14−1のように階段状になります。$p<(a_{L1}/a_{L2})$ のとき，両国とも第1財を生産せず第2財に特化しているので，第1財の供給量はゼロです（線分 OF）。$p=(a_{L1}/a_{L2})$ のとき，B国は第2財に特化して，A国は第2財を生産しつつA国のみが第1財をいくらか生産します（線分 FG）。$p=(a_{L1}{}^*/a_{L2}{}^*)$ になるとB国も第2財をいくらか生産します（線分 HI）。一方，世界の第1財の需要曲線 D は図14−1のように右下がりの曲線で，相対価格 p が下がると第1財の需要が各国で増えることによります。

第1財の世界市場の均衡は点 E（均衡価格は p'）で表されます。A国は第1財に特化して，B国は第2財に特化しています。つまり，各国は比較優位を持つ財の生産に特化しています。このようになるのはたまたま世界の需要曲線 D が図14−1の位置にあるため，ということに注意してください（他の位置に需要曲線 D があるときは各自で考えてみてください）。

次に**貿易利益**（gains from trade）について説明します。閉鎖経済のときと比べて両国とも自由貿易で利益を得ています。図14−2でA国について見てみましょう（B国も同様で図14−3を参照）。世界価格 $p'>(a_{L1}/a_{L2})$ なのでA国は第1財に特化します。自由貿易の予算制約線は閉鎖経済のときよりも外側にあります。このため，消費点は点 K から点 K' になり，厚生が上がっています。

ここで強調したいことは，$p' > (a_{L1}/a_{L2})$ のように，「世界価格が生産可能性フロンティアの傾きと異なっているので貿易利益が発生している」ということです。もし均衡価格が a_{L1}/a_{L2} に等しいとき，A 国は自由貿易で得しません。このようなことは，A 国が労働賦存量の多い規模の大きな国で不完全特化しており，B 国が労働賦存量の少ない国のとき生じます。

自由貿易均衡では貿易収支は均衡しています。というのも，図 14−2 より，A 国は第 1 財を点 J と X_1^D の差だけ輸出して第 2 財を X_2^D 輸入しています。このとき $(OX_2^D/X_1^DJ) = p'$ が成り立っています。書き換えることで $p_2' \cdot OX_2^D = p_1' \cdot X_1^DJ$ となり，左辺の輸入額と右辺の輸出額とが等しいことを表しています。一方，B 国についても貿易収支は均衡しています。

図 14−1　自由貿易均衡

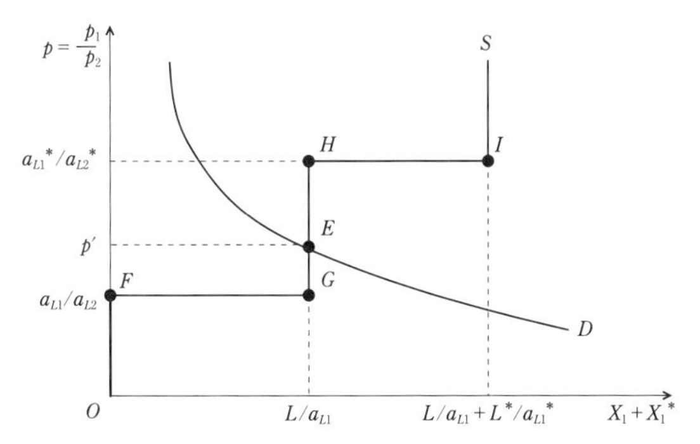

図 14−2　A 国の貿易利益

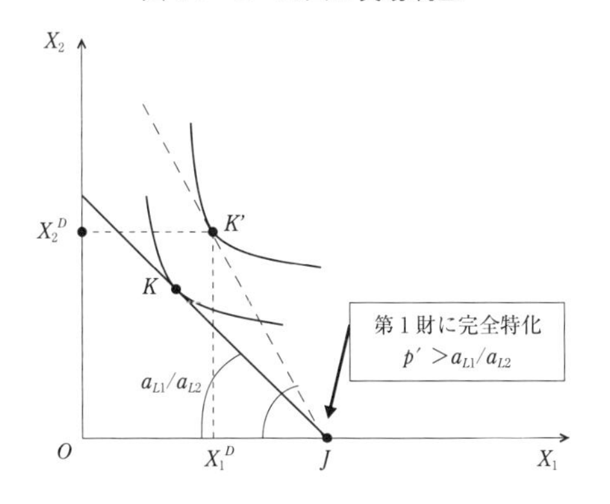

図 14−3　B 国の貿易利益

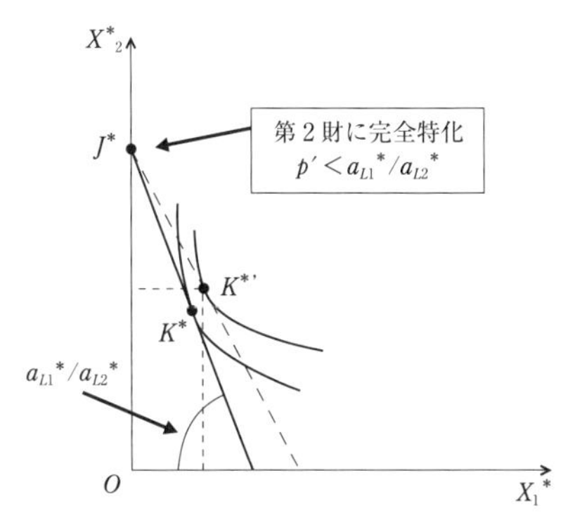

15 多数財のケース

財の数が多くなっても，比較優位を持つ財を各国が輸出する貿易パターンになる。

財の数が2つ以上であっても，財は相対的に生産費用のより低い国で生産され，その結果，貿易パターンが決まります。A国とB国の2つの国があり，財はn種類あると仮定します。A国の第i財の労働投入係数をa_{Li}とします。B国についてはアステリスク（*）を付して表します。

n財の相対的な生産費用を順に並べると，次のようになるとします。

$$\frac{a_{L1}}{a_{L1}^*}<\frac{a_{L2}}{a_{L2}^*}<\cdots<\frac{a_{Li}}{a_{Li}^*}<\frac{a_{Li+1}}{a_{Li+1}^*}<\cdots<\frac{a_{Ln}}{a_{Ln}^*} \quad (15-1)$$

第i財と第$i+1$財の不等式を書き直してみると，$(a_{Li}/a_{Li+1})<(a_{Li}^*/a_{Li+1}^*)$となります。これは，第$i$財に比較優位を持つのはA国で，第$i+1$財に比較優位を持つのはB国である，ということを表しています。つまり，A国は小さい番号の産業に比較優位を持ち，B国は大きい番号の産業に比較優位を持つ傾向がある，といえます。産業の番号h（$=1, \ldots, n$）をヨコ軸に，労働投入係数の比率a_{Lh}/a_{Lh}^*をタテ軸にとって，上の式を図に描くと，図15のように右上がりの曲線になります。

どの財がどちらの国で生産されるかは，財の平均費用を比較することでわかります。A国とB国の賃金率を，それぞれwとw^*とします。自由貿易後の第i財の価格をp_iとして，第i財がB国で生産されるとすると，$p_i=a_{Li}^*w^*$です。A国で第i財が生産されるかどうかわからないとすると，$p_i \leq a_{Li}w$です。これらを用いると，

$$\frac{w^*}{w} \leq \frac{a_{Li}}{a_{Li}^*} \qquad (15-2)$$

が得られます。先ほどの労働投入係数の比率の順序を用いると,

$$\frac{w^*}{w} \leq \frac{a_{Li}}{a_{Li}^*} < \frac{a_{Li+1}}{a_{Li+1}^*} \qquad (15-3)$$

となります。よって,$a_{Li+1}^* w^* < a_{Li+1} w$ が導出されます。これは,A国よりもB国の方が第 $i+1$ 財の平均費用が低いことを意味しています。つまり,安く生産できるB国でしか第 $i+1$ 財は生産されません。このようにして,第 i 財以上の財はB国で生産されることがわかります(より正確には,第 $i+1$ 財以上の財はB国でのみ生産されますが,第 i 財は両国で生産されてもかまいません)。

両国の相対的な賃金率 w^*/w に依存して,どこまでの財がどちらの国で生産されるかが決まります。図15に示したように,w^*/w と a_{Lh}/a_{Lh}^* が等しくなるところを境目に,各国が生産する財が決まります。自国でしか生産しない財を輸出して,外国でしか生産しない財を輸入します。この貿易パターンは,比較優位から推測できるとおりになっています。

各国の賃金率がどのように決まるかを,ここで簡単に説明しておきます。相対賃金率 w^*/w の水準によって国内で生産される財が決まるので,財に対する需要から派生する労働需要関数が得られ,労働需要と労働供給が一致するところで賃金率は決まります。

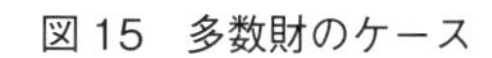
図15 多数財のケース

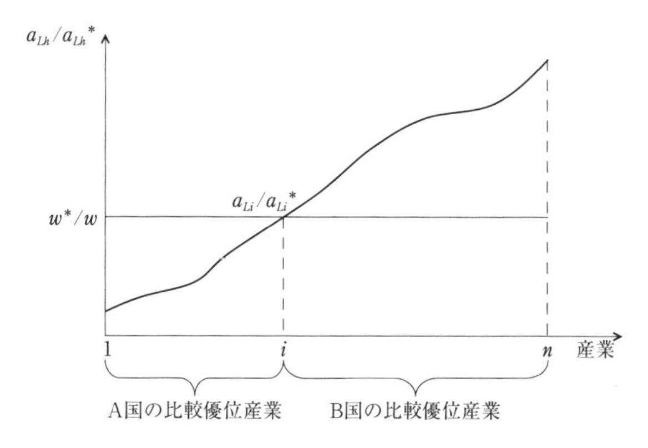

第2章 練習問題

1. 下の３つの貿易の具体例は，垂直分業あるいは水平分業のどちらなのかを答えなさい。

(1) 鉄鉱石と鉄鋼の貿易
(2) ジェット機のエンジンと主翼の貿易
(3) 大画面の薄型テレビとブラウン管テレビの貿易

2. A国とB国の２国，第１財と第２財の２種類の財があり，生産要素として労働力があるとする。各国が次の表に示される生産機会を持つとして，下の問に答えなさい。

表　A国とB国の生産機会

	1単位の生産に必要な労働時間	
	第1財	第2財
A国	10	5
B国	1	8

(1) 第1財の生産について絶対優位を持つ国はどちらの国か。同じように，第2財についても答えなさい。そうなる理由も述べなさい。
(2) A国はどの財について比較優位を持つかを，理由を述べて答えなさい。
(3) B国はどの財について比較優位を持つかを，理由を述べて答えなさい。
(4) 表において，A国の第1財を生産するために必要な労働時間のみが，10から1に減少したとする。このとき，上の問（1)～(3）の結果は変わるだろうか。理由を述べて答えなさい。

3. リカード・モデルで小麦の生産について考える。

(1) A国とB国における労働投入係数は，それぞれ $a_L=2$，$a_L^*=5$ とする。B国の記号にはアステリスク（*）を右肩に付して表すことにする。各国の生産関数を導出して，それぞれ図に描きなさい。
(2) 小麦の生産について絶対優位を持つのはどちらの国かを，説明して答えなさい。

4. リカード・モデルの生産可能性フロンティアに関する下の問に答えなさい。ある国のコメと自動車の労働投入係数は，それぞれ $\boldsymbol{a}_{L1}=1$，$\boldsymbol{a}_{L2}=2$ とする。

(1) 労働賦存量は100とする。このときの生産可能性フロンティアを描きなさい。
(2) 人口の増加により，労働賦存量が120に増えたとする。生産可能性フロンティアがどのように変化するか，図に描いて示しなさい。

(3) 技術革新によって，自動車の労働生産性が倍になったとする。労働賦存量を 100 として，生産可能性フロンティアがどのように変化するか，図に描いて示しなさい。

5. リカード・モデルの閉鎖経済と開放経済の均衡を，それぞれ図に描いて分析してみる。ある国の第 1 財と第 2 財の労働投入係数はそれぞれ $a_{L1}=1$，$a_{L2}=1$ で，価格はそれぞれ p_1，p_2 で，労働賦存量は 200 とする。この国は世界価格に影響を与えることのない小国であると仮定する。なお，第 1 財と第 2 財ともに国内需要があるとする。

(1) 生産可能性フロンティアと（社会的）無差別曲線を描いて，閉鎖経済の均衡を図に示しなさい。閉鎖経済での相対価格も求めなさい。

(2) 自由貿易を開始して，この国は世界価格 $p_1=2$，$p_2=1$ に直面したとする。自由貿易の均衡はどのように表されるか。生産可能性フロンティアと（社会的）無差別曲線を描いて，図に示しなさい。

(3) 上で示した開放経済の均衡において，どのような貿易が行われるかを図のなかで示して説明しなさい。また，それにより貿易の利益が出たかどうかを説明しなさい。

【解答】

1.

(1) 垂直分業　(2) 水平分業　(3) 垂直分業

2.

(1) 絶対優位は，各国の絶対的な労働生産性を比較することで判断できる。労働生産性は，上の表において，財1単位の生産に必要な労働時間の逆数である。つまり，上の表の財1単位の生産に必要な労働時間が少ない国が，絶対優位を持つことになる。よって，第1財の生産に絶対優位を持つのはB国で，第2財の生産に絶対優位を持つのはA国である。

(2) A国で第2財を前より1単位多く作ろうとすると5時間かかるので，そのためには第1財を1/2単位あきらめる必要がある。つまり，A国での第2財の生産の機会費用は第1財1/2単位である。一方，B国での第2財の生産の機会費用は第1財8単位である。したがって，A国の方が第2財の生産の機会費用は小さいので，A国は第2財の生産について比較優位を持つ。第1財の生産の機会費用は第2財のそれの逆数なので，A国は第1財について比較優位とはならない。

(3) 上の (2) で説明したことから，B国は第1財の生産について比較優位を持つ。

(4) まず (1) について，第1財の労働生産性はどちらの国も同じなので，第1財の生産に絶対優位を持つ国はなくなる。第2財について結果は変わらない。(2) と (3) の結果は変わらない。というのも，生産の機会費用の大小関係は変わらないからである。

3.

(1) A国において $a_L=2$ なので，労働時間1単位当たりでは小麦を1/2単位生産することができる。よって，A国の小麦の生産関数は，小麦の生産量を X，労働投入量を L とすると，$X=(1/2)L$ となる。同様にして，B国の小麦の生産関数を求めると，$X^*=(1/5)L^*$ である。それぞれ図に描くと，下の図のとおりである。

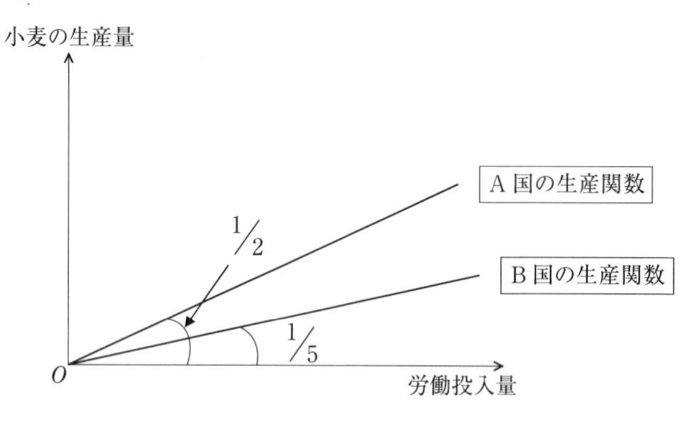

(2) 小麦の生産について絶対優位を持つのは，A国である。というのも，生産関数の傾き（労働生産性）が急だからである。

4.

(1) コメと自動車の生産量を，それぞれX_1，X_2とする。コメをX_1生産するために必要な労働投入量は，$a_{L1}X_1=1\cdot X_1=X_1$である。一方，自動車をX_2生産するために必要な労働投入量は$a_{L2}X_2=2X_2$である。よって，完全雇用の条件を使うと，$X_1+2X_2=100$となる。この式を図に描くことで，生産可能性フロンティアが得られる。下の図の太線のとおりである。

(2) 労働賦存量が120なので，上で求めた式が，$X_1+2X_2=120$に変わる。これを描くと，下の図の破線のようになる。傾きは（1）のときと変わらないが，タテ軸とヨコ軸の切片が変わることに注意すること。

(3) 自動車の労働生産性が倍になるとは，$a_{L2}=1$になることである。よって，生産可能性フロンティアは，$X_1+X_2=100$となる。これを描いたものが下の図の点線である。コメだけを生産したときのコメの生産量に変化がないので，ヨコ軸の切片を中心に時計回りに回転している。

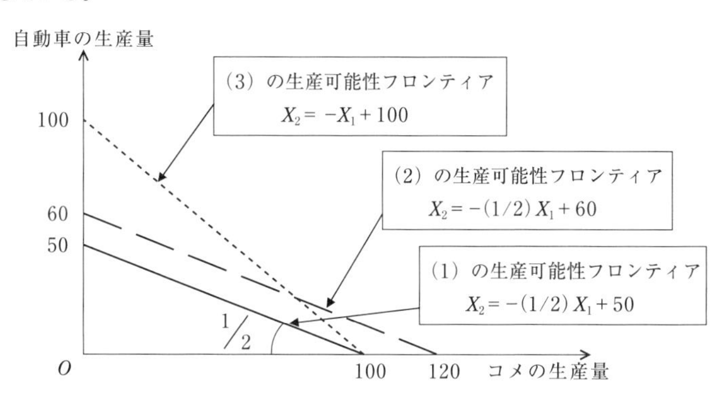

5.

(1) 生産可能性フロンティアを表す式は，$X_1+X_2=200$である。閉鎖経済では，生産可能性フロンティアと予算制約線は同一である。両財とも消費することから，下の図のように閉鎖経済の均衡は点Eで表される。このとき，相対価格はフロンティアの傾きと同じなので，$p_1/p_2=1$である。

(2) 自由貿易後，小国はプライス・テイカーなので，国内価格は世界価格と同じになる。平均費用と価格を比較すると，第1財については，価格$p_1=2$で，平均費用は賃金率をwとすると，$1\cdot w=w$である。同様にすると，第2財については，価格$p_2=1$で，平均費用$=w$である。ここで，第1財と第2財がともに生産されるとすると，$p_1=2=w$と$p_2=1=w$が成り立つ必要がある。しかし，これは矛盾が起きているので，2つの財がともに生産されることはない。起こり得るのは，第1財のみが生産される場合である。このとき，$p_1=2=w$と$p_2=1<w$が成り立っている。よって，開放経済の均衡における生産点は，生産可能性フロンティアのヨコ軸の切片に等しい下の図の点Fである。一方，開放経済の消費点は，点Fを通る傾きが世界価格の直線が新しい予算制約線になるので，点E'になる。

(3) 自由貿易後，生産は点Fで行われ，第1財のみ生産する（第1財に特化)。消費は点E'で行われる。よって，第1財を点Fとx_1'の差だけ輸出して，その代わりに第2財をx_2'輸入する。このとき，貿易収支は均衡していることが確認できる。この貿易によって，新しい消費点E'は，閉鎖経済のときよりも右上の（社会的）無差別曲線上にあるので，厚生は上がっている。

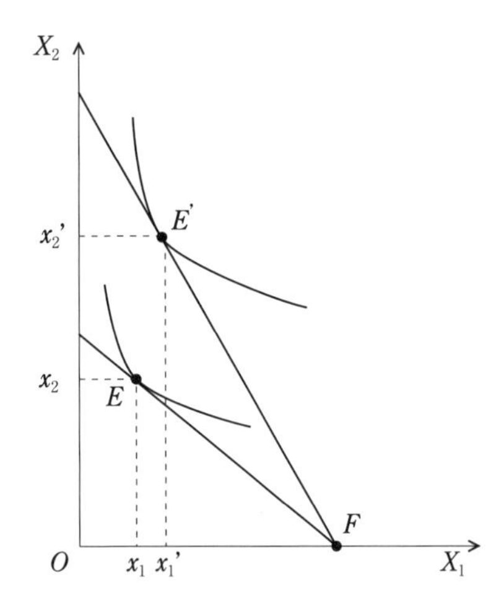

第3章

ヘクシャー＝オリーンの貿易モデル

16 ヘクシャー＝オリーン・モデル

2国2財2要素の経済で，国家間の要素賦存量比率の差によって貿易のパターンが決まることを説明するモデル。

リカードの比較優位論は国によって生産技術が異なるとき，それぞれの国がどの財を生産して輸出し，どの財を輸入するのかを明らかにするものでした。すなわち貿易が生じる原因は国家間の生産技術の差に基づく生産費の差にあると考えました。

そこでもし生産技術が国家間で同じなら貿易は生じないかどうかという問題に対して，スウェーデンの2人の経済学者エリ・ヘクシャーとバーティル・オリーンは2国間で生産技術が同じでも貿易が生じることを示しました。これが**ヘクシャー＝オリーン・モデル**（Heckscher and Ohlin Model）といわれるものです。以下このモデルの基本的枠組みを説明しましょう。世界は2つの国（A国とB国）と2つの財（第1財と第2財）と2つの生産要素（労働と資本）からなるとします。各財は2つの要素を用いて生産されますが，生産に必要とする労働と資本の比率は2財間で異なるものとします。ただしそれぞれの財の生産技術は2国間で同じです。それぞれの国には労働と資本が与えられており，それぞれの国はこれらの要素をそれぞれの財の生産に振り分けて使用するものとします。ここである国に与えられた労働や資本の量をその国の**労働賦存量**（labor endowment），**資本賦存量**（capital endowment）といいます。

そして，生産された財の2国間での貿易は可能ですが，生産要素の国際間の移動はできないものとします。

このような経済において，ヘクシャーとオリーンは2国間で労働と資本の賦存量比率が異なるとき，たとえ生産技術が同じであっても，資本に対する労働の賦存量比率が大きい国は，資本に対する労働比率が大きい方の財に比較優位を持ち，したがってその財を輸出することになることを示しました。よってこの国は他方の財を輸入することになります。また労働に対する資本の賦存比率が大きい方の国（相対的に資本豊富な国）は労働に対する資本の投入比率の大きい方の財（資本集約的な財）を輸出し，他方の財を輸入することになります。これが**ヘクシャー＝オリーン定理**（Heckscher and Ohlin Theorem）といわれるものです。以下の節でこの定理について詳しく見ていくことにします。

17 生産技術と生産可能性フロンティア

2財2要素の1つの国の経済で生産技術が固定係数型ならその国の生産可能性フロンティアは1点で折れ曲がった直線となる。

前節で示したヘクシャー＝オリーンのモデルでの生産技術について説明しましょう。第1財を1単位生産するのに必要とする労働と資本の量を，それぞれ a_{L1} と a_{K1} とし，この大きさは生産量水準とは関係なく一定とします。このような生産技術を固定係数型の生産技術といいます。第2財の生産技術も固定係数型の技術で，1単位生産するのに必要とする労働と資本の量を，それぞれ a_{L2} と a_{K2} とします。1単位の生産に必要なこれらの要素の投入量 a_{ij}, $i=L, K$; $j=1, 2$ を投入係数といいます。投入係数の大きさについては次の関係があるものとします。

仮定1　　$a_{K1}/a_{L1} > a_{K2}/a_{L2}$

この仮定1は，第1財を1単位生産するのに必要な労働に対する資本の投入比率が第2財を1単位生産する場合に比べて大きいことを意味します。この場合，第1財の生産は第2財の生産に比べて労働に対する資本の投入比率が大きいため，第1財は第2財に比べて**資本集約的な財**（capital-intensive good）であるといいます。逆に第2財は第1財に比べて資本に対する労働の投入比率が大きいため，第2財は**労働集約的な財**（labor-intensive good）となります。

A国の労働と資本の賦存量をそれぞれ L と K とします。そしてA国における第1財と第2財の生産量をそれぞれ X_1 と X_2 とします。このとき各財の生産に必要な労働と資本の量は，

$$L_1 = a_{L1}X_1,\ \ K_1 = a_{K1}X_1,\ \ L_2 = a_{L2}X_2,\ \ K_2 = a_{K2}X_2, \qquad (17-1)$$

と表せます。ただし，L_i と K_i, $i=1, 2$ はＡ国の第 i 財を X_i 生産するのに必要な労働と資本の量を表します。Ａ国の要素賦存量を考慮すると各財の生産に必要な要素の量の合計はこの賦存量を超えることはできません。すなわち，

$$L_1+L_2 \leqq L, \qquad K_1+K_2 \leqq K$$

でなくてはなりません。これは（17－1）によって，

$$a_{L1}X_1+a_{L2}X_2 \leqq L \qquad (17-2-1)$$

$$a_{K1}X_1+a_{K2}X_2 \leqq K \qquad (17-2-2)$$

となります。X_1 と X_2 を軸にしてこれらの式をグラフにしたものが図 17 です。仮定 1 によって（17－2－1）の等式の直線は（17－2－2）の等式の直線より緩やかになっています。(17－2－1）や（17－2－2）を満たす X_1 と X_2 の点はこれらの直線の内側となります。よってこれら両方を同時に満たす領域は図の網目の領域ということになります。この領域内の（X_1, X_2）がＡ国の生産可能な第 1 財と第 2 財の組み合わせです。この網目の領域を生産可能領域といい，この境界の太線 AEB を生産可能性フロンティア（production possibility frontier）といいます。

図 17　生産可能性フロンティア

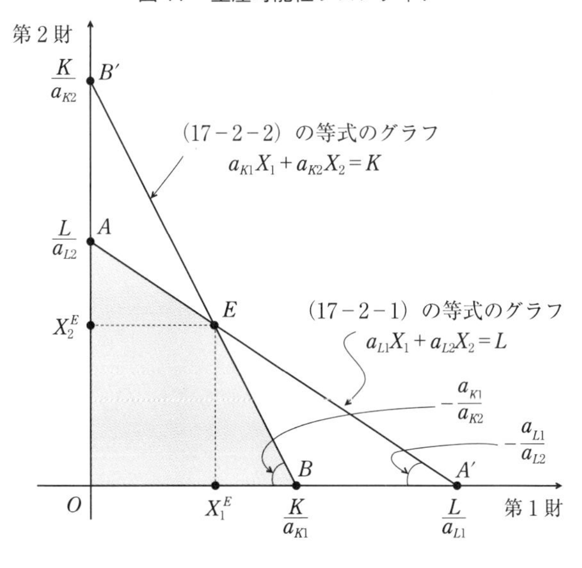

18 閉鎖経済の均衡

ある国が貿易をしない場合を閉鎖経済といい，その場合の均衡は各財の国内需要と国内供給が一致することである。

ここでは貿易のない自給自足経済（autarkic economy）（閉鎖経済（closed economy）ともいいます）の均衡について，A国を例にとってみていくことにします。はじめに各財の生産について考えましょう。2つの財の生産は労働と資本が共に完全雇用される状況の下で行われるものとします。前節の図17で労働が完全雇用されている生産点は直線AA'上の点で表され，資本が完全雇用されている生産点は直線$B'B$上の点で表されますから，これら2つの要素が共に完全雇用されている点はEということになります。このE点に対応して両財の生産量X_i，$i=1, 2$が決まります。

各財の生産は完全企業によって行われるものとします。よって企業間の競争の結果，利潤はゼロになります。第i財のA国内の価格をp_iとします。またA国内の労働賃金と資本レンタル価格をそれぞれ，wとrとします。このとき各財の生産における利潤ゼロ条件は，

$$\pi_i = p_i X_i - (wL_i + rK_i) = 0, \quad ただし，i=1, 2 \tag{18-1}$$

となります。ここでπ_iはA国の第i財生産部門の利潤を表しています。

次にA国の消費者の行動について考えます。A国の国民全体は労働者，資本の所有者，生産者からなるものとします。彼らの消費行動をひとまとめにして考えましょう。すなわち国民全体を1人の消費者として考えることにします。A国の国民全体の所得Iは，生産者の利潤がゼロのため労働者全体の所得と資本の所有者全体の所得の合計となります。これと（18-1）によって，

$$I = w(L_1 + L_2) + r(K_1 + K_2) = p_1X_1 + p_2X_2$$

となります。そこで，国民全体の所得制約式は，

$$p_1D_1 + p_2D_2 = p_1X_1 + p_2X_2 \tag{18-2}$$

となります。ただし D_i, $i=1, 2$ は A 国民の第 i 財の消費量（需要量）です。

A 国の国民全体の効用関数を $U=U(D_1, D_2)$ としましょう。A 国民の消費行動は所得制約式（18－2）の下で効用 U を最大にするように D_i, $i=1, 2$ を決めることです。図 17 の E 点によって X_i, $i=1, 2$ が与えられるため，（18－2）の所得制約線は図 18－1 に示されるようにこの E を通る直線 FG で表されます。この直線と効用関数 $U=U(D_1, D_2)$ の無差別曲線が接する D 点で D_i, $i=1, 2$ は決まります。D 点の位置は 2 財の価格比，p_1/p_2 が変化すると変わります。

閉鎖経済における均衡は各財について国内の生産量と消費量が一致すること，すなわち $X_i=D_i$, $i=1, 2$ となることです。そこで閉鎖経済の均衡は図 18－1 の消費点 D と図 17 の生産点 E が一致するような 2 財の価格比，$(p_1/p_2)^*$ によって実現されます。このような状況が図 18－2 に示されています。

図 18－1　消費者均衡

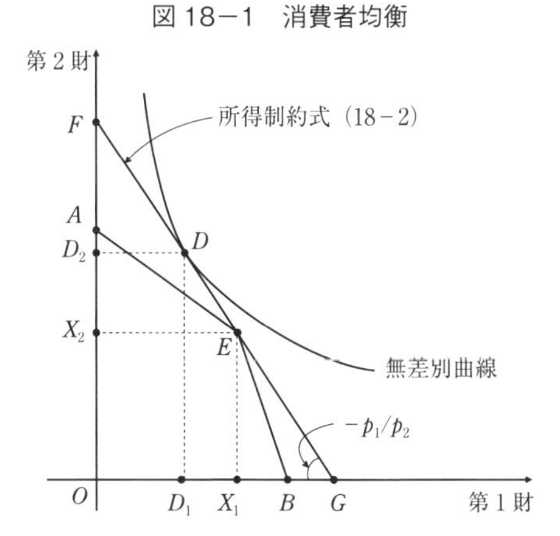

図 18－2　閉鎖均衡

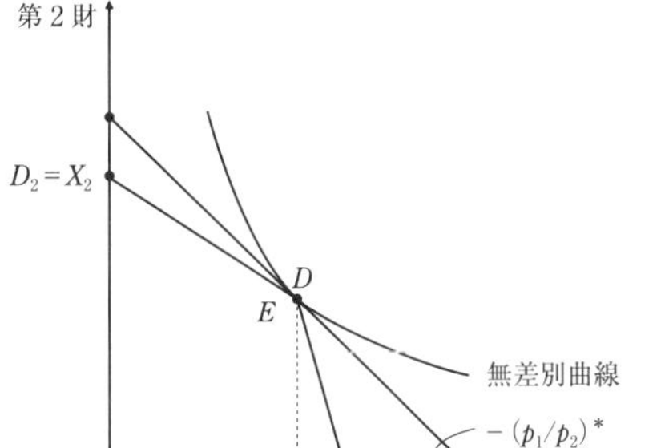

19 ストルパー＝サミュエルソン定理

ある財の価格が上昇するとその財に集約的な要素の価格は上昇し他方の要素の価格は下落する。

前節では，閉鎖経済を考えましたが，ここでは貿易を行っている国を考えることにしましょう。政府による介入のない自由貿易を行っている場合，財の国内の価格は国際価格と同じになります。

第 i 財の国際価格を $\tilde{p}_i$，$i=1, 2$ としましょう。この国際価格の下で A 国において 2 つの財が共に生産されているならば，前節で説明したように（18－1）が成立します。これに，（17－1）を代入して整理すると，

$$a_{Li}w + a_{Ki}r = \tilde{p}_i, \quad i=1, 2 \tag{19-1}$$

が得られます。この 2 つの式によって A 国の国内の賃金 w と資本レンタル r が決まります。これらの賃金 w と資本レンタル r は図 19 に示されるように（19－1）の 2 つの式の直線の交点 H で与えらます。第 17 節の仮定 2 によって，図 19 の 2 つの直線の間では，第 1 財に対応する直線の方が第 2 財に対応する直線の方より急な傾きとなることに注意してください。

ここで今，第 1 財の国際価格が $\tilde{p}_1$ から $\tilde{p}_1'$ に上昇したとしましょう（よって $\tilde{p}_1 < \tilde{p}_1'$ です）。このとき，（19－1）の第 1 財の式に対応する直線は図 19 において上方に平行移動します。そこで新しく決まる賃金と資本レンタルは図 19 の E' に対応して，それぞれ w' と r' となります。E 点における w と r をこれら新しい w' と r' と比べると賃金は下落して資本レンタルは上昇することになります。すなわち所得分配は労働者に不利となり，資本の所有者に有利となります。

第 1 財は第 17 節の仮定 2 によって資本集約的な財であることに注意す

ると，以上の議論から，一般的に次のことがいえます。「ある財の価格の上昇はその財に集約的な要素の価格を上昇させ，他方の要素の価格を下落させる。」 これはストルパーとサミュエルソンの２人の経済学者によって示されたため**ストルパー＝サミュエルソン定理**（Stolper and Samuelson Theorem）といわれています。

このストルパー＝サミュエルソンの定理は，価格の変化と同方向の変化をする要素価格の変化については，価格の変化率より要素価格に変化率の方が大きいという**拡大効果**（magnification effect）を持つことが知られています。たとえば第１財の価格の上昇率に対するレンタル価格の上昇率についてみると，図 19 において $0 < (\tilde{p}_1{}' - \tilde{p}_1)/\tilde{p}_1 < (r' - r)/r$ となります。なぜなら，$(\tilde{p}_1{}' - \tilde{p}_1)/\tilde{p}_1 = ((\tilde{p}_1{}'/a_{K1}) - (\tilde{p}_1/a_{K1}))/(\tilde{p}_1/a_{K1}) = AB/OA$，$(r' - r)/r = CD/OD$ であり，さらに，$AB/OA < FH'/O'F < EH'/O'E = CD/OD$，となることから明らかです。

この定理は国際価格の変化に対して貿易をする国の国内の要素価格がどのような影響を受けるかについて述べたものですが，たとえば，輸入財に関税をかけると，それが国内の要素価格，すなわち所得の分配にどのような影響を与えるかといった問題に適用することができます。

図 19　ストルパー＝サミュエルソンの定理

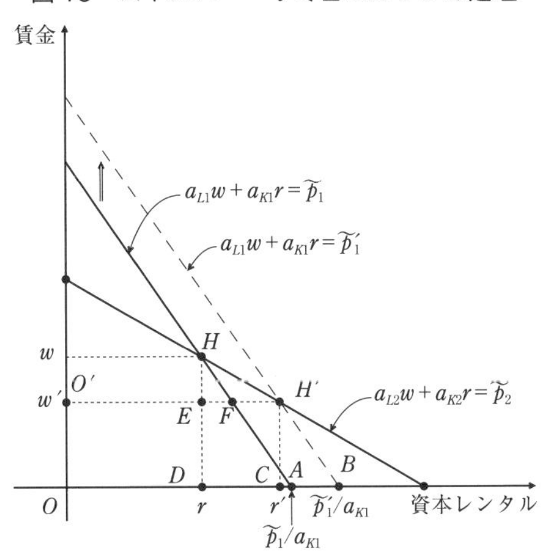

20 リプチンスキー定理

ある国においてある要素の賦存量が増えると，この要素を集約的に使う財の生産量は増加し，他方の生産量は減少する。

ここでもA国を例にとりましょう。第18節で説明したように，生産技術が固定係数の場合，2つの生産要素が完全雇用されているならば，A国の各財の生産量は図17の生産可能性フロンティアの折れ曲がっている点Eで決まります。言い換えるならば，（17−2−1）の等式の直線と（17−2−2）の等式の直線の交点で決まります。この状況を図20に再掲してあります。この生産点は財価格が変化してもその影響を受けません。

ここでいま，資本の賦存量がKからK'に増加したとしましょう（すなわち$K<K'$です）。このとき図20−1において，（17−2−2）の等式の直線は上方に平行移動します。よって，資本の賦存量が増えたときの完全雇用状態での新しい生産点はE'となります。点Eと比べると，資本を集約的に使用する第1財の生産量は増加し，他方の財の生産量は減少します。

以上のことから一般的に，次のことがいえます。「ある国においてある要素の賦存量が増加すると，その要素を集約的に使用する財のその国における生産量は増加し，他方の財の生産量は減少する。」これはリプチンスキーによって示されたため，リプチンスキー定理（Rybczinski Theorem）といわれています。この定理は資本や移民労働者が外国から流入することが国内の生産に与える影響の分析に適用できます。リプチンスキーの定理についても，ストルパー＝サミュエルソンの定理と同様に，要素賦存量の変化に対して，同方向に変化する生産量の変化率は要素賦存量の変化率を上回るという拡大効果が成立します。すなわち$0<(K'-K)/K<(X_1'-X_1)/X_1$が成立します。

以上では生産技術が固定係数型の下で説明しましたが，資本と労働の組み合わせの比率が選択できる技術（これを資本と労働が代替可能な技術といいます）の下でも成立します。ただしこの場合には生産可能性フロンティアは外側に向かって弓なりのスムーズな曲線となり，生産点は財の価格比を負の傾きとして持つ直線が生産可能性フロンティアと接する点で決まるため，財価格の大きさに影響を受けます。

そして，ある要素の賦存量の増加はこのフロンティアを，その要素が集約的に用いられる財の生産により有利な形で外側に拡大させます。これによって，図 20－2 に示されるように，上に述べたリプチンスキーの定理が成立することになります。

図 20－1　リプチンスキーの定理

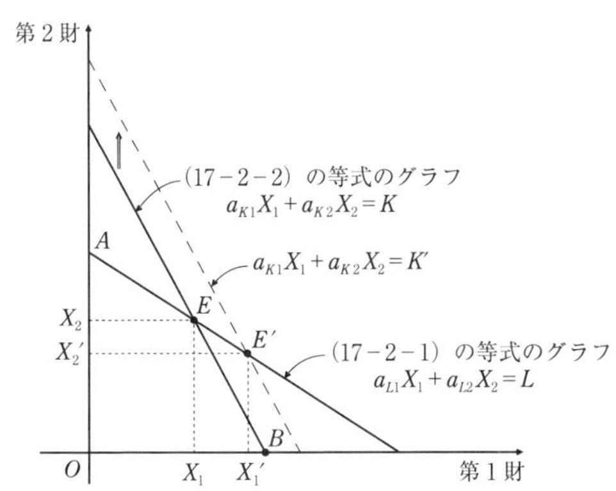

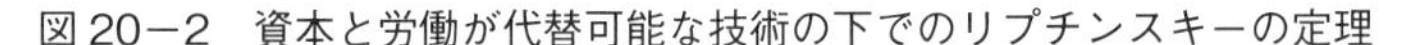
図 20－2　資本と労働が代替可能な技術の下でのリプチンスキーの定理

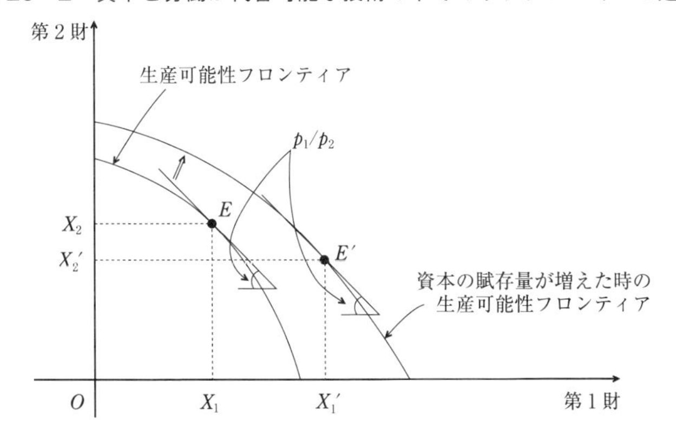

21 ヘクシャー=オリーンの定理

ある要素を相対的に豊富に持つ国はその要素を集約的に使用する財を輸出し，他方の財を輸入する。

A 国と B 国の間での貿易を考えます。初めに A 国と B 国の間で要素賦存量に関して次のような関係が成り立っているものとします。

仮定 2　　$K/L > K^*/L^*$

ただし L^* と K^* はそれぞれ，B 国の労働と資本の賦存量です。

この仮定 2 によって A 国は B 国に比べて相対的な意味で資本豊富国（capital abundant country）であり，逆に B 国は相対的に労働豊富国（labor abundant country）といえます。

初めに，両方の要素が完全雇用されているときの A 国における 2 財の生産量を求めると，(17−2−1) と (17−2−2) が等式で成立するとして，これらを解くと，

$$X_1 = \frac{a_{L2}K - a_{K2}L}{a_{L2}a_{K1} - a_{L1}a_{K2}}, \quad X_2 = \frac{a_{K1}L - a_{L1}K}{a_{L2}a_{K1} - a_{L1}a_{K2}}$$

を得ます。これは図 17−1 の E 点に対応する各財の生産量です。これより 2 財の生産量の比をとると，

$$\frac{X_2}{X_1} = \frac{a_{K1}L - a_{L1}K}{a_{L2}K - a_{K2}L} = \frac{a_{K1} - a_{L1}(K/L)}{a_{L2}(K/L) - a_{K2}}$$

となります。B 国についても，2 財の生産量 $X_1{}^*$ と $X_2{}^*$ の比は

$$\frac{X_2{}^*}{X_1{}^*} = \frac{a_{K1} - a_{L1}(K^*/L^*)}{a_{L2}(K^*/L^*) - a_{K2}}$$

となります。よって，仮定2によって$X_2/X_1 < X_2^*/X_1^*$となります。これによって，次節の図22に描かれるようにOEよりOE^*の方の傾きが急になります。さらに

$$\frac{X_2}{X_1} < \frac{X_2 + X_2^*}{X_1 + X_1^*} < \frac{X_2^*}{X_1^*} \tag{21-1}$$

が得られます。

国民全体の効用関数は2国間で同じとします。よって無差別曲線は同じです。また，無差別曲線は相似拡大的であるとします。すなわち原点から放射状に伸びる直線状では無差別曲線の傾きは同一になるものとします。よって2国間で貿易が行われると両国は同一の国際価格に直面するため，2財の国内需要の比は両国で同じになります。すなわち与えられた国際価格比p_1/p_2に対して，$D_2/D_1 = D_2^*/D_1^*$となります。よって，

$$\frac{D_2}{D_1} = \frac{D_2 + D_2^*}{D_1 + D_1^*} = \frac{D_2^*}{D_1^*} \tag{21-2}$$

となります。

また世界全体で各財の需要と供給は一致していなくてはなりません。すなわち$X_i + X_i^* = D_i + D_i^*$，$i = 1, 2$です。これと（21−1），（21−2）によって結局，

$$\frac{X_2}{X_1} < \frac{D_2}{D_1} = \frac{D_2^*}{D_1^*} < \frac{X_2^*}{X_1^*}$$

となります。これによって，資本が相対的に豊富なA国は資本集約的な第1財を輸出することになり，労働が相対的に豊富なB国は労働集約的な第2財を輸出することになります。より一般的には，「ある要素を相対的に豊富に持つ国はその要素を集約的に使用する財を輸出し，他方の財を輸入する。」といえます。これは**ヘクシャー＝オリーン定理**（Heckscher-Ohlin Theorem）といわれています。

22 ヘクシャー＝オリーン・モデルでの貿易の利益

貿易を行うとどの国においても貿易をしないときよりも経済厚生は改善される。

この節では，貿易を行うことは国にとって有益であるかどうか，についてみていくことにします。図 22 で貿易を行っている A 国と B 国の生産点はそれぞれ E 点と E^* 点で，消費点は D 点と D^* 点で与えられています。QE と Q^*D^* は第 1 財の A 国の輸出量と B 国の輸入量です。DQ と E^*Q^* は第 2 財の両国間の貿易量です。貿易下での 2 財の国際均衡価格 (international equilibrium price) は図に示されるように各財の取引量が両国間で一致するような水準すなわち $QE=Q^*D^*$，$DQ=E^*Q^*$ となるときの価格です。

貿易を行っている A 国と B 国の消費点はそれぞれ D 点と D^* 点ですから，そのときの国民全体の効用水準はこれらの点を通る無差別曲線によって示されます。図 22 では A 国，B 国の効用水準は U_T と $U_T{}^*$ で示されています。

一方，貿易をしない場合の各国の消費点は生産点と一致するため，A 国，B 国それぞれの消費点は E 点と E^* 点になります。したがってそのときの国民全体の効用水準はこれらの点を通る無差別曲線によって示されます。図 22 では貿易を行わないときの A 国，B 国それぞれの効用水準は U と U^* で示されています。

無差別曲線が原点から遠いほど効用水準は高いことを念頭に入れると，図 22 から明らかなように，両国とも貿易をしないときよりも貿易をした場合の方が効用水準が高いことがわかります。よって貿易は両国に利益をもたらすといえます。

図22　ヘクシャー＝オリーンの定理と貿易の利益

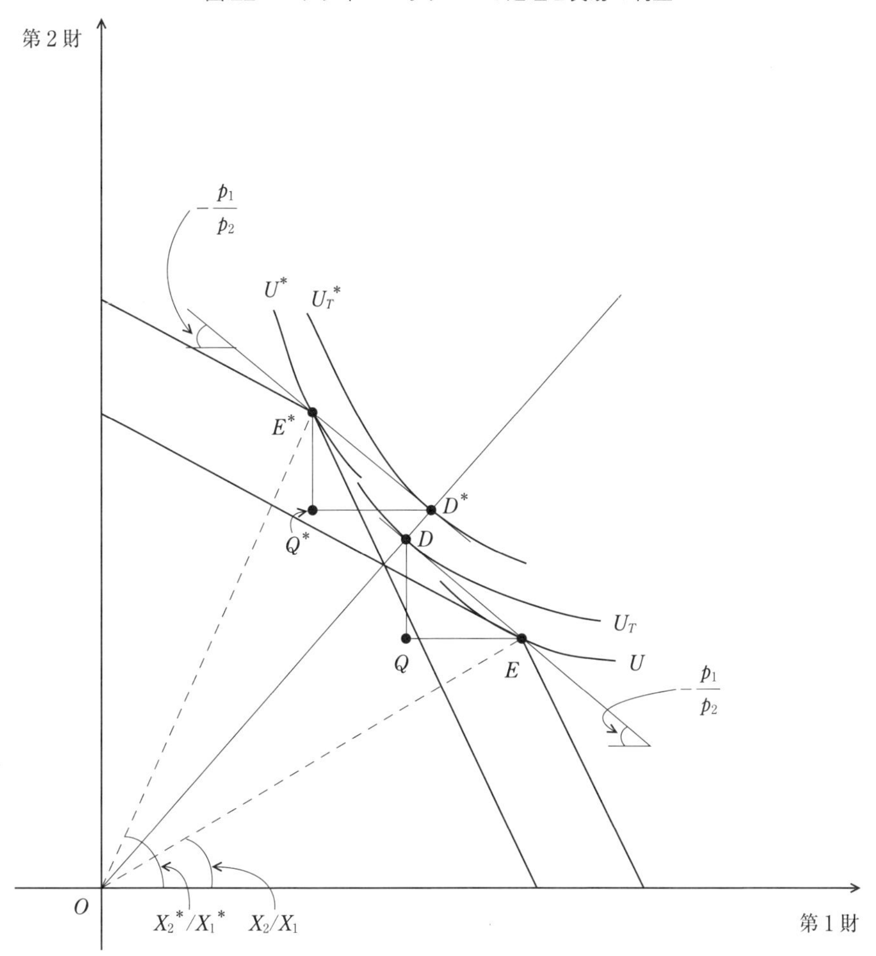

23 要素価格均等化定理

貿易を行うことによって，国内のそれぞれの要素価格は両国間で同じになる。

貿易を行わないときのA国の国内の賃金と資本レンタルは閉鎖経済の下での各財の均衡価格p_1とp_2を第19節の（19－1）の2本の式の$\tilde{p}_1$と$\tilde{p}_2$の代わりに用いてこれらの式を解くと，

$$w=\frac{a_{K1}p_2-a_{K2}p_1}{a_{L2}a_{K1}-a_{K2}a_{L1}},\qquad r=\frac{a_{L2}p_1-a_{L1}p_2}{a_{L2}a_{K1}-a_{K2}a_{L1}}$$

となります。同様にして，貿易を行わないときのB国の賃金と資本レンタルはB国の閉鎖経済での均衡価格$p_1{}^*$と$p_2{}^*$の下で，

$$w^*=\frac{a_{K1}p_2{}^*-a_{K2}p_1{}^*}{a_{L2}a_{K1}-a_{K2}a_{L1}},\qquad r^*=\frac{a_{L2}p_1{}^*-a_{L1}p_2{}^*}{a_{L2}a_{K1}-a_{K2}a_{L1}}$$

となります。図22に示されているようにA国とB国では閉鎖経済の均衡価格は一般的に異なるため，A国とB国の間で賃金や資本レンタルは異なります。

しかし貿易を行うとA国とB国の国内の賃金と資本レンタルは両国とも同じ国際価格$\tilde{p}_1$と$\tilde{p}_2$に直面するため，

$$\tilde{w}=\tilde{w}^*=\frac{a_{K1}\tilde{p}_2-a_{K2}\tilde{p}_1}{a_{L2}a_{K1}-a_{K2}a_{L1}},\qquad \tilde{r}=\tilde{r}^*=\frac{a_{L2}\tilde{p}_1-a_{L1}\tilde{p}_2}{a_{L2}a_{K1}-a_{K2}a_{L1}}$$

となります。

このように貿易によって両国の国内の要素価格が同じになることを要素価格均等化定理（Factor Price Equalization Theorem）といいます。これは

両国の生産技術が同じであることや単位当たり生産に必要とする要素投入量は生産規模に関係なく一定であること，そして貿易をする国が両方の財を生産していることが前提となっています。これらの条件の一部が満たされないと要素価格均等化定理は成立しません。

第3章　練習問題

日本とアメリカの貿易を考える。両国は製造品と農業品の２財をそれぞれ労働と資本を使って生産するものとし，その生産技術は両国で同じで，固定係数型の技術とする。各財１単位当たりの生産に必要な労働と資本の投入量は次の表のように示される。

	労　働	資　本
製造品	2	5
農業品	4	3

また日本とアメリカの労働と資本の賦存量は次の表の通りである。

	労　働	資　本
日　　本	800	1300
アメリカ	1100	1350

国民全体の効用関数は両国で同じで，また相似拡大的な無差別曲線を持つものとする。以下の各問に答えなさい。

(1)　日本とアメリカの間で貿易をすると，日本はどの財を輸出し，どの財を輸入するか？
(2)　労働と資本が完全雇用されているときの日本の各財の生産量を求めなさい。
(3)　製造品と農業品の国際価格がそれぞれ，17 と 13 であるとき，日本の国内の賃金と資本レンタルの大きさはどのようになるか？　またアメリカについてはどうか？

【解答】

(1)　5/2 ＞ 3/4 より製造品は資本集約的な財で農業品は労働集約的な財である。また，1300/800 ＞ 1350/1100 より日本の方がアメリカよりも相対的に資本豊富国である。よって日本は製造品を輸出し，農業品を輸入する。

(2)　日本の製造品と農業品の生産量をそれぞれ，X_M と X_A とすると，労働と資本が完全雇用されているとき，$2X_M+4X_A=800$ と $5X_M+3X_A=1300$ が成立する。これらを解くことによって，$X_M=200$ と $X_A=100$ となる。よって製造品の生産量は 200，農業品の生産量は 100 である。

(3)　2 つの財がともに生産されているとき，賃金を w，資本レンタルを r として，$2w+5r=17$ と $4w+3r=13$ が成立する。これらを解いて，$w=1$，$r=3$ を得る。よって賃金は 1，資本レンタルは 3 となる。アメリカについても同じ式が成立するので，日本と同じく賃金は 1，資本レンタルは 3 となる。

第4章

伝統的貿易政策

24 消費者余剰と生産者余剰

消費者余剰は消費者が払ってもよい額と実際に支払う額との差，生産者余剰は生産者の利潤。

消費者余剰（consumer surplus）は，消費者が支払ってもよいと思う額から実際に支払う額を差し引いたものです。この消費者余剰の大きさは，需要曲線を用いてどのように表すことができるのか，説明しましょう。

図 24－1 には，イチロー君が 1 週間に購入したいと考えるビールの本数とビールの価格との関係を示した需要曲線が描かれています。ビールの価格が 600 円から 800 円の間であれば，イチロー君は 1 週間にビールを 1 本飲み，価格が 400 円から 600 円の間なら 2 本飲むでしょう。

この需要曲線は，次のように読むこともできます。イチロー君は，最初の 1 本に対しては最大 800 円まで支払ってもよいと思い，2 本目に対しては最大 600 円まで出してもよいと思っています

いま，ビールの価格が 300 円であるとしましょう。このとき，イチロー君はビールを 3 本購入します。ビールを 3 本飲むことに，イチロー君は最大 1,800 円（＝800＋600＋400）まで支払ってもよいと思っています。しかし，イチロー君が実際に支払う額は 900 円（＝300×3）です。したがって，その差額 900 円（＝1,800－900）だけイチロー君は得をしたことになり，これが消費者余剰と呼ばれるものです（図 24－1 の斜線部分）。

生産者余剰（producer surplus）は，生産者が実際に受け取る額から生産にかかる費用を差し引いたものです。この生産者余剰の大きさは，供給曲線を使ってどのように示すことができるでしょうか。

図24－2には，ビールを生産するある企業の供給曲線が表されています。この供給曲線は，限界費用曲線でもあります。**限界費用**（marginal cost）とは，生産量を 1 単位追加するときの費用の増加分をいいます。この曲線

によると，最初の１本の生産には100円の費用がかかり，２本目の生産には150円の費用がかかることになっています。

さて，ビールの価格が300円としましょう。このとき，この企業はビールを３本生産します。ビールを３本生産するために，この企業は500円（＝100＋150＋250）の費用がかかります。しかし，この企業が実際に受け取る額は900円（＝300×3）です。よって，その差額400円（＝900－500）の余剰をこの企業は得ることになり，これが生産者余剰と呼ばれるものです（図24－2の灰色部分）。

図24－1

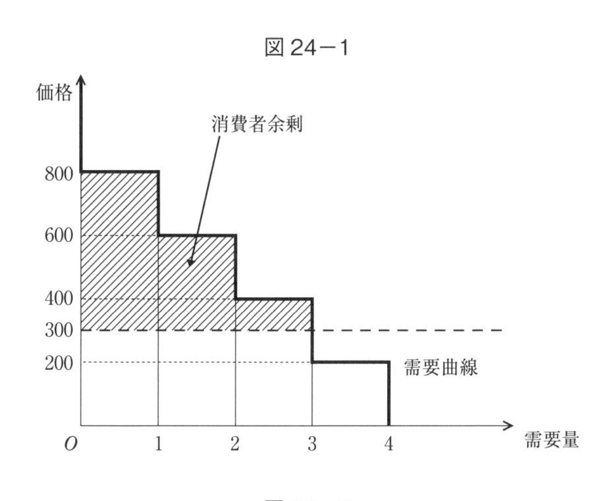

図24－2

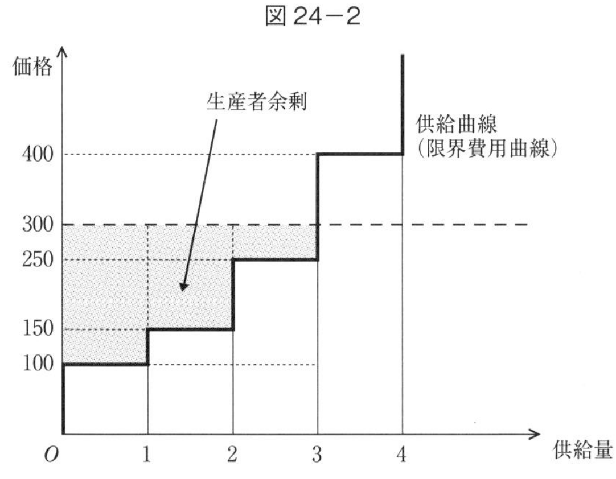

25 輸入関税政策

輸入関税は国内価格を上昇させるので, 国内消費は減り, 国内生産は増え, 輸入は縮小して, 社会的余剰は減少する。

輸入関税は，輸入される商品に対して課される税金で，最も広範に用いられている貿易政策です。輸入関税政策の効果について考えてみましょう。

いま，自国は農産物を輸入しているとしましょう。農産物の国内市場は完全競争であるとします。図 25 において，D は農産物に対する国内需要曲線，S は国内供給曲線です。自国は小国であると仮定し，外国から国際価格 P^* でいくらでも農産物を輸入できるとします。よって，P^*W が外国からの輸入曲線を表すことになります。

自国が農産物の自由貿易を行うならば，農産物の国内価格は国際価格 P^* に等しくなります。このとき，国内の消費者は X_4 だけ農産物を消費し，国内の生産者は X_1 だけ生産し，自国は国内消費量 X_4 と国内生産量 X_1 との差（X_4-X_1）だけ輸入することになります。

ここで，自国政府が農産物の輸入に対して，$t\times100\%$ の関税を課したとしましょう。このとき，農産物の国内価格は関税の分だけ国際価格よりも高くなり，$P'=(1+t)P^*$ になります。この結果，国内消費量は X_3 に減少し，国内生産量は X_2 に増加し，輸入量は X_3-X_2 に減少します。

次に，輸入関税による自国の社会的余剰（social surplus）の変化を，第 24 節で学んだ消費者余剰と生産者余剰の概念を用いて分析してみましょう。

自由貿易のとき，消費者余剰は $a+b+c+d+e+f$ の面積で与えられ，生産者余剰は g の面積で与えられます。この両者を足した $a+b+c+d+e+f+g$ の面積が，自由貿易のときの社会的余剰です。

輸入関税が課されると，国内価格が上昇し消費量が減少した結果，消費者余剰は$a+b$の面積に縮小します。価格上昇と生産量増加のため，生産者余剰は$c+g$の面積に拡大します。また，政府は輸入量X_3-X_2に対して関税を課すことから，eの面積で表される関税収入を獲得します。関税収入は，国民に還元されると考えれば，社会的余剰の一部です。したがって，この3つを合計した$a+b+c+e+g$の面積が，輸入関税が課されたときの社会的余剰です。

以上より，自国が輸入関税を課すと，自由貿易の場合よりも$d+f$の面積だけ社会的余剰が減少することになります。この社会的余剰の減少は，輸入関税の**死荷重**（dead weight loss）と呼ばれます。dの面積は，関税が割高な国内生産を増加させることによる損失を表し，fの面積は，関税が国内消費を減少させることによる損失を表しています。

図25

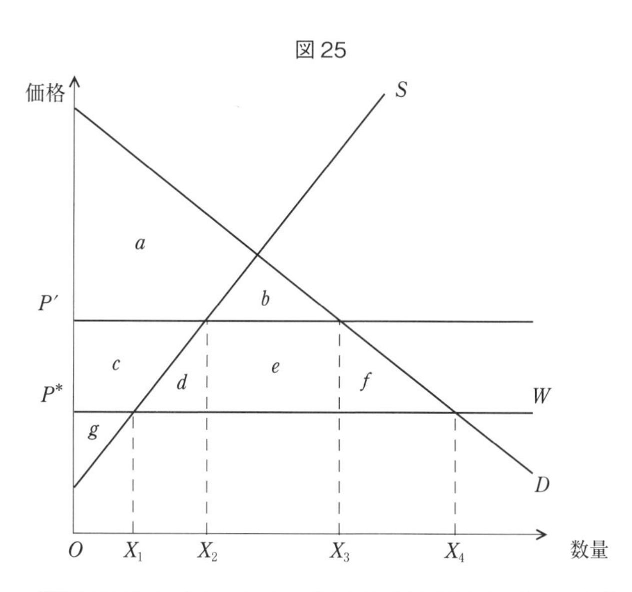

	自由貿易	輸入関税
消費者余剰	$a+b+c+d+e+f$	$a+b$
生産者余剰	g	$c+g$
関税収入	なし	e
社会的余剰	$a+b+c+d+e+f+g$	$a+b+c+e+g$

26 消費税と補助金政策

消費税と生産補助金を組み合わせた政策は，輸入関税と同じ効果をもたらす。

消費税と生産補助金を組み合わせることによって，輸入関税と同じ効果を実現できます。図 26 を使って，これについて検討してみましょう。

自国は，農産物を輸入している小国としましょう。D は国内需要曲線，S は国内供給曲線を表し，国際価格は P^* であるとします。

自由貿易を行っているときに，自国政府が農産物の消費に対して $t\times$100%の消費税を課すとともに，農産物の生産に対して $t\times100$%の補助金を与えたとしましょう。このとき，国内消費者の支払う価格が $P'=(1+t)P^*$ に上昇し，国内消費量は X_3 に減少します。国内生産者の受け取る価格も $P'=(1+t)P^*$ と高くなり，国内生産量は X_2 に増加します。その結果，輸入量は X_3-X_2 に減少します。

消費税と生産補助金が同時に適用されると，消費者余剰は $a+b$ の面積に減少しますが，生産者余剰は $c+g$ の面積に増加します。政府は，$c+d+e$ の面積で表される税収を得ると同時に，$c+d$ の面積で表される補助金を支払います。よって，政府は e の面積だけの収入を獲得します。このとき，社会的余剰は $a+b+c+e+g$ の面積になり，自由貿易の場合よりも $d+f$ の面積だけ減少します。

第 25 節における議論と比較すると，消費税と生産補助金を組み合わせた政策が国内消費，国内生産，輸入，社会的余剰に与える効果は，輸入関税政策と同じであることがわかります。

次に，国内生産者の保護を目的とするならば，輸入関税よりも生産補助金の方が望ましいことを説明しましょう。

自由貿易の状態で，自国政府が農産物の生産に対して $t\times100$%の補助金を与えたとしましょう。このとき，国内生産者の受け取る価格は$P'=(1+t)P^*$と高くなり，国内生産量はX_2に増加します。一方，自由貿易が行われているので，国内消費者の支払う価格はP^*のままであり，国内消費量はX_4で変わらず，輸入量はX_4-X_2になります。

生産補助金が与えられると，生産者余剰はcの面積だけ拡大しますが，消費者余剰は変化しません。政府は$c+d$の面積で表される補助金を支払います。補助金の財源は国民によって負担されるから，補助金支出は社会的余剰を減らす要因になります。したがって，生産補助金はdの面積だけ死荷重をもたらすことになります。

農産物の輸入に$t\times100\%$の関税を課す場合，死荷重が$d+f$の面積だけ生じるので，生産補助金の方が輸入関税よりも死荷重がfの面積だけ小さくなります。

図 26

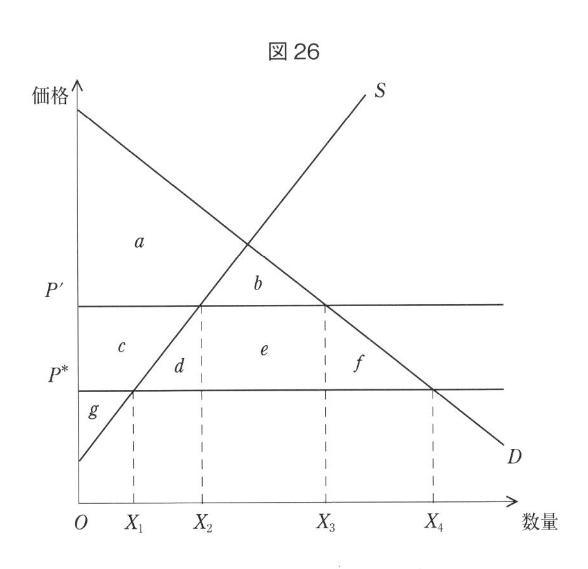

27 輸入割当政策

輸入割当は輸入関税と同じ効果を持つが，国内市場に独占的要素をもたらすならば死荷重は大きくなる。

輸入割当は，特定の品目について一定期間内に輸入できる総枠を設け，その範囲内で一定の輸入数量を輸入者に割り当て，この割当を受けていなければ輸入できない制度をいいます。輸入割当政策の効果について考えてみましょう。

自国は小国であり，一定の国際価格 P^* で農産物を輸入できるとしましょう。図 27 において，D は国内需要曲線，S は国内供給曲線です。自由貿易であれば，農産物の国内価格は P^*，国内消費量は X_4，国内生産量は X_1，輸入量は X_4-X_1 となります。自由貿易のときの消費者余剰，生産者余剰，社会的余剰は表に示されています。

いま，自国政府が輸入割当を導入し，輸入量を Q に制限したとしましょう。このとき，国内価格 P^* において，国内需要 X_4 が国内供給 X_1 と輸入割当による供給 Q の合計を上回ることになります。その結果，農産物の超過需要が解消されるまで国内価格が引き上げられます。農産物の国内価格は P' まで上昇し，国内消費量は X_3 へと減少し，国内生産量は X_2 へと増加します。

輸入割当が実施されると，消費者余剰は $a+b$ の面積に減少しますが，生産者余剰は $c+g$ の面積に増加します。また，輸入枠を持った業者は，割安な国際価格 P^* で仕入れた農産物を高い国内価格 P' で販売することから，e_1+e_2 の面積で表される超過利潤（割当レント）を獲得します。したがって，社会的余剰は $a+b+c+e_1+e_2+g$ の面積になり，輸入割当政策は $d+f$ の面積で表される死荷重を発生させます。

ここで，輸入割当の代わりに，P' と P^* の差だけの関税が課されたとしましょう。このとき，農産物の国内価格，国内消費量，国内生産量，輸入量，社会的余剰は，輸入割当と同じになります。これを関税と輸入割当の**同値命題**（equivalence of tariff and import quota）と呼びます。

しかし，輸入割当と関税には相違点もあります。関税の場合には，政府が関税収入を得ますが，輸入割当の場合には，輸入枠を持った業者が割当レントを獲得します。よって，割当レントを求めた非生産的な政治活動（レント・シーキング）が活発となり，資源が浪費されるならば，輸入割当はより大きな死荷重を生み出すでしょう。

また，輸入割当は国内市場に独占的要素をもたらします。関税においては，外国生産者が関税さえ支払えば自国市場に供給できるため，輸入競争からの圧力が確保されます。一方，輸入割当においては，輸入量を直接規制するので，国内生産者は外国との競争から遮断されます。そこで，国内生産者同士が結託するならば，国内価格を吊り上げることになります。このとき，消費者がより高い価格に直面するため，輸入割当による死荷重はより大きくなるでしょう。

図 27

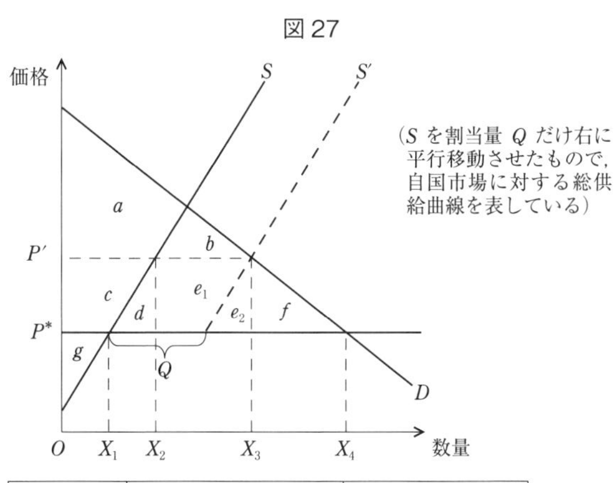

	自由貿易	輸入割当
消費者余剰	$a+b+c+d+e_1+e_2+f$	$a+b$
生産者余剰	g	$c+g$
割当レント	なし	e_1+e_2
社会的余剰	$a+b+c+d+e_1+e_2+f+g$	$a+b+c+e_1+e_2+g$

28 輸出関税政策とラーナーの対称性定理

同率の輸入関税と輸出関税は同じ効果を持つ（ラーナーの対称性定理）。

輸出関税は，輸出される商品に対して課される税金です。輸出関税政策の効果について考察してみましょう。

いま，自国は自動車を輸出しているとしましょう。図28において，D は自動車に対する国内需要曲線，S は国内供給曲線です。自国は小国であると仮定し，国際価格 P^* でいくらでも自動車を輸出できるとします。

自由貿易が行われるならば，自動車の国内価格は国際価格 P^* に等しくなります。このとき，自国は自動車を X_1 だけ消費し，X_4 だけ生産して，国内生産量 X_4 と国内消費量 X_1 の差（$X_4 - X_1$）だけ輸出します。自由貿易のときの消費者余剰，生産者余剰，社会的余剰は表に示されています。

ここで，自国政府が自動車の輸出に対して，$t \times 100\%$ の関税を課したとしましょう。このとき，自動車の輸出から国内生産者の受け取る価格は $P^*/(1+t)$ に低下します。よって，国内生産者は輸出を減らして国内販売を増やそうとするので，国内価格も $P' = P^*/(1+t)$ に下がります。その結果，国内消費量は X_2 へと増加し，国内生産量は X_3 へと減少し，輸出量は $X_3 - X_2$ へと低下します。

輸出関税が課されると，消費者余剰は $a+b+c$ の面積に拡大し，生産者余剰は $g+h+i+j$ の面積に縮小します。また，政府は輸出量 $X_3 - X_2$ に対して輸出関税を課すことから，e の面積で表される関税収入を獲得します。したがって，社会的余剰は $a+b+c+e+g+h+i+j$ の面積になり，輸出関税政策は $d+f$ の面積で表される死荷重を発生させます。

同率の輸入関税と輸出関税は同じ効果をもつということは，ラーナーの**対称性定理**（Lerner's symmetry theorem）として知られています。このことについて説明しましょう。

輸入財の国内価格，国際価格をそれぞれP_1'，P_1^*とし，輸出財の国内価格，国際価格をそれぞれP_2'，P_2^*とします。ここで，$t\times100\%$の輸入関税が課された場合，$P_1'=(1+t)P_1^*$，$P_2'=P_2^*$が成立しているから，輸入財の輸出財に対する国内相対価格は$P_1'/P_2'=(1+t)P_1^*/P_2^*$となります。一方，$t\times100\%$の輸出関税が課された場合，$P_1'=P_1^*$，$P_2'=P_2^*/(1+t)$ が成立しているから，輸入財の輸出財に対する国内相対価格は$P_1'/P_2'=(1+t)P_1^*/P_2^*$となります。したがって，同率の輸入関税と輸出関税は，同じ国内相対価格をもたらし，国内の資源配分に対して同じ効果を与えることになります。

図 28

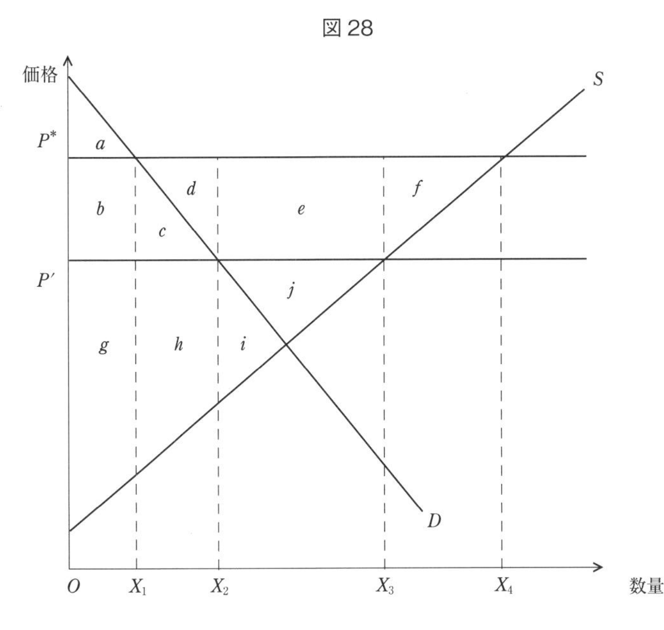

	自由貿易	輸出関税
消費者余剰	a	$a+b+c$
生産者余剰	$b+c+d+e+f+g+h+i+j$	$g+h+i+j$
関税収入	なし	e
社会的余剰	$a+b+c+d+e+f+g+h+i+j$	$a+b+c+e+g+h+i+j$

29 輸出補助金政策

輸出補助金は国内価格を引き上げるので，国内消費は減り，国内生産は増え，輸出は拡大して，社会的余剰は減少する。

輸出補助金政策の効果について分析してみましょう。

自国は，自動車を輸出している小国であるとしましょう。図29において，P^*は自動車の国際価格，Dは国内需要曲線，Sは国内供給曲線です。自由貿易の下にあれば，国内価格もP^*となり，国内消費量はX_2，国内生産量はX_3，輸出量はX_3-X_2となります。自由貿易のときの消費者余剰，生産者余剰，社会的余剰は表に示されています。

ここで，自国政府が自動車の輸出に対して，$s\times100\%$の補助金を出したとしましょう。輸出補助金の下では，国内生産者は国際価格P^*で自動車を輸出しても，国際価格に輸出補助金の分を加えた$(1+s)P^*$だけ手に入れることができます。よって，国内生産者は国内販売を減らして，輸出を増やそうとするため，国内価格も$P'=(1+s)P^*$まで引き上げられます。その結果，国内消費量はX_1へと減少し，国内生産量はX_4へと増加し，輸出量はX_4-X_1へと拡大します。

輸出補助金が与えられると，国内価格が上昇し消費量が減少することから，消費者余剰はaの面積に縮小します。価格上昇と生産量増加のため，生産者余剰は$b+c+d+f+g+h+i$の面積に拡大します。また，政府は輸出量X_4-X_1に対して補助金を出すことから，$c+d+e$の面積で表される輸出補助金を支払います。補助金の財源は国民によって負担されることを考慮に入れると，輸出補助金が与えられたときの社会的余剰は$a+b+f+g+h+i-e$の面積になります。

したがって，輸出補助金政策は$c+e$の面積で表される死荷重を発生させます。cの面積は，輸出補助金が過小な国内消費をもたらすことによる損失を表し，e の面積は，輸出補助金が過剰な国内生産をもたらすことによる損失を表しています。もし自国政府が自動車生産の拡大を目標とするならば，輸出補助金よりも生産補助金の方が望ましいといえます。第26節の議論を参考にして，自国政府が自動車の生産に対して $s \times 100\%$ の補助金を出す場合，生産補助金による死荷重は e の面積だけであることを確認してください。

図29

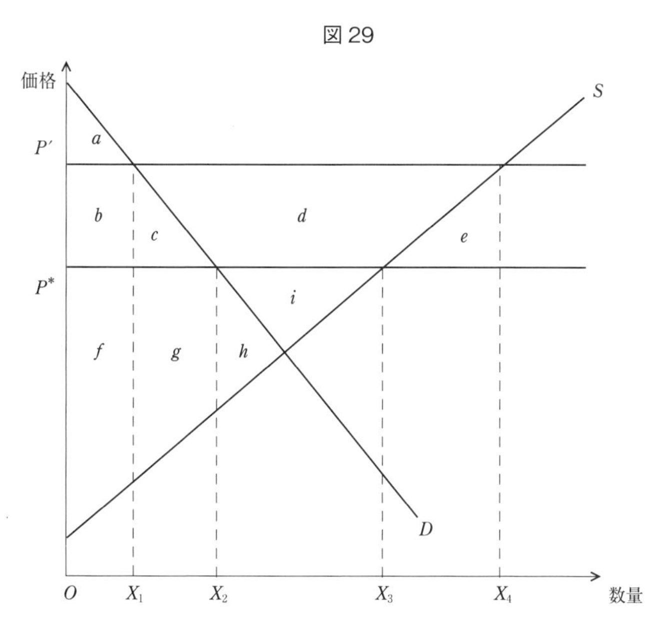

	自由貿易	輸出補助金
消費者余剰	$a+b+c$	a
生産者余剰	$f+g+h+i$	$b+c+d+f+g+h+i$
輸出補助金支出	なし	$c+d+e$
社会的余剰	$a+b+c+f+g+h+i$	$a+b+f+g+h+i-e$

30 不確実性と貿易政策（1）需要サイドの不確実性

需要サイドに不確実性が存在する場合，期待値で見ると，輸入割当の方が輸入関税に比べて死荷重が大きくなる。

第27節では，輸入関税と輸入割当の社会的余剰に与える効果の同一性について学習しましたが，需要サイドや供給サイドに不確実性が存在する場合には，貿易政策の効果は異なったものとなります。まず，需要サイドの不確実性のケースから考えてみましょう。

自国は農産物を生産していない小国であり，一定の国際価格P^*で農産物を輸入できるとします。いま，自国の所得水準に不確定要素があり，農産物の国内需要曲線はランダムに変動するとしましょう。簡単化のために，農産物の国内需要曲線は，確率1／2で図30のD_1となり，確率1／2でD_2となるとします。国内生産がないため，国内消費量は輸入量に等しくなります。

ここで，自国政府が農産物の輸入1単位当たりtの関税を課したとしましょう。このとき，農産物の国内価格は$P'=P^*+t$になります。国内需要曲線がD_1であれば，輸入量はX_1になり，国内需要曲線がD_2であれば，輸入量はX_2になります。これに対して，自国政府が輸入割当を実施して，関税政策のときの輸入量の期待値$Q=(1/2)X_1+(1/2)X_2$に輸入量を制限したとしましょう。このとき，国内需要曲線がD_1であれば，農産物の国内価格はP_1になり，国内需要曲線がD_2であれば，国内価格はP_2になります。図30において，X_1-Qと$Q-X_2$は等しくなっています。

国内需要曲線がD_1であるとき，輸入関税による死荷重はaの面積で表され，輸入割当による死荷重は$a+b+c+d$の面積で表されます。よって，輸入関税に比べて輸入割当の方が$b+c+d$の面積分だけ死荷重が大きくなります。国内需要曲線がD_2であるとき，輸入関税による死荷重は$d+e+f$

の面積で示され，輸入割当による死荷重はdの面積で示されます。よって，輸入割当に比べて輸入関税の方が$e+f$の面積分だけ死荷重が大きくなります。

輸入割当による死荷重の期待値から輸入関税による死加重の期待値を差し引くと，

$$\frac{1}{2}(b+c+d)-\frac{1}{2}(e+f)>0$$

で与えられます。$X_1-Q=Q-X_2$より，$c+d$の面積は$e+f+g$の面積と等しくなります。よって，$c+d$の面積は$e+f$の面積よりも大きくなります。それゆえに，期待値で見ると，輸入割当の方が輸入関税よりも死荷重が大きくなります。これより，輸入関税と輸入割当の同等性は成立せず，輸入関税の方が望ましいことがわかります。

図 30

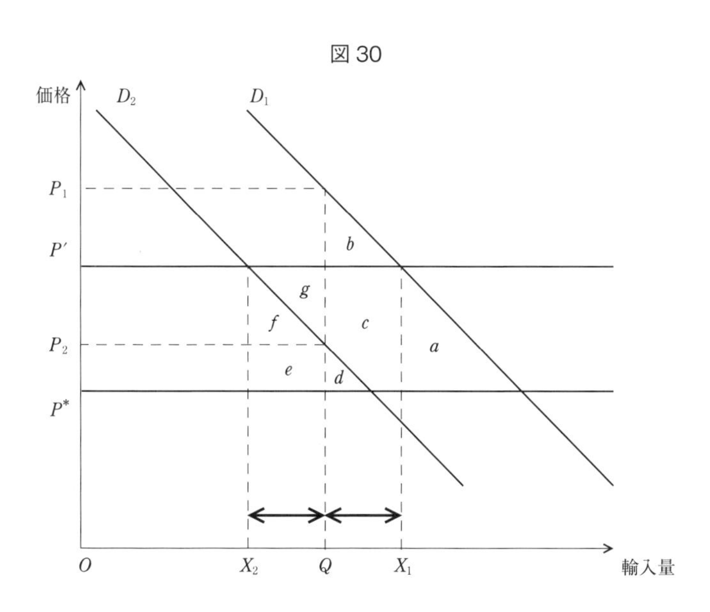

31 不確実性と貿易政策（2）供給サイドの不確実性

供給サイドに不確実性が存在する場合，期待値で見て，輸入割当の方が輸入関税よりも死荷重が大きくなる。

次に，供給サイドの不確実性のケースについて分析してみましょう。

自国は農産物を国内で生産せず，輸入している小国であるとします。図31において，D は農産物に対する国内需要曲線を表しています（国内生産がないため，国内消費量は輸入量に等しくなります）。いま，農産物の世界全体の供給量に不確定要素があり，農産物の国際価格はランダムに変動するとしましょう。単純化のために，農産物の国際価格は，確率1／2で $P^*-\alpha$ となり，確率1／2で $P^*+\alpha$ となるとします。

ここで，自国政府が農産物の輸入1単位当たり t の関税を課したとしましょう。農産物の国際価格が $P^*-\alpha$ であれば，国内価格は $P_1=P^*-\alpha+t$ になり，輸入量は X_1 になります。国際価格が $P^*+\alpha$ であれば，国内価格は $P_2=P^*+\alpha+t$ になり，輸入量は X_2 になります。一方，自国政府が輸入割当を導入して，関税政策のときの輸入量の期待値 $Q=(1/2)X_1+(1/2)X_2$ に輸入量を制限したとすると，国内価格は P' になります。図31において，X_1-Q と $Q-X_2$ は等しく，その大きさを β と置いています。

農産物の国際価格が $P^*-\alpha$ であるとき，輸入関税による死荷重は $a+b$ の面積で与えられ，輸入割当による死荷重は $a+b+c+d+e$ の面積で与えられます。よって，輸入割当の方が $c+d+e$ の面積分だけ死荷重が大きくなります。国際価格が $P^*+\alpha$ であるとき，輸入関税による死荷重は $b+d+e+g+h+i$ の面積で表され，輸入割当による死荷重は $b+d+e$ の面積で表されます。よって，輸入関税の方が $g+h+i$ の面積分だけ死荷重が大きくなります。

輸入割当による死荷重の期待値から輸入関税による死加重の期待値を差

し引くと，

$$\frac{1}{2}(c+d+e)-\frac{1}{2}(g+h+i)>0$$

と計算されます。d の面積は g の面積と同じになります。また，c の面積（$=2\alpha\times\beta$）は $h+i+j$ の面積に等しいので，c の面積は $h+i$ の面積よりも大きくなります。したがって，期待値で見ると，輸入割当の方が輸入関税よりも死荷重が大きくなります。このため，輸入関税と輸入割当の同等性は成立せず，輸入関税の方が望ましいといえます。

図 31

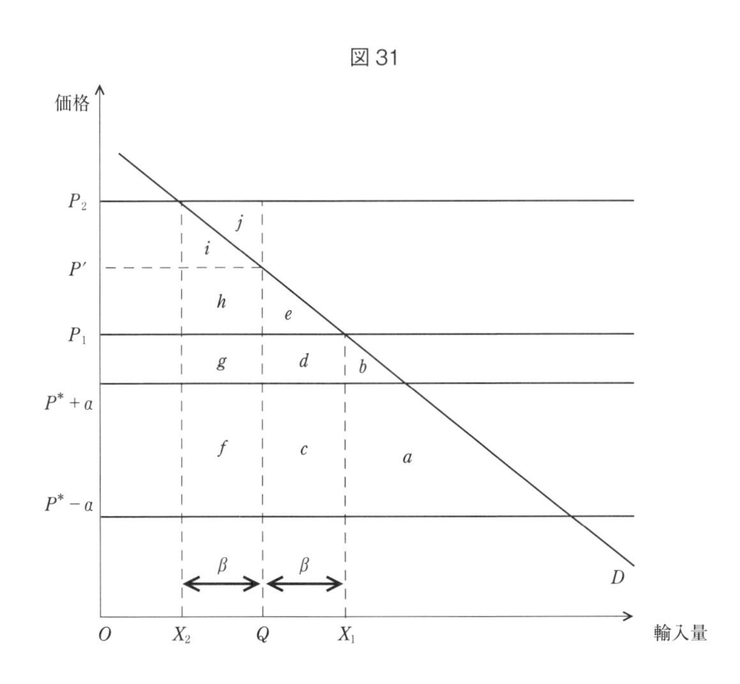

第4章 練習問題

農産物に対する国内需要曲線は D＝200－2P，国内供給曲線は S＝P－10 であるとしよう。ただし，D は需要量，S は供給量，P は価格である。

(1) この国は小国であり，外国から国際価格 30 でいくらでも農産物を輸入できるとしよう。自由貿易の下での国内消費量，国内生産量，輸入量，消費者余剰，生産者余剰を求めなさい。

(2) この国の政府が農産物の輸入に対して 50％の関税を課したとしよう。このときの国内消費量，国内生産量，輸入量，消費者余剰，生産者余剰，関税収入を求めなさい。

(3) (2) と (1) を比べて，輸入関税による死荷重を求めなさい。

(4) 自由貿易を行っているときに，この国の政府が農産物の生産に対して 50％の補助金を与えたとしよう。このときの国内消費量，国内生産量，輸入量，消費者余剰，生産者余剰，生産補助金支出を求めなさい。

(5) (4) と (1) を比べて，生産補助金による死荷重を求めなさい。

【解答】

(1) 国内消費量 140，国内生産量 20，輸入量 120，
消費者余剰 4900，生産者余剰 200

(2) 国内消費量 110，国内生産量 35，輸入量 75，
消費者余剰 3025，生産者余剰 612.5，関税収入 1125

(3) 337.5

(4) 国内消費量 140，国内生産量 35，輸入量 105，
消費者余剰 4900，生産者余剰 612.5，生産補助金支出 525

(5) 112.5

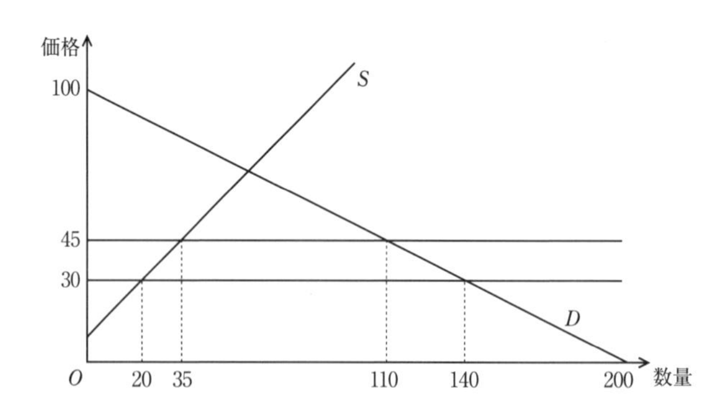

第5章

新貿易政策

32 ナッシュ均衡と囚人のディレンマ

ある相手の選択に対し最大の利益をもたらす選択が最適反応。全員が最適反応を選択している状況がナッシュ均衡。

貿易政策は，A国の政策が相手国の経済に直接的に影響を与えるという点で国内の政策と性質が異なります。また現実には多くの市場で，少数の企業による不完全競争が行われており，各国の政府や個々の企業の行動が，パレート最適な結果を導くとは限りません。ここでは個々の経済主体の合理的行動が，全体では非効率的な結果を発生させる代表的な例の，囚人のディレンマ（prisoner's dilemma）を考えましょう。

いま，2人の人物AとBがある事件の容疑者として逮捕されています。そしてこの2人は実際に犯人です。しかし警察側は物的証拠に不安があり，有罪を確定させるには容疑者たちの自白が欲しい状況です。そこで警察側は容疑者1人ずつ個別に，次のような話を持ちかけます。

・2人ともが自白したら懲役8年の刑になるだろう。
・しかし，1人だけが自白してもう1人が黙秘を続けたら，自白した方は1年，黙秘した方は15年の刑にする。
・2人ともが黙秘をしていても，おそらく4年の刑になるだろう。

この警察の申し入れをまとめると，表32のようになります。

「Bが自白した場合」に限定して容疑者Aが選択を考えると，自白すれば8年の刑，黙秘すれば15年の刑と考えます。よって「Bが自白」した場合は，Aは「自白」を選ぶでしょう。このように，ある1つの相手の選択に対して，最も自身の利益が高くなる選択を**最適反応**，または最適応答（best response）と呼びます。

次に容疑者Aが「Bが黙秘した場合」について考えた場合，Aが自白すれば1年の刑，Aが黙秘していれば4年の刑，となります。「Bが黙秘」

した場合でも，やはりAは「自白」を選ぶでしょう。つまり，Bの「黙秘」に対してもAは「自白」が最適反応となっているのです。

容疑者Bも同じように考えますから，結局は容疑者AとBの双方が「自白」を選び，2人とも8年の刑の囚人となることが確定します。

この結果はAとBにとって望ましい結果なのでしょうか。AとBが共に黙秘を選択していれば，2人ともが8年より軽い刑の4年です。しかし，2人共が今よりも望ましい結果（パレート最適）があるとわかっていても，個々人の合理的な行動はそれを選ばせないのです。このような状況を囚人のディレンマ（prisoner's dilemma）と呼びます。

この結果は，Aの自白に対してBの自白は最適反応であり，Bの自白に対してAの自白も最適反応になっています。このような最適反応の組が結果となっている状況を特にナッシュ均衡（Nash equilibrium）と呼びます。ナッシュ均衡では，自分以外の主体の選択を所与とするとき，自分の選択を変えても今より高い利益を獲得できないという状況が全員に成立しています。

表32

		容疑者B	
		自白する	黙秘する
容疑者A	自白する	(8，8)	(1，15)
	黙秘する	(15，1)	(4，4)

※(Aの懲役年数，Bの懲役年数)

33 戦略的貿易政策（1）国際複占モデルの概要

戦略的関係にあるライバル企業の生産量に対して自社の生産量を調整する，国際市場の企業間寡占競争のモデル。

産業を構成する企業数が少ない**寡占**（oligopoly）傾向にある国際市場では，政府や他企業の行動は企業行動に強い影響を与えるので，相手の行動を予測して自らの行動を定めることが必要になります。このような相互に影響を与える関係を戦略的関係といい，戦略的関係にある企業の国際競争に介入する貿易政策を，**戦略的貿易政策**（strategic trade policy）と呼びます。

まず企業の戦略的関係を考えるため，クールノー（Cournot）型の複占競争分析を利用して国際寡占市場のモデルを考えましょう。アメリカ，ヨーロッパ連合（EU），日本の３つの国からなる国際経済を考えます。アメリカのボーイング社，EU のエアバス社が日本向け専用仕様の飛行機を生産しているとします。この飛行機は日本市場専用ですから，欧米ではこの飛行機を需要しません。また，エアバス社とボーイング社以外はこの飛行機を生産していないとします。よってこの市場は国際複占市場です。エアバス社の生産量を x_A，ボーイング社の生産量を x_B とすると，複占市場のため両社の生産量合計 x_A+x_B が産業全体の生産量になります。この産業全体の生産量から，逆需要関数 $p=p(x_A+x_B)$ により価格が決まります。このとき，エアバス社の利潤関数は

$$\pi_A(x_A,\ x_B)=p(x_A+x_B)x_A-c_A(x_A) \qquad (33-1)$$

と表せます。ただし，$c_A(x_A)$ はエアバス社の費用関数です。この時，仮にボーイング社が生産量を $\bar{x}_B$ に設定したとすれば，利潤関数は

$$\pi_A(x_A,\ \bar{x}_B)=p(x_A+\bar{x}_B)x_A-c_A(x_A) \qquad (33-2)$$

となり，エアバス社は自社の生産量x_Aだけ調整することで利潤を最大化する，独占企業として行動することができます。両社は図 33－1 のように相手の選択するさまざまな生産量に対し，最大利潤をもたらす最適な生産量を決定します。これはライバルの選択に対して最適反応を選んでいること意味します。ライバルの各生産量に対応する，自社の最適な生産量を$x_A=f(x_B)$，$x_B=g(x_A)$ という関数で表すことができ，これを**反応関数**(reaction function)，または最適応答関数（best-response function）と呼びます。反応関数を図 33－2 のように表したものを**反応曲線**（reaction curve）といい，両社の反応曲線の交点は，最適反応の組み合わせであるナッシュ均衡になっています。

ライバル企業が生産量を拡大した場合，価格を高く維持して利潤を確保しようとするため，自社は生産量を減少させます。ただし，ライバル企業の生産量の増大分よりも自社の生産量を減少させることはない点に注意してください。以上のことから反応曲線は右下がり（戦略的代替関係）で，その傾きは 1 より大きくなっています。

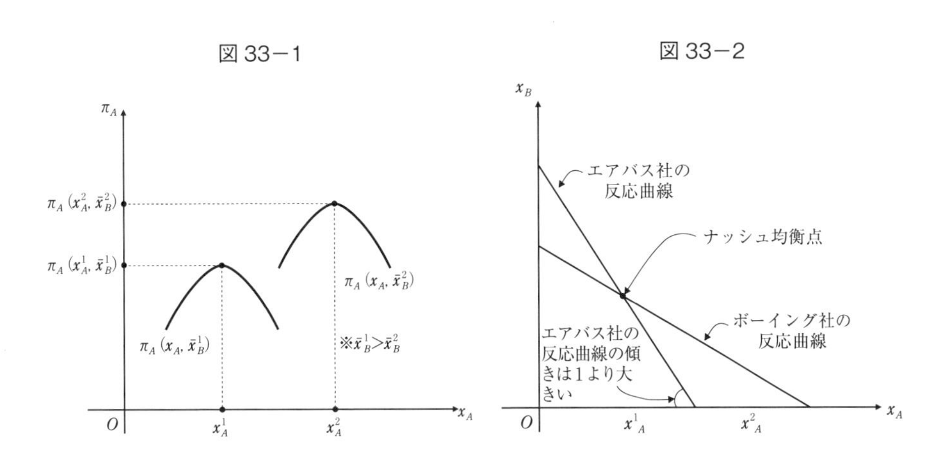

34 戦略的貿易政策（2） 国際複占モデルの結論

企業の国際間競争関係そのものに対し介入する政策を戦略的貿易政策と呼ぶ。

第33節の国際複占競争のモデルでは，反応曲線を利用して複占市場でナッシュ均衡が成立することをみました。このような生産調整を行うクールノー型の競争では，反応曲線の交点を特にクールノー＝ナッシュ均衡と呼んでいます。

この複占市場での戦略的関係に対し，一方の政府が生産（輸出）補助金政策で介入する場合の効果を考えましょう。EU政府がエアバス社に生産補助金を出すとします。このモデルは生産国内の消費を考えていないので，生産補助金は輸出補助金と同じになります。EU政府がエアバス社の生産（輸出）した飛行機1機につきsだけ補助金を与える場合，エアバス社の利潤は

$$\pi_A(x_A;s)=p(x_A+\bar{x}_B)x_A-c_A(x_A)+sx_A \qquad (34-1)$$

となります。補助金がない場合と比べてコスト（限界費用）が低下しているので，エアバス社はボーイング社の生産量に変化がなくても生産を拡大させます。よって補助金は，図34－1のようにエアバス社の反応曲線を右にシフトさせ，反応曲線の交点をボーイング社の反応曲線にそって右下に移動させる効果を与えます。ボーイング社の反応曲線の傾きが1より小さいため，補助金はエアバス社の生産量と産業全体の生産量を増加させます。全体の生産量が増加するので，消費国である日本の厚生水準は増大します。

一方，EUの厚生水準 W_{EU} は，EU国内の消費を考えていないので生産者余剰と政府の余剰の合計と考えることができます。EUの企業であるエ

アバス社の利潤から政府の支出した金額（補助金）を引くと，EU の厚生水準は次のような式で表せます。

$$W_{EU}=\pi_A-sx_A=p(x_A+\bar{x}_B)x_A-c_A(x_A)=\pi_A(x_A;0) \qquad (34-2)$$

結局，補助金が存在しない時のエアバス社の利潤が EU の厚生です。

厚生水準の変化を図で表してみましょう。反応曲線上の点は，所与のボーイングの生産量に対し最大の利潤を導くエアバスの生産量ですから，図 34－2 のように，E_1 点から左右にずれた点では利潤は下がっています。また同じエアバスの生産量においてボーイングの生産量が下がった場合，価格の上昇から利潤は上昇しています。つまり反応曲線上の点と同じ利潤となる点が，図の右下と左下方向のどこかにあります。以上のことから，同じ利潤となる生産量の組が，反応曲線上の点を頂点として上に凸な形の等利潤曲線として表せます。EU の厚生は補助金が 0 の時のエアバス社の利潤であることから，等利潤曲線は EU の厚生水準を表しています。補助金政策によって当初の均衡点 E_1 よりも厚生が高くなる点 E_2 が達成できることがわかります。

通常の輸出補助金政策は輸出増による厚生改善より，市場の歪みによる損失の方が大きいのですが，戦略的関係への介入は相手企業のレントを奪うことになるため，厚生水準を高めることができるのです。

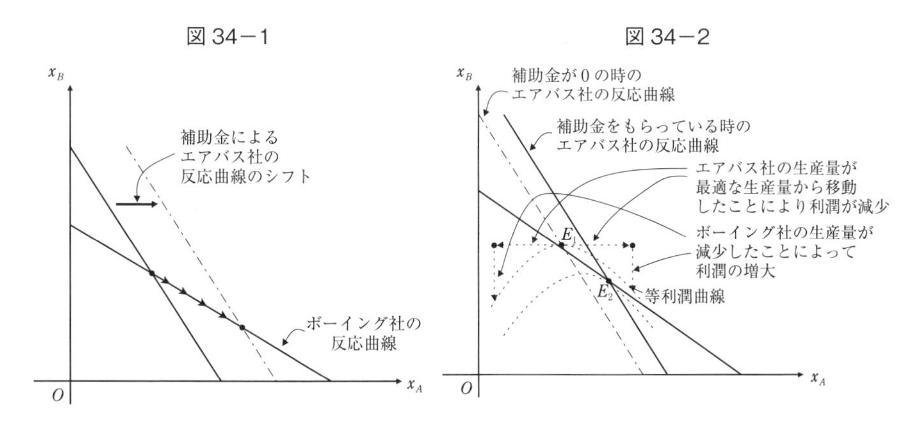

35 規模の経済性と貿易

生産量拡大に伴い生産性が向上する規模の経済性がある経済ではまったく同質な二国間でも貿易が発生する。

生産の規模が拡大すると，生産量が生産規模の拡大以上に上昇する（生産の効率性が上昇する）ような場合があります。これを規模の経済性（economies of scale）と呼びます。規模の経済性は，個々の企業の生産が規模に関して収穫逓増である場合の内部経済性と，産業全体の生産規模の拡大が個々の企業の生産効率に影響を与える外部経済性（マーシャルの外部経済性）があります。

内部経済性がある場合，生産を拡大することで生産コストを引き下げることができるため，ダンピング（国内市場より低価格でB国市場で販売すること）などによりシェア獲得を目的とする競争が行われます。やがてその市場は寡占化が進行し，国際市場では不完全競争（特に独占的競争）が行われる可能性が高くなります。

一方，マーシャルの外部性の場合，個々の企業にとって生産規模の拡大が必ずしも有利に働くわけではないため，大企業が有利になるわけではありません。個々の企業は規模の経済性が存在することを認識できないので，企業の行動がシェア拡大競争などに変化するようなことを考えなくてもよいのです。以前の章で学習した限界変形率の議論を少し修正することで，マーシャルの外部経済性の効果を分析できます。

第1財と第2財の生産で同じ技術を持つ2国を考えます。第1財の生産にはマーシャルの外部性があり，第2財には外部性がないとします。第2財の生産量が減少して第1財の生産規模が拡大すると，規模の経済性のため第1財の生産量は加速度的に増大しますから，生産可能性フロンティアは図35−1のように原点に対して凸の形状になります。この場合，同じ生産技術を持ちながら何らかの事情で第1財の生産規模がたまたま大きかった国が，もう一方の国より生産コストが低くなり，第1財の生産に比較優位を持つことになります。図35−2の世界全体の生産可能性フロンティアで示されるように，貿易の開始はそれぞれの国の比較優位財の生産を増大させ，生産の特化が生じているような T 点のような均衡点が導かれます。

マーシャル的外部性が高付加価値商品に存在する場合，A国企業が国際シェアを拡大できるように政府が輸出補助金政策などで介入すると，A国の経済厚生を改善できる場合があります。このようなマーシャル的外部性の具体的事例としては，インド洋のモルディブ共和国による観光産業育成などがあげられるでしょう。多数のリゾートが集中し，情報や観光資源の効率的な利用が可能となったことが，モルディブが世界的なリゾート地の1つに成長した一因といえます。

図35−1

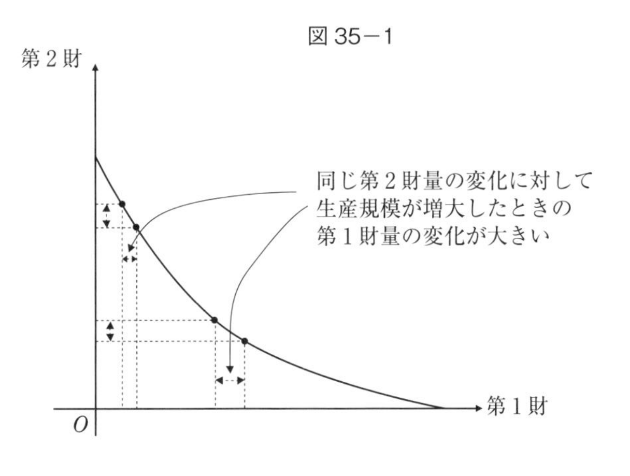

図35−2

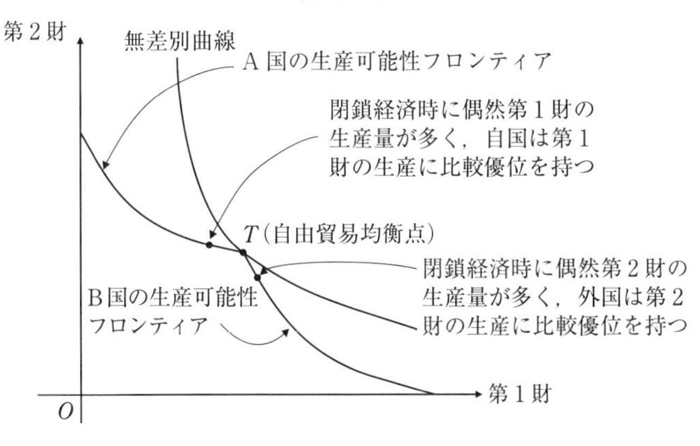

36 産業内貿易

農業品と農業品，工業品と工業品という，同じ産業の財の貿易を産業内貿易という。

日本は大量の電子製品や自動車などの工業製品を輸出し，B 国から小麦粉や野菜などの農業製品を輸入しています。このように，輸出している生産物の産業とは異なる産業の生産物を輸入する貿易形態を，**産業間貿易**（inter-industry trade）と呼びます。産業間貿易は産業間の比較優位性の相違によって発生します。しかし現実にはBMW・ベンツなどの輸入車や，パソコン部品等の電子製品など，さまざまな工業製品も日本は輸入しています。このように，同じ産業の生産物が国際市場で同時に貿易される状態を，**産業内貿易**（intra-industry trade）と呼びます。

世界全体の貿易において大きなシェアを占めている先進工業国同士の間の貿易は，この産業内貿易が大きなウェイトを占めています。さらに第35節で学んだ規模の経済性の存在を考えると，産業内貿易が拡大する場合はマーシャル的外部性の利益が生じるため，産業間貿易より貿易利益が大きくなることもあります。

産業内貿易は，同じ産業の生産物であっても品質が大きく異なり，実質的には産業間貿易と考えることができる垂直的産業内貿易と，品質も同程度の生産物が貿易される水平的産業内貿易があります。近年において割合が高くなっているのは水平的産業内貿易です。

以下に，産業内貿易が発生するいくつかの理由と例をあげておきます。

(1) 輸送コスト要因

福岡市の会社が北海道の会社から製品を買うより，韓国から買った方が輸送コストが安い。

(2) 季節的な要因

漁期にはサンマを輸出し，不漁期には輸入する。

(3) 中継貿易

貿易の中継地として，同一の産業の製品が輸出入される。

(4) 国際分業

パソコンの部品を海外から購入し，日本で組み立てたものを輸出する。

(5) 製品差別化

日本車より外車が欲しい人もいる。

差別化された財の産業内貿易について，少し補足をしておきます。各国の要素賦存において資本・労働比率が近い国は，同じような産業を持っている場合が多くなります。資本・労働比率と国民所得の水準に相関関係があると考えれば，同じ水準の国民所得を持つ国の間では，産業内貿易が活発に行われていると考えられます。

産業内貿易の程度を測る指標として，グルーベル・ロイド指数があります。これはある産業の貿易において，

$$1-\left|\frac{\text{輸出量}-\text{輸入量}}{\text{輸出量}+\text{輸入量}}\right|$$

と定義される指標で，0～1の値をとり，1に近いほど産業内貿易が活発に行われていることを示しています。日本の資本財におけるグルーベル・ロイド指数は，「通商白書2006年版」（経済産業省通商政策局企画調査室編）に基づくと0.584になります。

第5章 練習問題

1. いまA国とB国の2国が，貿易に何らかの政策介入をするか，それとも何の介入もしないか，どちらかを選択しようとしています。この2国が貿易から得られる利得が次の表E5で表されている時，次の各問に答えなさい。

表E5

		B国	
		政策介入	不介入
A国	政策介入	(10，10)	(30，5)
	不介入	(5，30)	(20，20)

※(A国の利益，B国の利益)

(1) B国が政策介入を選択する場合，A国の最適反応（最適応答）は，政策介入と不介入のどちらでしょうか。

(2) A国が不介入を選択するとき，B国が最適反応（最適応答）した場合のA国の利得はいくつでしょうか。

(3) A国とB国が（短期的な）利益を追求して選択を考える場合，両国がそれぞれ獲得する利得はいくつでしょうか。

2. 国際複占競争をしているA国企業の企業1と，B国の企業である企業2を考えます。企業1の反応関数が$x_2 = 15 - 3x_1$，企業2の反応関数が$x_1 = 10 - 2x_2$で与えられるとき，この複占競争のナッシュ均衡解を計算しなさい。

【解答】

1. (1) 介入
   (2) 5
   (3) A，Bともに10

2. $(x_1, x_2) = (4, 3)$

第 6 章

国際要素移動

37

国際要素移動

国際要素移動とは生産要素の資本や労働が国境を越えて移動すること。

グローバル化が進むにつれて，商品・サービスの国際間の売買（つまり貿易）以外にも，資本や労働の国際的な移動がもたらす影響の経済的重要性が高まってきています。

国際資本移動（International Capital Movement）は，単なる「カネ」の国際取引ではない側面を持っています。もちろん貿易収支の赤字国が決済資金をまかなうために外国から外貨（国際通貨）を借り入れたり，投資家が外国の債券に投資したりすることでもカネは国境を越えます。これは**間接投資**（indirect investment）と呼ばれます。

これに対して相手国の国内で事業を行う（現地生産をする）ために企業が海外進出していく場合には，資金すなわち資本は企業と一体化したものとして国境を越えていくことになります。これを**海外直接投資**（foreign direct investment = FDI）といいます。日本企業の海外直接投資は円高による生産コスト上昇で国際競争力が失われることを避けるため，1980年代後半から急速に進展しました。

国際労働移動（International Migration）についても，単に生産の要素としての労働力が送り出し国から受け入れ国に移動するだけではなく，移動するのは国内経済を支える消費を行う「ヒト」であることに注意しなくてはなりません。さらには移民労働者が送金活動を通じて送り出し国経済に貢献する側面も見逃せません。

戦前はブラジルや中国（満州）に労働力を送り出してきた日本ですが，円高が進んで高賃金が得られる魅力と，またバブル経済以後はとりわけ**3K**（危険，きつい，汚い。英語では3D = danger, difficult, dirty）の職場での人手不足を背景にして，1980 年代の後半から急速に外国人労働者の流入が進みました。日本の場合入国管理法によって合法に就労できる外国人は特殊な技術・技能保持者に限られているため，観光ビザで入国後に不法滞在する**不法就労者**（Illegal workers）となる外国人が少なくなく，劣悪な労働環境や労働条件面での差別は社会問題となりました。

国際要素移動はなぜ生じるのでしょう。また日本のような先進工業国は一般に資本の送り出し国，労働の受け入れ国となりますが，発展途上国は労働の送り出し国，資本の受け入れ国となっているのはなぜなのでしょうか。また国際要素移動が起きると，どのようなグループに利益や不利益がもたらされるのでしょうか。これらの問題について分析した古典的な研究が，次の項目で取り上げる**マクドゥガル**（McDougall）のモデルです。貿易利益について考えたとき閉鎖経済と自由貿易とを比較したように，ここでも閉鎖経済と自由な国際要素移動の状態を比較することにします。なおこの本では国際労働移動を取り上げて考えますが，国際資本移動についてもまったく同様にあつかうことができます。

図 37　国籍（出身地）別不法残留者数の割合（平成 17 年 1 月 1 日現在）

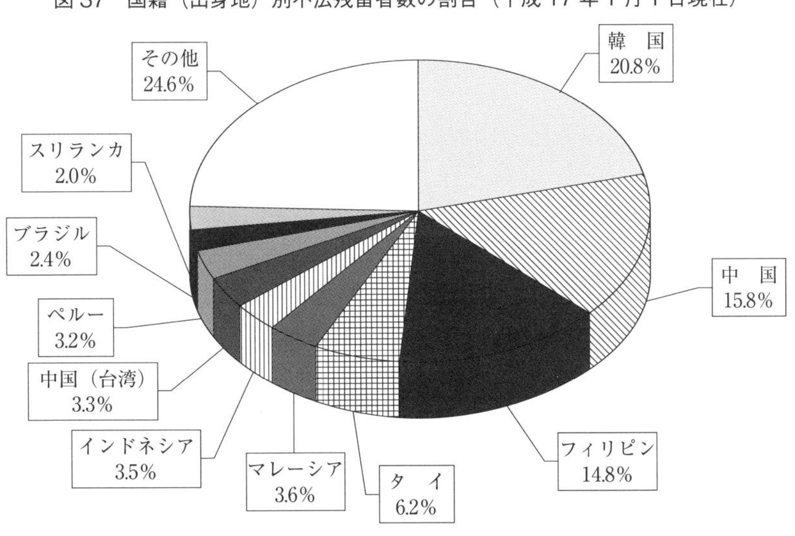

出所：法務省入国管理局。

38 マクドゥガル・モデル（1）　閉鎖経済均衡

資本豊富国の賃金は高くなる。

自国と外国の2つの国があるとしましょう。両国は資本 K と労働 L という2つの生産要素を用いて，同じ1つの財を生産しているとします。1財モデルですから，2国間で貿易はありません。ここでは自国を資本豊富国，外国を労働豊富国としましょう。すなわち $K/L > K^*/L^*$ です（＊は外国を表します）。

図38は両国の閉鎖経済時における状態を示したものです。ここで左（右）側の縦軸は自国（外国）の労働の限界生産物，すなわち1単位の労働が追加されることで生産できる財の価値を測っています。

また自国の労働量は O 点を起点として右へ行くほど大きくなり，外国の労働量は O^* を起点として左へ行くほど大きくなるように測られています。OE を自国の労働賦存量（$=L$），O^*E を外国の労働賦存量（$=L^*$）とします。

曲線 GG' は自国の労働の限界生産力曲線です。一定の自国の資本賦存量（K）と組み合わせて生産に投入される労働の量が増加するほど，その限界生産力は低下していきますから，曲線 GG' は右下がりとなります。同様に $G^*G^{*\prime}$ は外国の労働の限界生産力曲線です。

自国と外国の国民所得はそれぞれ四角形の $OEAG$ および O^*EBG^* で与えられます。たとえば自国の労働者が $L=OE$ だけいますが，1人ずつが生産に加わっていって得られる限界生産物の合計が国民所得だからです。

両国の生産技術が**規模に関して収穫一定**（constant returns to scale）すなわち**一次同次**（linearly homogeneous）で，かつ同一であると仮定しましょう。このとき資本／労働比率が決まると労働の限界生産力が決まりますので（第39節の注を参照してください），曲線 GG' と $G^*G^{*\prime}$ の交点 M では両国の資本／労働比率は等しくなります。したがって自国が資本豊富国であることと，N 点よりも E 点が左にあることとが対応していることになります。

両国の国内経済が完全競争経済であると仮定しましょう。このとき賃金は労働の限界生産力価値に等しくなり，生産されている財は1つだけですからその価格を1とする（ニュメレールとする）と，結局賃金は労働の限界生産力に一致します。E 点を通る垂線と曲線 GG' および曲線 $G^*G^{*\prime}$ の交点を点 A および点 B とすると，$w = AE$ は自国の閉鎖経済の賃金を，$w^* = BE$ は外国の閉鎖経済の賃金をそれぞれ表します。$w > w^*$ は，国際労働移動がないときに資本豊富国の賃金が労働豊富国よりも高いことを示しています。

以上から自国の労働者所得は四角形 $OwAE$，外国の労働者所得は四角形 O^*w^*BE となります。完全競争のため国民所得は生産要素の所得にすべて配分されて利潤は発生しませんから，国民所得から労働者所得を引いた残りは資本家所得となり，自国は三角形 GwA，外国は三角形 G^*w^*B となります。

図38

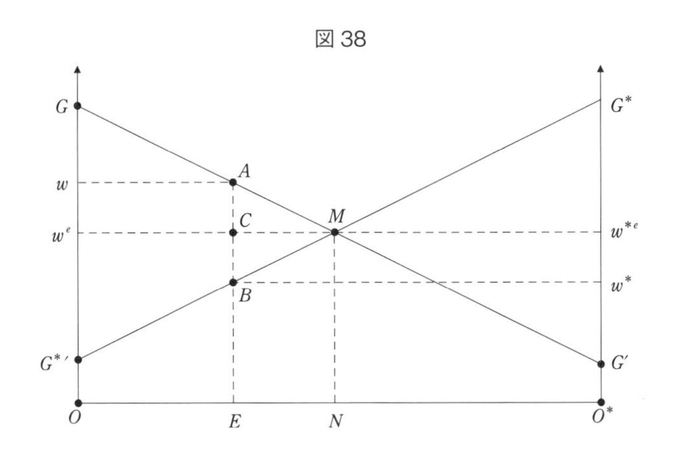

39 マクドゥガル・モデル（2） 国際労働移動

自由な国際労働移動の結果，資本豊富国の資本家所得は増加し，労働者所得は下落する。国民所得も増加する。

自由な国際労働移動が生じると，労働者は賃金が高い方の国へと移住することを考えますから，外国から自国へと労働が移動します。その結果自国で生産に雇用される労働の量は E 点から右へ増加し，その分だけ外国で雇用される労働の量が減ることになります。この傾向は両国間に賃金の格差がある限り続きますから，結局図38の曲線 GG' と $G^*G^{*'}$ の交点 M で決まる賃金 w^e（$= w^{*e}$）になったときに労働移動は停止します。このとき外国の労働のうち EN だけが自国に流入しており，ON だけの労働が自国で雇用されることになります。したがって外国の労働量は O^*N です。

両国の国民所得はどのように変化するでしょうか。自国では国内総生産（GDP）が四角形 $ONMG$，そのうち外国人労働者所得が四角形 $NMCE$ の面積ですから，自国の国民所得は前者から後者を引いた図形 $OGMCE$ となり，それは閉鎖経済時の国民所得よりも三角形 ACM だけ大きいことになります。

他方外国では国内総生産は四角形 O^*G^*MN で表されますが，移民労働者の所得が四角形 $NMCE$ ですから，結局図形 O^*G^*MCE だけの国民所得となります。これは閉鎖経済時よりも三角形 BCM だけ大きくなります。

まとめれば国際資本移動によって両国とも国民所得が増加しています。これは労働移動が実現したことで，世界全体での労働の効率的な利用が実現したためです。

国内分配はどのように影響を受けるのでしょうか。自国の労働者所得は四角形 $OECw^e$ で，閉鎖経済のときよりも四角形 Aww^eC だけ小さくなります。一方資本家所得は三角形 Gw^eM で，これは閉鎖経済時と比べて

Aww^eM だけ大きくなっています。

外国は逆に労働者所得が四角形 O^*ECw^{*e} となります。そのうち四角形 O^*NMw^{*e} が国内に残留した外国の労働者の所得，四角形 $MNEC$ が自国へと移住した外国の労働者の所得です。これは閉鎖経済時よりも四角形 w^*BCw^{*e} だけ上昇していることになります。一方資本家所得は三角形 G^*Mw^{*e} となりますから四角形 w^*BMw^{*e} だけ減少していることになります。

以上の結果，国際労働移動の結果利益を得る階層は自国（資本豊富国）の資本家と外国（労働豊富国）の労働者だといえます。すなわち相対的に豊富な生産要素が労働移動の自由化によって利益を受ける反面，相対的に希少だった生産要素は不利益となるのです。

なおここでは国際労働移動のケースを考えましたが，国際資本移動でもまったく同様に考えることができます。その場合には資本を送り出すのは自国となりますが，資本移動の自由化の場合でも利益を受ける階層，不利益をこうむる階層は，上の分析とまったく同じになります。

（注）生産関数を $X=F(K,L)$ とします。生産量は規模に関して収穫一定ですから，$X=LF(K/L,1)\equiv Lf(k)$ ただし $k=K/L$，と表すことができます。資本の限界生産物は $\partial X/\partial L=f'(k)$，労働の限界生産物は $\partial X/\partial L=f(k)-kf'(k)$ となって，いずれも k のみの関数となっていることがわかります。

40 ラマスワミ命題 (1)

課税によって最適水準に資本や労働の移動を規制すれば，自国の国民所得を自由な移動の場合よりも大きくできる。

自由な労働移動が認められると，送り出し国，受け入れ国の双方が利益を得ることがこれまでの勉強でわかりました。しかし実は受け入れ国である自国が，自国の国民所得の最大化だけを目的とするならば，流入する外国人労働者の所得に最適な水準で課税することが，最も望ましいことをいうことができます。

外国人労働者が自国に移住する際に，合法的なビザを取得する必要があり，その際自国政府に支払わなければいけない経費が t であるとします。すると外国からの移民労働者は自国で仮に高い賃金を得たとしても，そこから t を引いた残りが可処分所得となります。これが外国の賃金と一致する水準まで，国際労働移動が生じることになります。

図 40 は図 38 の一部を拡大したものです。移住する労働量は EN' で，自由な労働移動の場合に比べて少なくなります。このとき自国の賃金が w'，外国の賃金が $w^{*\prime}$ となり，$w'-t=w^{*\prime}$ が成り立ちます。

自国の国民所得は，労働者所得が四角形 $Ow'DE$，資本家所得が三角形 $Gw'A'$ で，さらに税収も国民所得となりますが，EN' だけの労働者から t だけずつ納めさせるので，四角形 $A'DFB'$ だけ入ります。結局自由な労働移動のときと比べると，国民所得は（四角形 $HB'FC$ − 三角形 $A'HM$）だけ大きくなります。（　）のなかは，t の値をうまく選んでやることで正の値とすることができます。以上から，課税によって規制された労働移動の方が，自由な労働移動に比べて，自国の国民所得を大きくできるといえるのです。

資本移動が認められるケースでは逆に自国は資本送り出し国となります

が，同じように自国の国民所得を最大化できるのは，自由な資本移動ではなく，税による規制を加えた場合です。

そこで次に問題となるのが，自国にとって国民所得を最大化するには，最適な水準に規制された資本の送り出しによる方法と，同じく労働の受け入れによる方法と，どちらが有利かということです。

ラマスワミ（V. K. Ramaswami）によると，この場合には後者の方が有利であると結論されています。これを**ラマスワミ命題**（Ramaswami Proposition）といいます。次節ではその要旨を概説していきましょう。

図 40

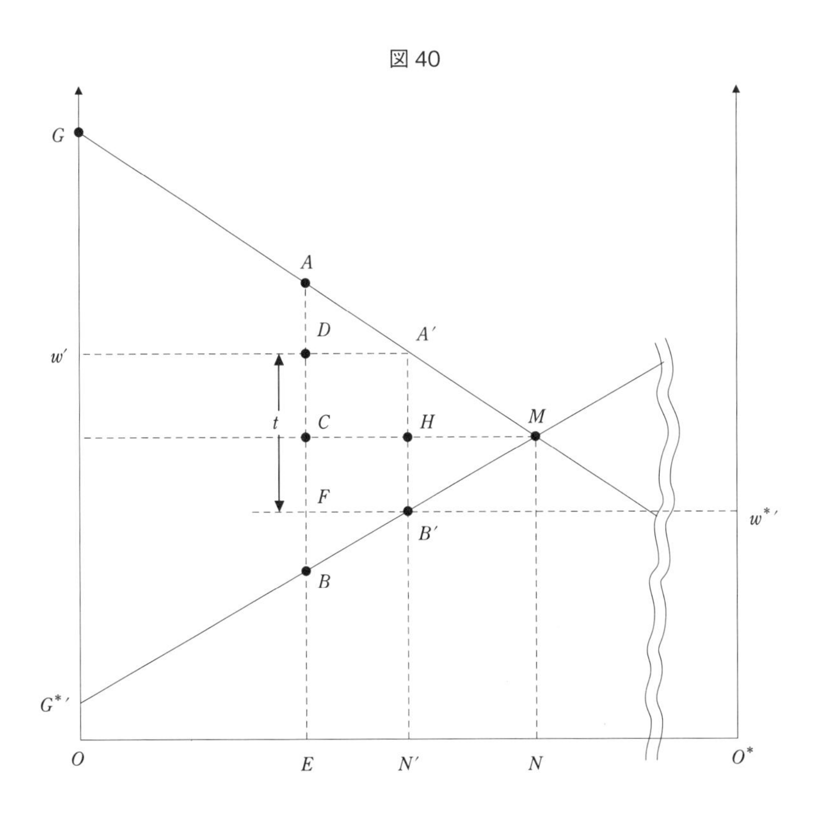

41 ラマスワミ命題 (2)

資本豊富国は最適に規制された資本送り出しよりも，労働受け入れによって国民所得を最大化できる。

図 41 はボックス・ダイヤグラム（box diagram）で，縦軸に世界全体の資本賦存量（$K+K^*$），横軸に世界全体の労働賦存量（$L+L^*$）がとってあります。O,O^*は自国，外国のそれぞれ原点を表します。自国（外国）が資本（労働）豊富国のため，自国と外国の要素賦存を示す点Eは対角線O,O^*の上方にあります。

外国から自国に労働の流入を認めた場合には，生産要素の両国の分配点はEから水平に右方向に移動します。もし完全に労働移動が自由ならば対角線上のA点まで移動が行われ，賃金・資本レンタルは両国で均等化します。しかし自国にとっては最適課税によってその手前で労働受け入れを停止した方が有利です。いま自国に最適な労働流入後の分配を表す点をA'としましょう。

同様にBは自国からの資本送り出しが自由であったときの両国の要素分配点，B'は自国が最適課税をした場合の資本流出後の分配点を表すとします。したがってA'点とB'点とでどちらが自国の経済厚生（この場合は国民所得と同じとなります）が高いかを比較するのが，ここでの問題です。

いま点B'での自国（外国）の資本／労働比率はOB'（O^*B'）の傾きで与えられます。次に外国の資本／労働比率をそのままに，点B'から出発し，自国から外国に流入している資本（EB'相当）をすべて（外国人の）労働ともども自国に移転させる政策を考えましょう。外国の資本／労働比率は一定のままですから，これは生産要素の配分点がCに移ったことを意味しています。

ここで外国から呼び寄せた資本と労働は自国のそれまでいた資本・労働

とは別々に生産活動を続けるとしましょう。そのとき自国にそれまでいた資本と労働の所得（r, w）は不変で，一方外国から呼び寄せた資本と労働が受け取る所得（r^*, w^*）も不変です。自国の従来の生産と新たに流入した資本・労働とは完全に分離していますし，後者にとっては生産拠点が変わったものの，資本／労働比率が同じですから，一次同次生産関数の仮定より，要素価格は影響されないからです（第39節の注を参照のこと）。したがって自国の経済厚生は点B'と点Cで同じで，Wを経済厚生とすれば，①$W(B')=W$（C：分離生産）です。

ところが点Cで，同一の財を生産するのに従来の資本・労働と，呼び寄せた資本・労働とが異なった資本／労働比率で生産するという，いまここで採用した生産のスタイルは明らかに最適ではありません。資本／労働比率のバランスが悪い2つの分離した生産を統合して生産を行えば，非能率が改善されて総生産量は増大するでしょう。すなわち②W（C：結合生産）$>W$（C：分離生産）です。

ここで点A'が点Cと異なるならば，はじめに決めたようにEA上で自国の経済厚生が最大になるのは点A'ですから，③$W(A')>W$（C：結合生産）です。

以上①から③をまとめると，$W(A')>W(B')$となります。以上からラマスワミ命題は証明されました。

図 41

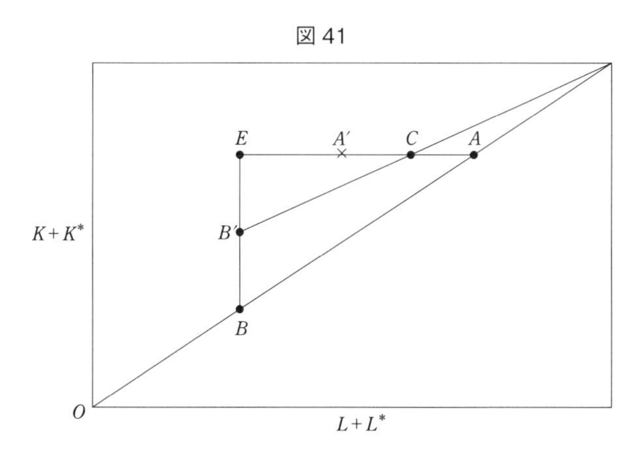

42 国際貿易と国際要素移動（1）

ヘクシャー＝オリーン・モデルで自由貿易が行われれば，生産要素の国際移動は生じない。

マクドゥガル・モデルのような1財モデルではなく，2国2財2生産要素のヘクシャー＝オリーン・モデルでは貿易をすることができます。そして国際貿易が自由に行われて2国間での要素価格が均等化すると，生産要素の国際間移動が生じる誘因がなくなることになります。つまり貿易と国際要素移動は代替関係になります。この点についてもう少し詳しくみてみましょう。

2国（自国と外国）が，2種類の生産要素（資本と労働）を用いて，2種類の財（資本集約的な第1財と労働集約的な第2財）を生産するヘクシャー＝オリーンの貿易モデルを考えましょう。ここで両国の消費者の選好は同一かつ相似拡大的（ホモセティック）で，生産技術は両国共通でかつ規模に関して収穫一定であると仮定します。自国（外国）が資本（労働）集約国としましょう。

図42は横軸に労働量，縦軸に資本量がとられています。$\overrightarrow{OA}$は1単位の第1財を生産するのに必要な労働と資本の量を表した，単位投入ベクトル（unit input vector）です。すなわちOL_Aは投入係数a_{L1}に，OK_Aはa_{K1}に対応します。同様に$\overrightarrow{OB}$は第2財の単位投入ベクトルです。

もしE点で生産要素の初期賦存量が与えられているならば，2つの財をそれぞれどれだけ生産すればよいか考えましょう。OとEを頂点に$\overrightarrow{OA}$と$\overrightarrow{OB}$の延長線を2つの辺とする平行四辺形$OCED$を作図してみます。$OC／OA$単位だけの第1財と，$OD／OB$単位だけの第2財を生産すれば，生産要素が完全雇用されることがわかるでしょう。逆にもしF点が初期賦存量を表すならば，第1財に特化した生産をし，それでも資本が残ることになります。

次に図43は自国（外国）の原点を$O(O^*)$としたボックス・ダイヤグラムです。縦軸（横軸）の大きさは両国の資本（労働）賦存量の合計です。両国の生産要素の賦存点が要素価格均等化領域内の点Eで与えられているとしましょう。Eが対角線OO^*の上方にあることと，自国が資本豊富国であることとが対応しています。このとき自国は第1財をOX_1，第2財をOX_2だけそれぞれ生産します。一方外国は第1財を$O^*X_1{}^* = QX_1$，第2財を$O^*X_2{}^* = RX_2$だけ生産します。両国ともに不完全特化の状態の生産を行い，2つの生産要素は両国で完全に雇用されます。自国（資本豊富国）の方が資本集約財の第1財を相対的に多く生産しています［$(OX_1/OX_2) > (QX_1/RX_2)$］。

ここで生産要素の価格（w, r）が両国で均等化するためには，不完全特化の生産の下で両国が自由貿易をする必要があったこと（第23節参照）を思い出しましょう。平行四辺形OQO^*Rの内部に生産要素の初期賦存点がある場合には，要素価格が均等化することをここから知ることができます。この均衡状態を**統合経済**（integrated economy）の均衡といい，平行四辺形OQO^*Rの内部を**要素価格均等化領域**（factor price equalization zone）といいます。

図42

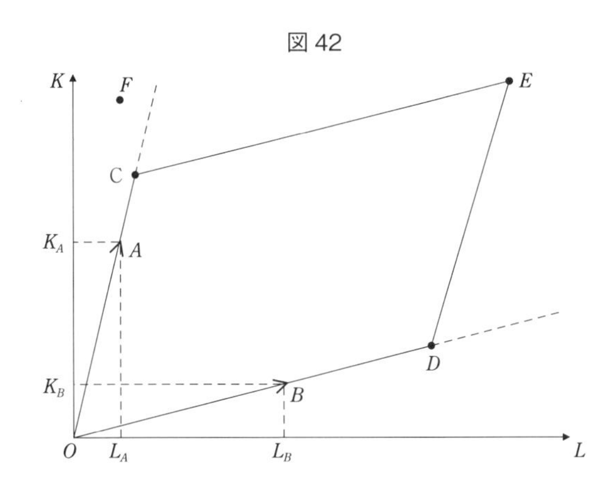

43 国際貿易と国際要素移動（2）

国際要素移動が自由化されれば，貿易は発生しない。

両国の消費はどのように図 43 において示されるのでしょうか。はじめに両国の消費者の選好は同一かつ相似拡大的と仮定していますので，2 つの財の相対価格が同じ条件の下では，2 つの財の消費量の比も等しくなります。そうした両国の消費の組み合わせは対角線 OO^* 上にあります。

さらに両国で生産した 2 つの財を貿易する場合には，それが等価交換である必要があります。交換される財の価格が等しいことは，その生産に投入された要素の価格が等しいことです。ΔL だけの労働が投入された財と等しい価値にあたるものが $\Delta K = (w/r)\Delta L$ だけ資本が投入された財ですから，結局 E を通る傾き w/r の直線 BB を引けば，BB 上ならば（生産要素量で表した）貿易による等価交換ができることになります。したがって自由貿易後の消費点は BB と OO^* の交点 C ということになります。

自国は第 1 財，第 2 財をそれぞれ OY_1，OY_2 だけ消費し，外国はそれぞれ QY_1，RY_2 だけ消費します。

ところが E 点と C 点とを比較すればわかりますが，実は EP だけの資本が自国から外国に移動し，CP だけの労働が外国から自国に移動することで，生産要素の賦存点が E から C に移ることと，上記の自由貿易とは同じ効果をもたらしていることになります。言い換えると，自由貿易が行われれば，生産要素の国際間移動は達成されたことと同じであり，その必要性はなくなることになります。また先に国際要素移動が自由に行われた結果対角線 OO^* 上に生産要素の配分点が来れば，国際貿易が発生する誘因はなくなります。

ただしこれはあくまで要素価格均等化領域内に当初の生産要素の賦存点

がある場合に限られます。初期賦存点がF点のようなケースでは，資本がきわめて過剰な自国は第1財に完全特化して，かつ資本レンタルが外国より安くなりますから，当初D点に至るまで資本移動が自国から外国に発生します。点Dでは自国は依然X財のみを生産しますが（外国は不完全特化状態），自由貿易で両国の価格は均等化しますので，自由貿易下ではこれ以上の要素移動の誘因はありません。

図 43

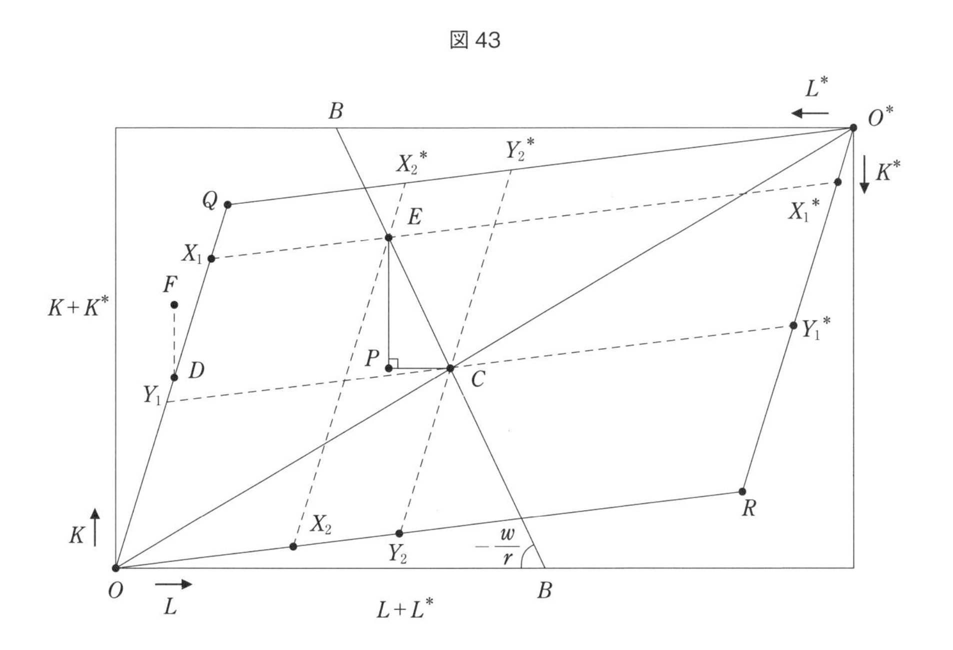

第6章 練習問題

図は閉鎖経済均衡と国際資本移動のケースを比較したマクドゥガルのモデルである。この図についての以下の文章の空所を埋めなさい。

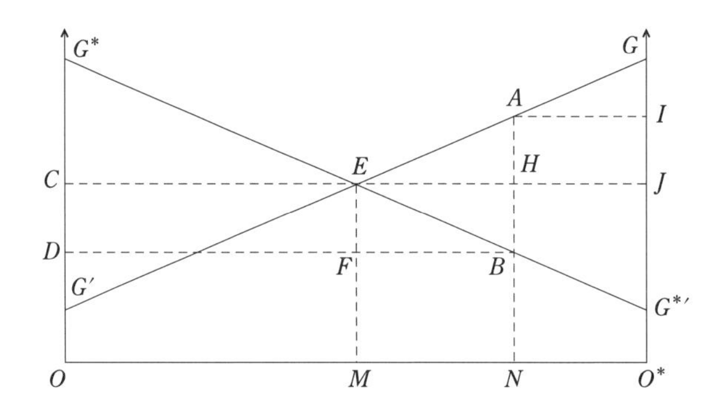

OO^*は両国の[1]の合計がとられている。一方で縦軸には，それぞれの国の[2]の大きさがとられている。自国の資本量がONであることから，閉鎖経済での自国の資本レンタルは[3]で表される。この図から明らかなように，資本豊富国は[4]である。自国の資本家所得は[5]の面積で表される。外国の労働者所得は[6]の面積で表される。資本移動が自由化されたとき，自国の国民所得は[7]の面積だけ増大する。

【解答】

1. 資本量
2. 資本の限界生産物価値
3. OD
4. 自国
5. 四角形$ODBN$
6. 三角形GAI
7. 三角形EBH

第7章

国際収支統計

44 国際収支の定義

国際収支は，一定期間における一国の居住者と非居住者の間のすべての経済取引を体系的に記録したもの。

国際収支（balance of payments）とは，一定期間における一国の居住者と非居住者との間で行われたすべての経済取引を体系的に記録したものです。

国際通貨基金（IMF）は，国際収支統計作成のための国際的な標準ルールを「国際収支マニュアル」に定めており，各国は原則としてそれに従って国際収支統計を作成しています。

国際収支統計の対象となるのは，居住者と非居住者との間の取引です。ここで居住者とは，日本の場合についていうと，日本国内に経済活動の本拠を置く個人や法人のことです。したがって，日本の国内に存在する外国企業の支店などは日本の居住者であり，日本企業の海外支店などは非居住者です。

国際収支統計の大項目は，財貨・サービスの取引，所得の受払，経常移転を計上する**経常収支**（current account），対外金融資産・負債の増減に関する取引を計上する**金融収支**（financial account），非金融非生産資産の取得処分と資本移転を計上する**資本移転等収支**（capital account）の３つから成り立ちます。また，統計上の誤差を調整するため，誤差脱漏という項目も設けています。

国際収支統計では，すべての取引は複式計上の原理に基づいて，金額の等しい２つの項目として「貸方」および「借方」に記録されます。原則として，「貸方」の項目の合計と「借方」の項目の合計は等しくなります。「貸方」には，財貨・サービスの輸出，所得の受取，資産の減少，負債の増加が記録され，「借方」には，財貨・サービスの輸入，所得の支払，資産の増加，負債の減少が記録されます。

ネット収支の算出方法は，経常収支と資本移転等収支については「貸方－借方」となりますが，金融収支では「借方－貸方」となります。これより，

経常収支＋資本移転等収支－金融収支＋誤差脱漏＝0

という関係式が成立することになります。

たとえば，日本の自動車メーカーが米国に自動車を100万ドル輸出し，この代金として日本にある銀行の口座に100万ドルの送金を受けたとしましょう。この場合，100万ドルの自動車輸出が経常収支の「貸方」に記録されると同時に，自動車代金の入金によるドル資産の増加として100万ドルが金融収支の「借方」に記録されます。ネット収支は，経常収支ではプラス100万ドル，金融収支ではプラス100万ドルとなります。

表44において，2020年度の日本における国際収支状況が示されています。

表44　日本の国際収支（2020年度）

（単位：億円）

経常収支			182,533
	貿易・サービス収支		2,381
		貿易収支	39,017
		サービス収支	－36,636
	第一次所得収支		207,721
	第二次所得収支		－27,569
資本移転等収支			－2,090
金融収支			155,130
	直接投資		106,366
	証券投資		－155,939
	金融派生商品		27,489
	その他投資		164,409
	外貨準備		12,805
誤差脱漏			－25,313

出所：財務省。

45 経常収支

経常収支は，貿易・サービス収支，第一次所得収支，第二次所得収支から構成され，一国の貯蓄と投資の差額に等しくなる。

経常収支（current account）は，貿易・サービス収支，第一次所得収支，第二次所得収支から構成されます。

経常収支＝貿易・サービス収支＋第一次所得収支＋第二次所得収支

貿易・サービス収支は，貿易収支とサービス収支からなります。貿易収支は，自動車や石油のような財貨の輸出入取引を計上します。サービス収支は，居住者・非居住者間の輸送，旅行，通信，保険，金融，知的財産権等使用料などのサービス取引を計上します。

第一次所得収支は，雇用者報酬，投資収益，その他第一次所得からなります。雇用者報酬には，居住者による非居住者労働者に対する報酬の支払と，居住者労働者が外国で稼いだ報酬の受取が計上されます。投資収益には，居住者・非居住者間における対外金融資産・負債にかかわる利子・配当金などの受取・支払が計上されます。投資収益は，投資の内容に従って，直接投資収益，証券投資収益，その他投資収益に区分されます。

第二次所得収支は，個人または政府間の無償資金援助，国際機関への拠出金，労働者の送金などを計上します。

経常収支は，表 45 において導出されているように，

経常収支＝国民総生産（GNP）－内需（アブソープション）

と表されます。ここで，内需（アブソープション）は消費，投資，政府支出の合計です。この関係式によれば，国民総生産が内需を上回る場合に，経常収支は黒字になり，内需が国民総生産を上回る場合に，経常収支は赤字

になります。経常収支に対するこうした見方は，アブソープション・アプローチと呼ばれています。

表 45 より，経常収支は，

経常収支＝民間の貯蓄・投資差額＋政府財政収支

と表すこともできます。この関係式からわかるように，政府部門が財政赤字であっても，それを補って余りあるほど民間部門が貯蓄超過であれば，経常収支は黒字になります。これは日本のケースを示しています。民間部門が過剰消費（貯蓄不足）で，政府部門も財政赤字であれば，経常収支は赤字になります。これは，財政赤字と経常収支の赤字が併存しているという米国の「双子の赤字」のケースを示しています。経常収支に対するこのような見方は，貯蓄・投資バランス（IS バランス）アプローチと呼ばれています。

表 45

一国のマクロ・バランス式は，次のように表される。

国内総生産（GDP）＋ 輸入 ＝ 消費 ＋ 投資 ＋ 政府支出 ＋ 輸出

（国内総生産（GDP）＋ 輸入：総供給／消費 ＋ 投資 ＋ 政府支出 ＋ 輸出：総需要）

これを次のように変形する。ただし，第二次所得収支は無視できるほどの大きさとする。

すなわち，

経常収支 ＝ GNP − アブソープション

さらに，次のように変形することもできる。

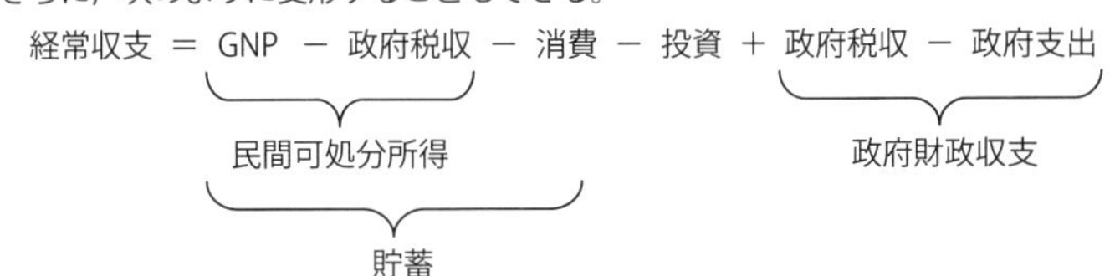

すなわち，

経常収支 ＝（ 貯蓄 − 投資 ）＋ 政府財政収支

46 金融収支

金融収支は，直接投資，証券投資，金融派生商品，その他投資，外貨準備からなる。

金融収支（financial account）は，居住者と非居住者との間で行われた金融資産・負債の取引を計上するもので，直接投資，証券投資，金融派生商品，その他投資，外貨準備から構成されます。

金融収支＝直接投資＋証券投資＋金融派生商品＋その他投資＋外貨準備

直接投資（direct investment）は，海外子会社の設立，外国における支店・工場の設置，外国企業の買収など，海外での経営権の取得を目的とする投資のことで，国際収支統計では，海外企業の議決権の10％以上を所有する場合をいいます。証券投資には，直接投資以外の株式，債券の売買が計上されます。金融派生商品には，オプションプレミアムや通貨スワップなどが計上されます。その他投資には，貸付・借入，貿易信用，現預金などが含まれます。外貨準備には，通貨当局（日本であれば，日本銀行と財務省）の管理下にあり，すぐに利用可能な対外資産の増減を計上します。外貨準備は，金，外貨，特別引出権（SDR），IMFリザーブポジションからなります。通貨当局が外国為替市場に介入して円を売り外貨を買えば，外貨準備は増加します。これに対して，通貨当局が円を買い外貨を売るという介入を行えば，外貨準備は減少します。

第44節におけるネット収支の算出方法より，金融収支については，プラスは対外純資産の増加，マイナスは対外純資産の減少を意味します。

資本移転等収支（capital account）は，資本移転と非金融非生産資産の取得処分からなります。資本移転には，相手国の資本形成のための無償資金援助，債権者による債務免除などが計上されます。非金融非生産資産の取得処分には，鉱業権や商標権などの権利の売買が計上されます。

第 44 節における国際収支統計の関係式より，資本移転等収支，誤差脱漏が無視できるほどの大きさであれば，

経常収支の黒字（赤字）＝金融収支の黒字（赤字）
＝対外純資産の増加（減少）

が成立します。第 45 節で学んだように，国内貯蓄が国内投資を上回っている場合，経常収支は黒字になります。このとき，経常収支の黒字に見合う資金が海外へ流出することから，金融収支は黒字になり，一国の対外純資産は増加します。国内投資が国内貯蓄を上回っている場合，経常収支は赤字になります。このとき，経常収支の赤字分を海外からの資金流入によって賄うことから，金融収支は赤字になり，一国の対外純資産は減少します。

第7章　練習問題

1. ある国の国際収支状況が，次のような数字で示されるとき，以下の設問に答えなさい。

   貿易収支＝－44，サービス収支＝－18，第一次所得収支＝91，
   第二次所得収支＝－9，資本移転等収支＝－1，誤差脱漏＝26

   (1) 経常収支はいくらになりますか。
   (2) 金融収支はいくらになりますか。

2. 以下の設問に答えなさい。

   (1) 民間部門の投資が貯蓄を上回っており，政府の財政収支が赤字となっている国では，経常収支はどうなりますか。
   (2) 経常収支が黒字であるとき，一国の対外純資産はどうなりますか。ただし，資本移転等収支，誤差脱漏は無視できるほどの大きさとします。

【解答】

1. (1)　20
   (2)　45

2. (1)　赤　字
   (2)　増　加

第８章

国 際 金 融

47 外国為替市場と為替相場

為替は遠方への送金手段。為替相場は異なる通貨の交換比率。

為替（exchange）は遠方に送金する際に，危険な現金輸送をしないで，銀行など金融機関の仲介によって行う方法です。国内で用いるのが**内国為替**（domestic exchange），国際間で用いられるのが**外国為替**（foreign exchange）です。またその方法としては，債務者が最初に金融機関にお金を払って受け取った小切手等を債権者に送る**送金為替**（remittance bill）と，図 47 に示されたように債権者が最初に金融機関から書類（輸出手形や船積書類）と引き換えに金融機関からお金を受け取り，金融機関がその後に債務者から資金を取り立てる**取立為替**（bill receivable）があります。

外国為替では仲介する金融機関が支払う通貨と受け取る通貨が異なります。2つの異なる通貨の間の交換比率を**為替レート**または**為替相場**（foreign exchange rate）といいます。この表現方法は 2 通りあって，たとえば自国の通貨の円と外国の通貨のドルとの交換が 1 ドル = 120 円と示すのが**円建てレート**（exchange rate in yen），1 円 = 0.0083 ドルと示すのが**ドル建てレート**（exchange rate in dollar）です。以下では 1 ドル e 円という円建てレートを用います。円の交換価値が上がって，1 ドル = 115 円となるなど，e の値が減少する場合を**円高**（yen scale down）ドル安，逆に円の交換価値が下がって，1 ドル = 125 円となるなど，e の値が増加する場合を**円安**（yen scale up）ドル高といいます。

第 79 節で学びますが，日本円は独立フロート制をとっていますので為替レートは常にその需要と供給によって変動し続けています。市場で円を売ってドルを買いたいとする動きが強まりますと，ドル通貨への需要がドルの対円相場を引き上げますので，円安（ドル高）となります。通貨の売買が行われている市場を**外国為替市場**（foreign exchange market）といいます。証券取引市場のような「場所」があるわけではなくて，取引のほとんどは電話やコンピュータ端末を通じて行われます。時差の関係で24時間世界のどこかで外国為替市場が開いていますが，ロンドン，ニューヨーク，東京が特に大規模な為替市場として機能しています。

外国為替市場に参加するのは，①銀行，②外国為替ブローカー（外貨売買の仲介を行います），③通貨当局（日本銀行と外国為替資金特別会計のことで，為替相場を安定させるために市場に介入します），④顧客（商社や海外展開する企業のほかに，生命保険会社などの機関投資家）があります。

取引の大部分は銀行同士のものでこれを**銀行間市場**（interbank market）といいます。これに対して，銀行と顧客との間に成立する市場を対顧客市場といいます。前者で成立する相場は手数料も金利もかからないことから裸の相場となっているのに対して，後者の相場にはそれらが上乗せされています。

図47

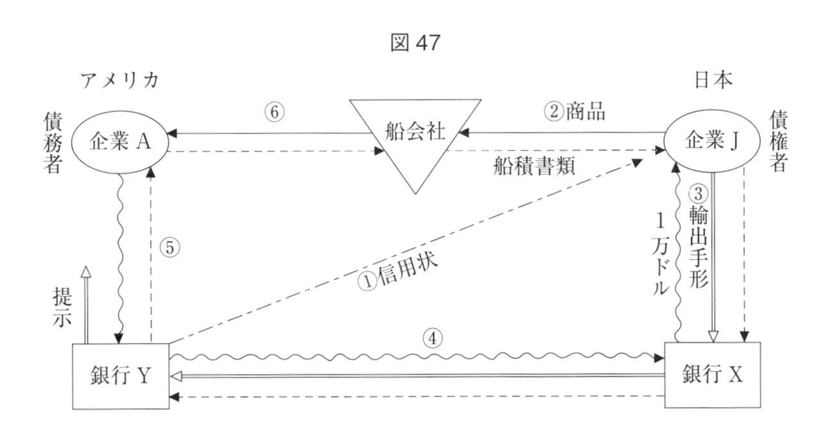

48 為替リスクと先物取引

先物取引は為替相場の変動によるリスクを回避する。直先スプレッドは金利差によって決まる。

為替相場は市場での需要と供給によって変動するため，そのままでは利益が不確実となってしまうことがあります。たとえば日本の自動車メーカーが米国の輸入業者との間に，自動車の輸出契約を1億ドルで結んでいたとしましょう。ところが契約から輸出代金の受取まで数カ月かかる間に為替レートが1ドル＝120円から115円に変動した場合，このメーカーは契約時には120億円の売上を見込んでいたにもかかわらず，現金が入ったときには日本円にして115億円にしかならず，5億円の損失となります。このような不確実性のことを**為替リスク**（exchange risk）といいます。

売買契約成立と同時（顧客市場）か2営業日以内（インターバンク市場）に受け渡しが実行される取引を**直物取引**（spot dealing），相場を**直物相場**（spot rate）といいます。直物取引の場合には為替リスクはありません。

これに対し上記よりも受け渡しが遅い（一般には1年先以上最長5年）取引を**先物取引**（forward dealing），相場を**先物相場**（forward rate）といいます。より厳密には先渡し取引（forward dealing）と先物取引とを区別する必要があります。前者は当事者同士が合意して決める相対取引で，その契約を市場で売買することはできず必ず履行しなくてはいけません。これに対して後者は額面や受け渡し場所・決済期日等が市場で標準化された取引で，満期前に市場で売却もできます。他の条件が同じで情報が完備ならば，理論的には両者の相場は同じになります。

先物取引では将来時点の通貨の受け渡しの為替相場を現在の時点で契約することになります。たとえば先の例では為替リスクを避けようとすれば，半年後に1ドル＝120円で1億ドル売ると銀行との間に先物取引の契約をしておけばよいことになります。

しかし実は先物相場は必ずしも直物相場とは等しくありません。直物相場と先物相場の間の開きを**直先スプレッド**（forward spread）といい，ある通貨の先物が直物に比べて高い場合を**プレミアム**（premium）といい，安い場合を**ディスカウント**（discount）といいます。

直先スプレッドは2国間の金利差によって決まり，金利の高い国の通貨がディスカウントされます。たとえば直物相場が1ドル＝120円で日本の金利が2%，米国の金利が6%のとき，1年後の先物相場を求めてみましょう。日米の金利差は年4%ですから1年後のスプレッドは120×0.04＝4.8で，1年後の先物相場は120－4.8＝115.2円となります。

なぜそうなるかを調べるために，米国の金利が1%上昇して7%になったものの，直先スプレッドは変わらないケースを考えてみることにします。このとき銀行は円をたとえば1億2,000万円借り入れ（金利コスト年2%で240万円），直物でドルを購入して（1ドル＝120円で100万ドル），これを1年間運用し（金利は7%で7万ドル），このさいに生じる為替リスクは先物のドルを売ること（1ドル＝115.2円で107万ドルは1億2,326.4万円）で回避すれば，最終的に86.4万円の利益が得られます。このような金利の差を利用して利益をあげるように取引することを**金利裁定**（interest arbitrage）といいます。

金利裁定で利益が出る限り直物市場で円売りドル買い，先物市場で円買いドル売りが行われますので，直物市場は円安ドル高，先物市場は円高ドル安の圧力となります。これは直先スプレッドを拡大し，結局両国の金利差の水準に一致するところまでドルがディスカウントされて均衡するのです。

49 スワップ取引

直物と先物の為替の売りと買いを同時に同額行うこと。

先物為替の取引はアウトライト取引（outright transaction）とスワップ取引（swap transaction）に分けられます。前者は先物の売りまたは買いだけを独立して行うもので，たとえば対顧客市場で顧客が銀行に対して為替リスクを回避する目的で行う先物為替取引（先物為替予約，forward exchange contract）が該当します。将来入金される輸出代金の外貨を銀行が買い取る買予約（buying contract，これは輸出予約 export forward exchange contract ともいいます），その逆に将来支払うための外貨を銀行に売ってもらう売予約（selling contract，これは輸入予約 import forward exchange contract ともいいます）に分けられます。

後者は直物の買い（売り）と先物の売り（買い）といったように，直先反対の売買を同時に同一金額だけ行う取引のことです。第48節で裁定取引を行った銀行は直物のドル買い，先物のドル売りのスワップ取引をしています。この操作によって為替リスクを避け，かつ有利な資金運用ができるのです。

スワップ取引から得られる利益のことをスワップ・マージン（swap margin）といいます。先物がディスカウントのときには，直売り先買いを行い，先物がプレミアムのときに直買い先売りをすればマージンが得られることになります。

スワップ取引は為替ポジション（exchange position，銀行が保有する為替持高のことで，売為替が買為替を超過すれば売持ち，逆ならば買持ち，均衡ならスクウェア・ポジションという）を新たに作ることなく，異なった2つの通貨の資金を有効に利用できるという便利な側面もあります。

たとえばある銀行がただちに必要でない100万ドルを持っていますが，1年後には確実に必要となるとした場合，この銀行は100万ドルを直物市場で他の銀行に売るとともに，1年先物のドルを買っておくことが有利です。この先物為替予約によって1年後には必要なドルを確定したレートで確保できるとともに，その間に直物取引で得た円の運用での利益も期待できるのです。

50 オプション取引（1）

コール・オプションは通貨を売る権利，プット・オプションは通貨を買う権利。

将来の為替相場が自分にとって有利な方向に変動したために得る利益を**為替差益**（foreign exchange gain），逆に不利な方向に変動したためにこうむる不利益を**為替差損**（foreign exchange loss）といいます。これらの不確実性，特に後者を避けるためのすぐれた方法なのが，すでに学んだ先物為替取引です。しかしいったん先物契約をしてしまいますと，必ずそれを実行しなければなりません。これは利用者にとっては場合によっては為替差損を避けることができる反面，為替差益を得るチャンスをみすみす逃してしまうことにもなります。

たとえばある輸出企業が半年先に輸出代金100万ドル支払いを受けるので，現在の為替レートと同じ1ドル＝120円で半年先に100万ドルの売りの先物契約をしていたとしましょう。これで円建てでの半年後の受け取り金額1億2,000万円が確定できていることになります。さて半年先円高になって1ドル＝100円になっていたら，この人は為替差損を回避できたので先物契約を結んでおいてよかったということになります。一方もし半年後円安になっていて1ドル＝140円になっていたときには，仮に先物契約を結んでいなければ，半年後の為替レートで受け取ったドルを円に換金して1億4,000万円手にすることができ，半年前には予定していなかった為替差益2,000万円が手に入ります。しかし先物契約を結んでいたら，契約どおり1億2,000万円しか手にすることはできず，為替差益の恩恵は受けられません。

契約者が有利不利の状況に応じて，先物契約を実行してもしなくても自由ならば1番都合がよいのですが，実はそのようなうまい話がここで学ぶ

通貨オプション取引（currency option transaction）です。これはオプション料ないしプレミアムと呼ばれる料金を支払うことで，ある外貨を将来の満期日に特定の価格（行使価格 strike price）で買う権利（コール・オプション call option）や売る権利（プット・オプション put option）を手に入れる取引です。ここで売買されるのは「権利」ですから，選挙権と同じく行使してもしなくても自由ですから注意してください。

表 50

半年後の＝直物為替相場　取引	為替差益（A）	先物取引	先物による利益（B）	オプション	オプションによる利益（C）	(A)＋(B)	(A)＋(C)
110	−10	120	＋10	120−2＝118	＋8	0	−2
112	−8	120	＋8	120−2＝118	＋6	0	−2
114	−6	120	＋6	120−2＝118	＋4	0	−2
116	−4	120	＋4	120−2＝118	＋2	0	−2
118	−2	120	＋2	120−2＝118	±0	0	−2
120	±0	120	±0	120−2＝118	−2	0	−2
122	＋2	120	−2	122−2＝120	−2	0	0
124	＋4	120	−4	124−2＝122	−2	0	2
126	＋6	120	−6	126−2＝124	−2	0	4
128	＋8	120	−8	128−2＝126	−2	0	6
130	＋10	120	−10	130−2＝128	−2	0	8

51 オプション取引（2）

通貨オプションの購入で為替差損を回避でき，為替差益を一部享受できる。

たとえば先の輸出企業の場合には，半年満期のドル・プット・オプションを購入すればよいのです。いま行使価格が1ドル＝120円でオプション料が1ドル当たり2円であるとしましょう。輸出企業は満期日の直物為替レートが1ドル＝130円ならば権利を行使せずにいた方が有利で，1ドル＝130円でドルを売ります。1年間の為替レートの変動による為替差益（1ドルにつき10円）を受けることができる点が先物為替取引の場合と異なります。一方で結局権利を行使していないのですから，通貨オプションを購入したことからくる利益はなく，オプション料だけの損はかかってきます。

しかしもし満期日の直物為替レートが1ドル＝110円ならば，この権利を行使して市場のレートよりも高く，1ドル＝120円で銀行に売ることができます。ここでは1ドル当たり10円の為替差損を回避したことになり，オプション料が2円かかっていることを考えれば，1ドル当たり8円の利益をオプションの購入から得たのに等しいといえます。

表50を参照してください。（C）列に書かれているプット・オプションの購入による利益は，1ドル118円よりもドル高になるとプラスとなり，逆に1ドル＝120円よりも円安ではオプション料だけの1ドル当たり2円の損となっています。（A）の為替差益を加えた，（A）＋（C）列の値が，プット・オプションを買った場合の最終的な損益です。為替差損を避けながら，為替差益を一部得ていることがわかります。図51－1はそれをグラフにしたものです。

コール・オプションについてはどうでしょうか。行使価格1ドル＝120

円で，オプション料１ドル当たり２円のドル・コール・オプションを買う場合の，利益と為替レートの関係は図51－2のように書くことができます。

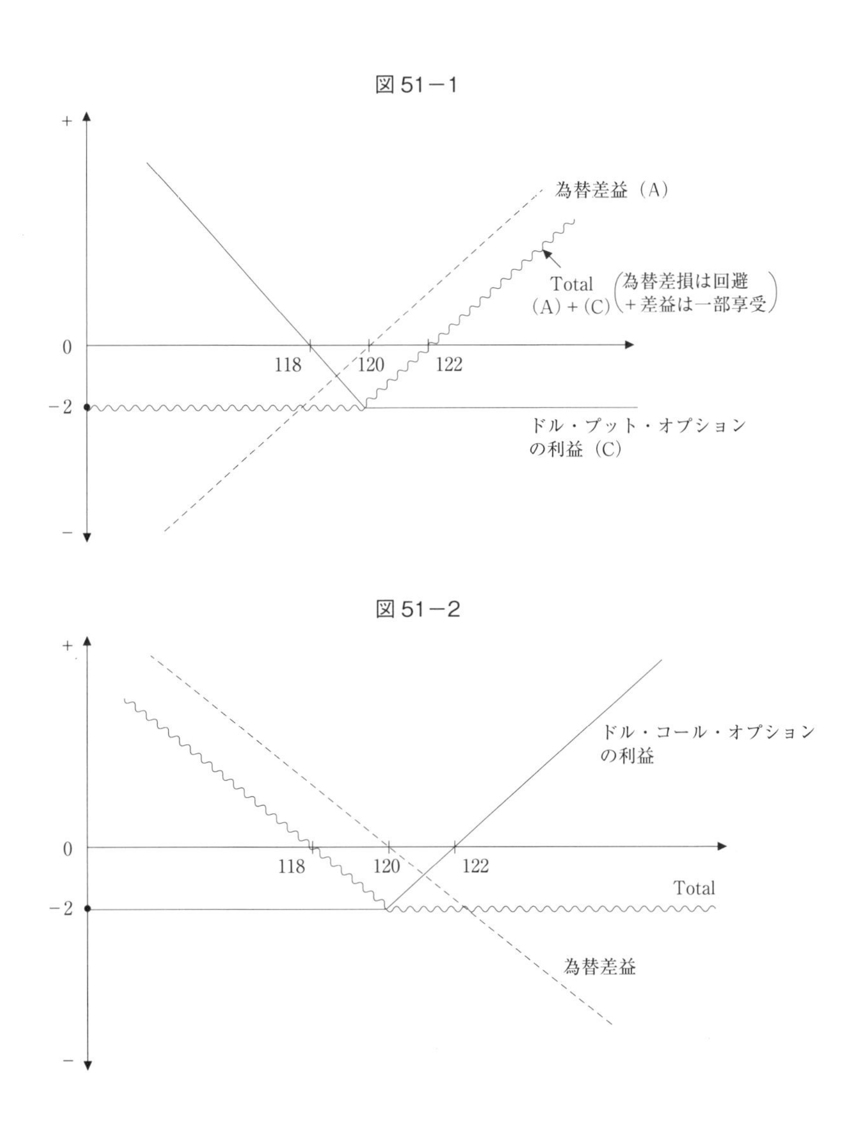

図 51－1

図 51－2

52 為替相場の決定（1）購買力平価説

購買力平価説は，同じ財をどちらの国で買っても同じ金額となる水準に為替相場が決まるとする。

為替相場は外国為替市場における外国通貨の需要と供給によって決定されますが，それではたとえば1ドル＝120円という相場のときに，円買いドル売りと円売りドル買いが均衡するのはどうしてでしょうか。為替相場の均衡値を決める要因として伝統的に有力な考えが**購買力平価説**（theory of purchasing power parity）で，長期的，根底的な決定要因とされています。

購買力平価説は，同じもの（の組み合わせ）を2つの国のどちらで買っても金額が同じとなる水準に為替相場が決まるという考え方です。

たとえば日本で高級ネクタイを買うと1本24,000円で，米国でまったく同じ物を買うと200ドルするとしましょう。このときもし1ドルが110円ならば，米国で買えば22,000円ですみますから，米国で商品を買い入れて日本に輸出して販売すれば，輸送費を無視すると2,000円の利益を得ることができます。このような価格差を利用して利益を得ようとする取引を**裁定取引**（arbitrage）と呼びます。

このとき米国で商品を仕入れる際にはドルで支払う一方で，日本で販売すると円が手に入りますから，日米どちらの業者がこの取引に乗り出しても，円を売ってドルに代えないと取引が継続できなくなります。したがって円売りドル買いの圧力が外国為替市場にかかって，円安ドル高となります。これは最終的に1ドル＝120円になるまで続くでしょう。

はじめ1ドル＝130円であったならば逆の方向に裁定取引が生じ，円高ドル安を招き，やはり1ドル＝120円になります。

1ドル＝120円ならば，日本でもアメリカでもネクタイの価格は同じです。このとき裁定取引をして利益を得ることはできなくなりますから，外国為替市場ではこれが原因の通貨売買圧力がなくなりますので，為替相場はこの水準で安定します。またそのとき為替相場は両国の価格の比となっていることにも注意しましょう。

しかしながら現実にはわが国と外国との間には，ブランド品を中心に**内外価格差**（price gaps between home and abroad）が存在しています。つまり購買力平価の考えから導かれる為替相場と，現実の為替相場との間にはかなりの開きがあります。同じ財を買うのであっても，現実の為替相場で通貨を交換すると，米国の方が安く買えるものが多くあります。これは為替レートの水準が必要以上にドル安であることを意味しています。

53 為替相場の決定（2）アセット・アプローチ

アセット・アプローチは，どちらの国に投資しても収益率が同じとなる水準に為替相場が決まるとする。

国際資本移動についてのさまざまな規制が撤廃された今日では，資本収支に計上される各国通貨の金融取引が飛躍的に増大し，その額は経常収支に計上される輸出入の額をしのぐまでになっています。このためアセット・アプローチ（asset approach）と呼ばれる為替相場の決定理論が有力になってきており，中短期的にはこの原理が為替相場の均衡値を決める重要な要因と考えられます。

アセット・アプローチによれば，通貨と交換に購入できる資産の収益率が各国間で等しくなる水準に為替相場が決定されます。次に具体的な例をあげて考えてみましょう。

日本に投資家がおり，日米どちらかの国の国債を買うことを考えていることとしましょう。いま日本の長期国債は1単位の額面（償還）価格が100円で，1年当たり利子を5円得ることができると同時に，満期までに後3年あるとします。その国債の現在の流通価格が94円とすると，要するにこの国債を持ち続ければ3年の間に毎年5円が手に入る一方，3年後に94円で買ったものが100円になるわけですから，6円の値上がりが保証されているわけです。したがってこの国債を保有することでの1年当たりの値上がりは6 ÷ 3=2円です。よって結局この国債を持っていることで得ることができる1年当たりの利益は5+2=7円ということになります。この国債を3年間保有しようとするときに期待される1年当たりの収益率，すなわち**流通利回り**（distribution rate）は，94円の投資で7円を稼ぐので，(7/94)×100=7.45%となります。この流通利回りは金利と等しくなります。

さて米国国債についても同様に，額面100ドル，1年当たり利子12ドル，満期までの残存期間3年，流通価格97ドルとすると，1年当たりの償還差益は1ドル，1年当たりの利益は13ドルとなります。したがって流通利回りは（13/97）×100＝13.40％となります。

これだけならば13.40％＞7.45％ですから米国国債を買った方が有利になりますが，日本の投資家にとっては現在円をドルに換えて米国国債を買った場合，3年後にドルで得た収益を日本円に戻す必要があります。3年後の為替レートはあくまで予測するしかありませんが，金利裁定や購買力平価に従って推定するか，両国の現在のインフレ率を比較して，低い方の国の通貨価値が安定しているから，将来その国の通貨が高くなると考えることもできます。

そしてたとえば予測値が1ドル＝130円であったとしましょう。もし現在の為替レートが1ドル＝145円ならば3年間で為替差損が15円で，1年当たり5円の損が発生することになります。為替差損率は145円の投資に対して5円の損ですから，（5/145）×100＝3.45％です。結局米国国債の期待収益率は13.40−3.45＝9.95％と修正されます。9.95％＞7.45％ですから，この場合には米国国債への投資の方が有利です。それゆえ現在の時点で米国国債に日本の投資家が投資するため，円売りドル買いが進みますから，現在の為替レートは次第に円安ドル高になります。そして1ドル＝158.25円になったところで，米国国債の為替差損率が5.95％となり，期待収益率が日本と同じ7.45％となりますから，その水準に為替レートが決まるのです。

たとえば期待インフレ率が同じままで，米国の金利が上昇したら，金利は債券の期待収益率に等しいため，米国へ資金が投資され円安ドル高となります。1980年代の前半に米国は高金利政策をとったので，ドルは実力以上に高く据え置かれ，米国の輸入が増大する一方，輸出は衰退して貿易赤字が拡大しました。

また日本の通貨当局が買いオペレーションを行った場合には，マネー・サプライの増加と市中に流通する債券の減少が債券価格を押し上げるでしょう。これは債券の期待収益率または金利の下落を招き，円安ドル高となります。

54 為替投機

外国為替は株式と同じように投機対象となり，それが相場を乱高下させる可能性がある。

第52－53節で学習したことは，為替相場を決定する基本的な経済要因です。しかしそれだけでは図54にみられるような，1995年4月の1ドル＝79円台と1998年6月の1ドル＝146円台とに代表されるような，経済の基礎的条件（ファンダメンタルズ fundamentals）がそれほど変化していないのに，短期間での大幅な為替相場が変動する理由を説明するのは困難です。実際のところ俗に「有事に強いドル」といわれるように，為替相場には経済的な条件を離れて世界の政治状況が反映される場合も少なくありません。また政府の要人によるスキャンダルや1つの発言が，為替相場を左右することもあります。

また金融機関による外貨の売買が為替差益をねらった**投機**（speculation）的なものが多くなってきた現在では，実際の為替相場の基礎的条件がどうであるかを考えて外貨を売買することよりもむしろ，市場に参加している他の金融機関は為替相場がどう変化すると予測しているかを考えて，外貨を売買することが一般的になっています。そしてそのことがしばしば為替レートの撹乱要因となっているのです。

多くの金融機関が近い将来円高になると予測している場合，彼らは値上がりする前にドルを売って円を買っておいて，将来値上がりした後に円を売ってドルに換えようとするでしょう。その結果として現在の為替レートは，実際に円への高い需要を反映して円高になります。こうして多くの市場参加者が行う予想は，結果として彼らの行動ゆえに実現されることになるのです。ここで注意しなければならないのは，実際の経済的条件において円高になる要因がなくても，こうした過程をたどって円高が実現してしまうという点です。この円高はその意味ではバブル（bubble）なのです。

したがって何かのきっかけで円安を予測する者が多数を占めるまでは，じりじりと円高は進展してゆきますが，一度予測が変化しますとそもそも根拠のない円高であるため，バブルがはじけて一挙に逆方向に動く可能性もあります。

ケインズの指摘にもあるように，こうした市場参加者の行動は，優勝者に投票したものに賞品がでる美人投票で，「美人は誰か」を考えて投票しないで，「皆が誰を美人と思うか」を考えて投票することが利口であることと似ています。

図54　円・ドル　為替レートの推移

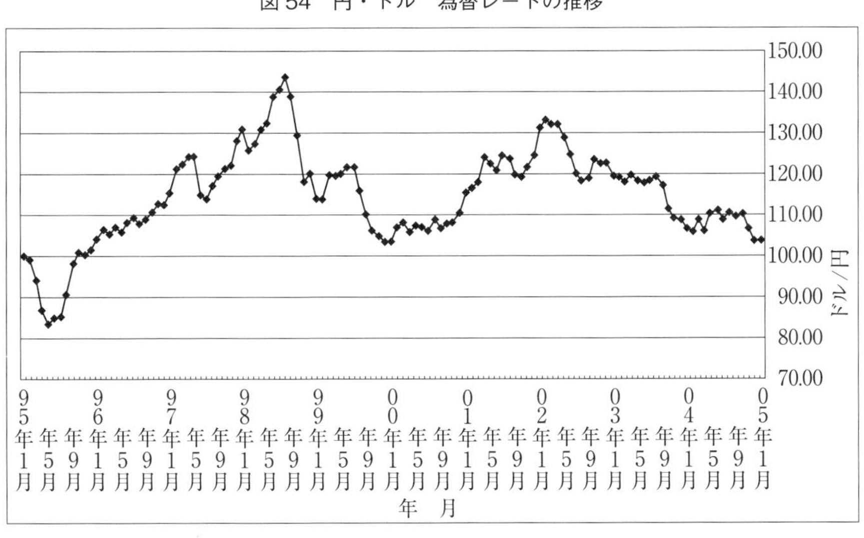

55 変動相場制と国際収支

変動相場制は経常収支の不均衡の解消にはつながらない。

第78節で学習するように，1971年まではブレトン・ウッズ体制の下で，主要各国の通貨は金と交換が保証された米ドルとの固定相場制を採用していました。固定相場制の下では経済力に比べて低く評価された通貨を持つ国（日本や西ドイツ）が，安い価格を背景に輸出を拡大し，経常収支の黒字を積み上げました。日本企業が対米貿易で外貨（ドル）を稼いで，それを国内での設備投資や賃金支払いのため円に交換しても，固定相場制ならば為替相場に影響しません。円安傾向はそのまま続きますから，日本の対米貿易黒字はなくなりません。

これに対して1973年に変動相場制を採用するときには次のようなことが期待されました。日本のような経常収支の黒字国が稼いだ外貨は自国の通貨に外国為替市場で交換されますので，それは市場での円の需要を引き上げ，円高ドル安となります。円高はたとえば日本で120円の品物が，以前は1ドル払えば買えたのに買えなくなるわけですから，日本の輸出に不利に，輸入に有利に働きます。したがって日本の経常収支の黒字幅は縮小し，やがて収支均衡になるだろうというのです。ちなみに経常収支の黒字幅が縮小するか，赤字幅が拡大することを，**経常収支の赤字化**（deficit conversion of current account）といいます。逆のケースは**経常収支の黒字化**（recovery of current account）です。

しかし，その後30年余りが過ぎ，円は3倍以上もドルに対して高くなりましたが，依然として日本の対米貿易黒字も，日本の経常収支の黒字もなくなりません。それはどういうわけなのでしょうか。

第1に，国際資本移動の拡大によって，すべての貿易で稼いだ外貨が外国為替市場で自国通貨に交換されるのではなく，1部はそのまま海外の資産（国債・不動産・株式など）に投資されることが多くなったことがあげられます。図55の①の部分の流れが悪くなれば，貿易黒字国であっても，その通貨の為替相場は簡単には安くなりません。

図55

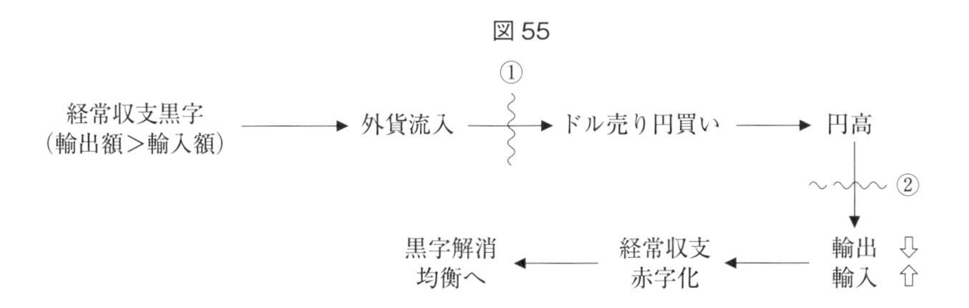

56 Ｊカーブ効果

為替相場が円高になっても，すぐに貿易量が変化しないので，かえって当面は経常収支が黒字化する。

第2の理由として，Ｊカーブ効果があげられます。現実の経済では為替相場の変化の影響を受けて経常収支が反応するまでには，タイム・ラグ（時間的な遅れ）があります。たとえば1976－78年には，円高が進行しているにもかかわらず，経常収支の黒字は拡大していました。また1995年以降に円安が進行した時にも，日本の経常収支の黒字は当初は減少していて，増加に転じたのはしばらく後でした。

このように為替相場が，経常収支に対して予想されるのとは反対の方向に最初のうちは変化し，その後本来の方向へと変化することをＪカーブ効果（J-curve effect）と呼びます。図55のように，時間を横軸に，経常収支の変化を縦軸にとると，Ｊの文字を描くように推移することが名称の由来です。

このＪカーブ効果の原因は数量調整の時間的な遅れです。輸出入の業者は，とりわけ従来から引き続き取引をしていた取引相手国の業者に対して，今後の安定的関係のこともあり，為替相場が変動したからといって，急には取引量を変えたりできないからです。

具体的にわかりやすい数字を使って考えてみましょう。はじめ日本から米国にＡ財を１億円分輸出していて，一方米国は日本にＢ財を70万ドル分輸出していたとします。平成16年に１ドル＝120円だったときには，日本の輸出額は１億円＝83.33万ドル，輸入額は70万ドル＝8,400万円ですから，ここから生じてくる対米経常収支は1,600万円＝13.3万ドルの黒字になります。

平成17年にはＡ財の円建ての価格，Ｂ財のドル建ての価格は同じままで，為替相場が1ドル＝110円に変化したとしましょう。このとき数量調整に時間がかかることを考え，仮にまったく取引数量に変化がないとしたならば，日本の輸出額は1億円＝90.9万ドルで，一方日本の輸入額（米国の輸出額）は70万ドル＝7,700万円です。したがって日本の貿易黒字は2,300万円＝20.9万ドルに拡大してしまいます。

しかし為替相場がこの水準に落ち着くようならば，やがて輸出入業者は数量調整を行うでしょう。平成18年には為替相場は1ドル＝110円のままで，日本の輸出はたとえば9,500万円＝86.36万ドルに減少するでしょうし，輸入が80万ドル＝8,800万円に増加してくるでしょう。このときには日本の貿易黒字は700万円＝6.36万ドルまで縮小していることになります。

Jカーブ効果は，図55の②の部分がすんなりいかないことが原因で，変動相場制が必ずしも経常収支の均衡につながってこないことを示しています。

図56

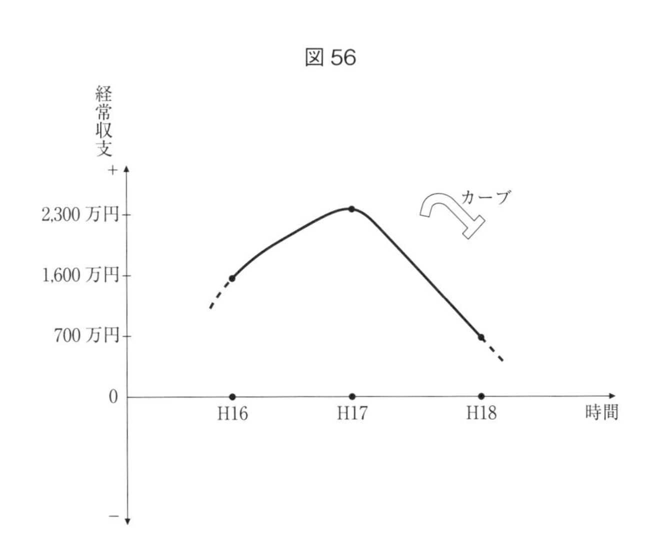

57 アブソープション・アプローチ

為替相場に関係なく，財政赤字や貯蓄不足の国は経常収支が赤字となる。

第58節で詳しく学びますが，マクロ経済モデルでの財市場の均衡条件式は

$$Y(\mathrm{GDP})=C+I+G+\text{貿易・サービス収支}(EX-IM) \qquad (57-1)$$

で与えられます。ここで，左辺の Y は財・サービスの総供給で，国内総生産（GDP）のことです。また右辺は財・サービスの総需要です。$C+I+G$ は国内需要すなわちアブソープション（absorption）で，C は家計の消費需要，I は企業の投資需要，G は政府の公共的需要を表します。EX は輸出，IM は輸入を表しますので，$EX-IM$ は純輸出ないし貿易サービス収支になります。すなわち海外からの国内財への需要（輸出）が，海外財への需要（輸入）を上回るとき，この値は正（黒字）になります。

またマクロ経済学の基礎で必ず学ぶことですが，GDP は国内総生産，GNP は国民総生産のことで，両者とも1年間の経済活動の結果の付加価値額の合計で，経済活動の規模を表すという点は同じです。しかし前者は領域主義，後者は国籍主義の立場から集計されています。したがって，たとえば外国人が日本国内で得た所得は，前者には入りますが，後者には入りません。よって，

$$\mathrm{GNP}=\mathrm{GDP}+\text{所得収支}(\text{海外からの要素所得}-\text{海外への要素所得}) \qquad (57-2)$$

となります。

(57－1)，(57－2) から

$$\text{GNP} = C + I + G + \text{貿易・サービス収支} + \text{所得収支} \tag{57-3}$$

となります。この両辺にさらに経常移転収支を加えますと，

$$\text{GNP} + \text{経常移転収支} = C + I + G + \text{経常収支} \tag{57-4}$$

となります。なぜなら貿易・サービス収支＋所得収支＋経常移転収支は経常収支にほかならないからです。経常収支を CA で表しましょう。

左辺は日本国民が生み出した総付加価値ないし総所得から，援助などで失われる金額を差し引いたもので，**国民可処分所得**（national disposal income）と呼ばれ，以下では Z と表します。(57－4）は

$$Z = C + I + G + CA \tag{57-4'}$$

と書き改めることができます。

さて国民可処分所得 Z から，租税 T を差し引いた残りから消費 C を行い，その残りを貯蓄 S と呼ぶことにします。したがって，

$$Z = T + C + S \tag{57-5}$$

となります。

(57－4')，(57－5）をあわせて整理すると，

$$CA = (T - G) + (S - I) \tag{57-6}$$

となります。右辺の第1括弧は財政収支を表し，第2括弧は貯蓄＝投資バランスと呼ばれます。つまり経常収支が赤字か黒字かは，その国の財政収支状況と，貯蓄と投資のバランスが決めるということになります。

日本では，財政収支は赤字であっても，それ以上に貯蓄＝投資バランスが貯蓄過剰のため，トータルすると経常収支は黒字となります。これは為替相場が円高になっても構造的に変わらないため，日本の経常収支黒字が続くことを説明できます。一方米国では，財政赤字に加えて，貯蓄＝投資バランスでも貯蓄不足のため，経常収支は構造的に赤字になります。

第8章　練習問題

3 年間だけ投資をするケースを考える。日本の国債に投資する場合の流通利回りが，1.00%，アメリカの国債に投資する場合の流通利回りが 3.50% であるとする。3 年後の予想為替相場は 1 ドル＝125 円であるとしよう。このとき，どちらの国の国債に投資しても収益率が同じとなると考えられるのは，現在の為替相場が 1 ドルいくらのときか。

【解答】

現在の為替相場を 1 ドル＝x円とする。アメリカ国債の高い収益率が，将来円高ドル安になることで日本国債への投資と同じ収益率となるケースを考えるので，$x > 125$ である。x 円の投資が 3 年で 125 円になるわけだから，3 年間で $x-125$ 円の為替差損となる。1 年あたりの為替差損は $\frac{x-125}{3}$ 円であり，x円の投資でこれだけの差損が出るから，差損率は $\frac{(x-125)/3}{x} \times 100\%$ である。これが両国の国債の流通利回りの差 $3.50-1.00=2.50\%$ に等しければよい。$x=135.14$ 円である。

第９章

国際マクロ経済学

58 財市場と *IS* 曲線

財市場の均衡を達成する国民所得と利子率の関係を表すものが *IS* 曲線。

財市場（market of goods and services）における総需要 Y^D は，消費 C，投資 I，政府支出 G，貿易・サービス収支 NX を合計したものです。1つ目の消費とは，家計がモノやサービスを購入することです。所得を Y，税金を T とすると，消費 C が可処分所得（$Y-T$）に依存すると仮定したとき，$C=C(Y-T)$ という消費関数が得られます。消費関数が線形（一次関数）であるとすると，$C=C_0+C_1(Y-T)$ と表されます。C_0 は，たとえ所得がないときでも消費される部分で，基礎消費と呼ばれます（$0<C_0$）。C_1 は，可処分所得が1単位増えたときにどれだけ消費が増えるかを表していて，限界消費性向と呼ばれます（$0<C_1<1$）。

2つ目の投資とは，企業の設備投資のことです。投資は利子率 r に依存して決まるとすると，投資関数は $I=I(r)$ と表されます。利子率が高いとき，投資の限界効率（収益率）の高いプロジェクトしか投資できないので，投資は少なくなりますが，逆に利子率が低いとき，投資水準は高くなります。つまり，投資関数 $I(r)$ は利子率 r の減少関数です。

3つ目の政府支出は，いわゆる箱物の公共投資や公共サービスを供給するための公務員の給与などのことです。G は一定の値とします。

4つ目の貿易・サービス収支とは，モノとサービスの輸出 EX から輸入 IM を引いた純輸出のことです（$NX=EX-IM$ は正にも負にもなり得ます）。輸入は，自国の可処分所得が増えたり，自国の通貨が増価したりすると増えると仮定します。そこで，為替レートを e として，輸入関数は $IM=IM(Y-T, e)$ と表されます。また，自国の輸出は外国の所得 Y^* と為替レートで決まるとすると，輸出関数は $EX=EX(Y^*, e)$ となります。よって，$NX = NX(Y-T, Y^*, e)$ となります。

IS 曲線（*IS* curve）は，「財市場の均衡を達成する国民所得と利子率の組み合わせを図に描いたもの」です。総需要 Y^D と総供給 Y が等しくなる均衡では，

$$Y = C_0 + C_1(Y-T) + I(r) + G + NX(Y-T, Y^*, e)$$

が成立します。横軸に国民所得 Y，縦軸に利子率 r をとって図に描くと，図 58 のように右下がりの曲線になります（Y と r 以外の変数 T や e などが一定の下で描かれていることに注意してください）。というのも，当初，点 E_0 のとき，利子率が r_1 に下がると，投資 I が増えるので，上の式の右辺（総需要）だけ大きくなります（点 F）。これでは需給が均衡しないので，国民所得が Y_1 に増える必要があります。国民所得が増えると右辺の消費が増えますが，$C_1 < 1$ なのでその増え方は小さく，また貿易・サービス収支 NX は減少するので，うまくつりあうところ（点 E_1）があるのです。

図 58　*IS* 曲線

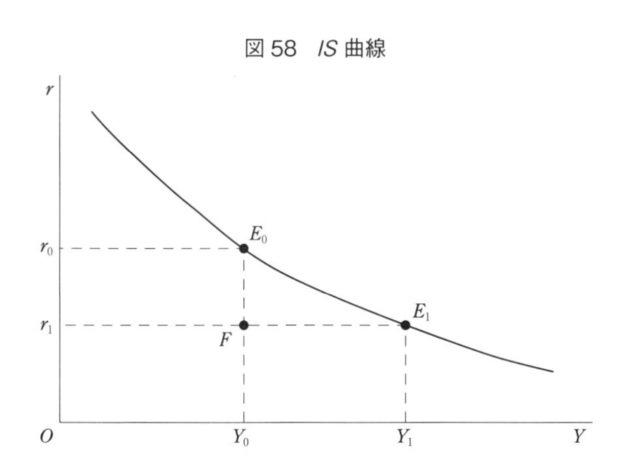

59 貨幣市場と*LM*曲線

貨幣市場の均衡を達成する国民所得と利子率の関係を表すものが*LM*曲線。

「人々の貨幣（カネ）の需要と供給を結びつける場」が貨幣市場（money market）です。貨幣以外の資産（国債，社債，株式，土地，建物など）は債券と呼ばれ，その需要と供給を結びつける場は「債券市場」といいます。貨幣市場と債券市場はコインの表と裏の関係にあって，実体は1つなので貨幣市場の均衡だけを考えます。というのも，貨幣市場の需給の差は債券市場の需給の差で埋め合わされる関係にあるので，片方の市場が均衡していればもう一方の市場も均衡するからです。ある時点をとると，社会全体ではある一定の金融資産があって，それは貨幣と債券に分けられます。人々が貨幣を持つのをやめて債券を保有しようとすると貨幣市場では超過供給が生じて，債券市場では超過需要が起きます。金融資産の持ち方を変えるだけなので，その超過供給と超過需要を足し合わせるとゼロになります。

*LM*曲線（*LM* curve）とは，「貨幣市場の均衡を達成する国民所得と利子率の組み合わせを図に描いたもの」です。まず「貨幣の供給（マネーサプライ）」を説明します。経済取引の決済手段として容易に使うことができるものをマネーサプライといい，通常，現金と預金の残高のことです。

次に貨幣の需要を説明します。貨幣の需要には，取引需要，資産需要の2つがあります。1つ目の「取引需要」は，日常の経済取引をするために必要な貨幣の需要のことです。取引需要L_1は所得水準Yに依存すると考えると，取引需要関数は，$L_1=L_1(Y)$と表すことができます。$L_1(Y)$はYの増加関数です。

2つ目の「資産需要」は，資産保有の手段としての貨幣に対する需要のことです。流動性の高い現金や普通預金などの貨幣は，債券と違って利息をほとんど生み出しませんが，資産を貯蔵する手段の１つです。債券価格が十分に高いときには，たいていの人はいずれ安くなると予想して，近い将来に安くなったときに債券を買えるように貨幣を保有しようとします（資産需要の増大)。債券価格が十分に低いときは逆のことが起こります。国債を例に理由を簡単に説明すると，市場の利子率（銀行預金など）が上昇すると，一定の利息しかもらえない国債を買うかどうかを考えた場合，以前と同じ価格のままだと国債の収益率は銀行預金と比べて低いので誰も買いませんが，国債の価格が安くなれば買い手が出てきます。したがって，資産需要 L_2 は利子率 r に依存して，資産需要関数は，$L_1 = L_2(r)$ と表されます。$L_2(r)$ は利子率の減少関数です。

貨幣市場の均衡を説明します。経済主体は名目値ではなく実質値で考えて行動します。上で説明した貨幣需要 L_1 と L_2 は実質値での貨幣需要です。一方，マネーサプライ M は名目値なので，物価水準 P で割った実質マネーサプライ $M／P$ を貨幣供給とします。したがって，貨幣市場の均衡条件は次のとおりです。

$$\frac{M}{P} = L_1(Y) + L_2(r)$$

この式を図に描くと，図59のようになります。というのも，上の式の左辺は一定であることに注意すると，国民所得が増えると L_1 が増えるので，利子率が上がって L_2 が減る必要があるからです。

図59　*LM* 曲線

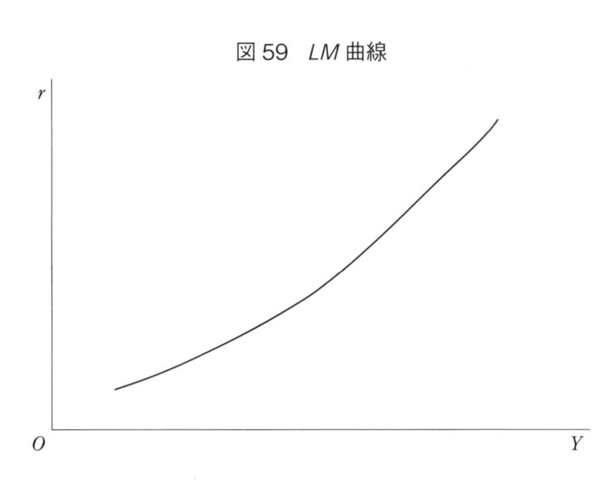

60 国際資本移動とマンデル＝フレミング・モデル

***IS*－*LM*モデルの国際経済版がマンデル＝フレミング・モデル。国際資本移動も考慮して国民所得と利子率が決まる。**

国際資本移動によって外国為替市場が影響を受けるため，マンデル＝フレミング・モデル（Mundell-Fleming model）には以下のような特徴があります。分析の単純化のために，国際資本移動は自由で，自国が「小国」の場合を考えます。小国とは，自国の経済規模の世界経済に占める割合が無視できるほど小さく，自国のマクロ経済の変化が世界経済にまったく影響を与えることがない場合です。言い換えると，自国の利子率が，外国の影響を受けて，国内要因だけでは決まらない，ということです。もし国内利子率が世界市場の利子率よりも低い場合，自国通貨（たとえば円）を売って，外国通貨（たとえばドル）を買い，外国通貨で運用します（国内利子率が世界利子率よりも高い場合は逆のことが起きます）。このことは，国内利子率rと世界利子率r_Wが異なっている限り続きます。したがって，$r=r_W$のとき，国際資本移動は止まるので，外国為替市場は均衡します。

小国の仮定の下で，マンデル＝フレミング・モデルは次の式で表されます。

*IS*曲線：$Y=C_0+C_1(Y-T)+I(r)+G+NX(Y-T, Y^*, e)$

*LM*曲線：$\dfrac{M}{P}=L_1(Y)+L_2(r)$

利子率：$r=r_W$

固定為替相場制の場合，固定相場を$\bar{e}$とすると，$e=\bar{e}$です（物価水準Pは変わらないとして議論します）。

固定為替相場制と変動為替相場制とでは，国際資本移動の効果は異なります。まず固定相場制では，国内利子率が世界利子率よりも高い場合，自国通貨への需要が増大しますが，固定為替相場を維持するために，中央銀行は資産運用者の求めに応じて，外国通貨を自国通貨に固定相場でいくらでも交換します。その結果，国内市場ではマネーサプライが増えます（国内利子率が世界利子率よりも低い場合は逆のことが起きます）。つまり，固定相場制のとき，中央銀行はマネーサプライ M を自由にコントロールすることができなくなります。ですが，たとえば，中央銀行が債券市場で債券を売買して（売りオペや買いオペ），マネーサプライの量を減らしたり増やしたりできます。固定相場を維持するために生じたマネーサプライの変動を，ちょうど相殺するオペレーションを行うことを，「不胎化政策」といいます。より正確に言うと，マネーサプライ M は，国内信用供与 D と為替介入による外貨準備 R からなっています（$M=D+R$）。固定為替相場の維持のための為替介入によって R が増減しても，それにあわせて D をうまく増減することができるならば，M をある程度，自由にコントロールすることができる，といえるのです。

次に変動相場制の場合，中央銀行は，外国通貨と自国通貨とを決まった為替レートで交換する義務はありません。そこで，固定相場制のときより，中央銀行はマネーサプライを自由にコントロールすることができる，といえます。

61 固定相場制の下での財政金融政策

固定相場制の下で，財政政策と為替政策は有効だが，金融政策は無効。

まず金融緩和政策について説明します（金融引き締め政策も同様に考えることができます）。当初の均衡は，図 61－1 の点 E とします。金融緩和政策が発動されると，LM 曲線は $L'M'$ の位置にシフトします。すると新たな均衡は点 F になります。しかし，国内の均衡利子率 r_1 は世界市場の利子率 r_W よりも低いので，国内の資本は外国に流出します。資産運用者は，自国通貨を売って外国通貨を買うので，それに伴って中央銀行は自国通貨を買い入れます。これは金利差がなくなるまで続くので，結局，LM 曲線は元の位置に戻り，国民所得に影響を与えません。つまり，「固定相場制の下で金融緩和政策は無効」です。

次に財政拡張政策について説明します（財政縮小政策も同様に考えることができます）。当初の均衡は，図 61－2 の点 E とします。政府支出 G を増やすと，IS 曲線は $I'S'$ にシフトします。すると新たな均衡は点 F になりますが，国内利子率は世界利子率よりも高いので，外国から資本が流入します。資産運用者は自国通貨を買って外国通貨を売るので，中央銀行は自国通貨を売ることになります。その結果，マネーサプライは増えます。結局，LM 曲線が $L'M'$ になって，新しい均衡が点 G になるまでマネーサプライは増えます。つまり，「固定相場制の下で，財政政策は実体経済に影響を与えることができるので有効」です。

最後に，自国の固定為替レート e を切り下げる（e の値が大きくなる）場合を簡単に説明します。ある条件（マーシャル＝ラーナー条件）の下では，自国通貨の切り下げによって，自国の製品の国際競争力が高まって輸出が増え，外国製品が高くなるので輸入が減って，貿易・サービス収支が改善します。その結果，*IS* 曲線が右にシフトします。さらに，国内と外国との金利差がなくなるようにマネーサプライが増えるので，*LM* 曲線は右にシフトして，その結果，国民所得は増えます。つまり，「固定相場制の下で為替政策は有効」です（図に描いて各自で確認してください）。

図 61－1　固定相場制の下での金融政策

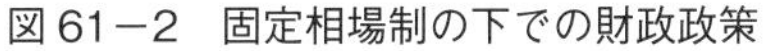
図 61－2　固定相場制の下での財政政策

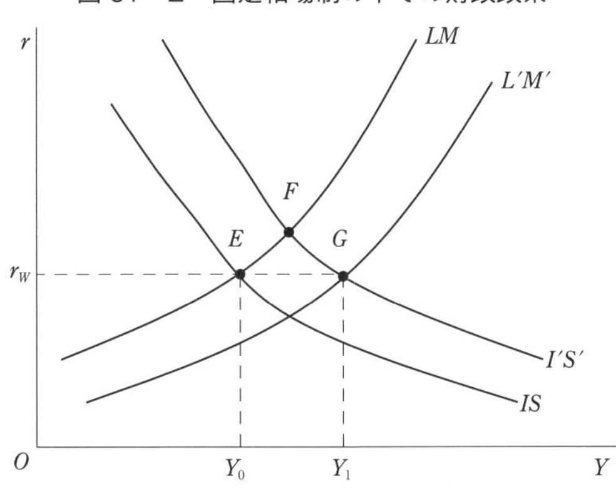

62 変動相場制の下での財政政策

変動相場制の下で，財政政策は実体経済に影響を与えることがないので無効。

変動為替相場制の場合，国内利子率と世界利子率が異なるために資本の流出・流入が生じても，マネーサプライは影響を受けません。というのも，固定相場制と違って，中央銀行は，自国通貨と外国通貨を決められた為替レートでいくらでも交換する義務がないので，固定相場を維持するためにマネーサプライが変動することはないからです。これが固定相場制のときと財政政策の効果を逆転させる要因です。

小国の仮定の下で，マンデル＝フレミング・モデルは次の式で表されます。

IS 曲線：$Y=C_0+C_1(Y-T)+I(r)+G+NX(Y-T,Y^*,e)$

LM 曲線：$\dfrac{M}{P}=L_1(Y)+L_2(r)$

利子率：$r=r_W$

外国為替レート e（自国通貨建て）は，外国為替市場で決まるもので，自由に変動します。また，マネーサプライ M は，中央銀行が操作できる変数で，外生変数です。上の式を描いたものが図 62 です。当初の均衡が点 F だとします。世界利子率 r_W よりも国内利子率 r_0 が高いので，資本の流入が起きて，自国通貨が買われて高くなります。その結果，貿易・サービス収支は悪化して（マーシャル＝ラーナー条件が満たされているときです），IS 曲線は左下方にシフトします。このことは金利差がある限り続きます。したがって，均衡が点 E となるように，IS 曲線は IS の位置までシフトします（為替レート e は LM 曲線の式にないので，LM 曲線はシフトしません）。

財政拡張政策の効果を説明します（財政縮小政策も同様に考えることができます）。図 62 の点 E が当初の均衡とします。政府支出 G を増やすと，IS 曲線は右上方にシフトして，新しい均衡は点 F になります。しかし，そこでは国内利子率が世界利子率よりも高いので，資本の流入が起きて，為替レートが増価します。そのため，貿易・サービス収支が悪化します。結局，均衡は点 E になります。つまり，「変動相場制の下で，財政政策は国民所得を増やすことがないので無効」といえます。

図 62　変動相場制の下での財政政策

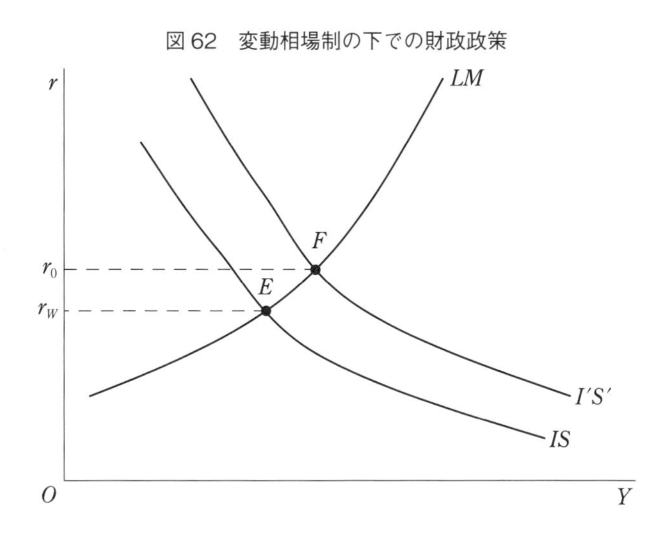

63 変動相場制の下での金融政策

変動相場制の下で，金融政策は実体経済に影響を与えることができるので有効。

金融緩和政策の効果を，3つのステップに分けて説明します（金融引き締め政策についても同様に考えることができます）。当初の均衡を図63の点 *E* とします。

1つ目のステップは *LM* 曲線のシフトです。金融緩和政策がとられると，*LM* 曲線は *L′M′* の位置へと右下方にシフトします。そして，新しい均衡は点 *F* になります。国内利子率は低下して，国民所得は増えます。

2つ目のステップは為替レートの変化です。点 *F* において，世界利子率よりも国内利子率が低いので，資本の流出が起きて，自国通貨は安くなります。

3つ目のステップは *IS* 曲線のシフトです。自国の為替レートが減価するので，自国の製品の国際競争力が高まって，貿易・サービス収支が改善します（マーシャル＝ラーナー条件が満たされているときです）。このことは内外の金利差がある限り続きます。結局は，*IS* 曲線は *I′S′* の位置まで右上方にシフトします。したがって，最終的な均衡は点 *G* です。

以上をまとめると，金融緩和政策によって，国内利子率は世界利子率と同じままですが，国民所得が増大しています。つまり，「変動相場制の下で，金融政策は有効」です。

図 63　変動相場制の下での金融政策

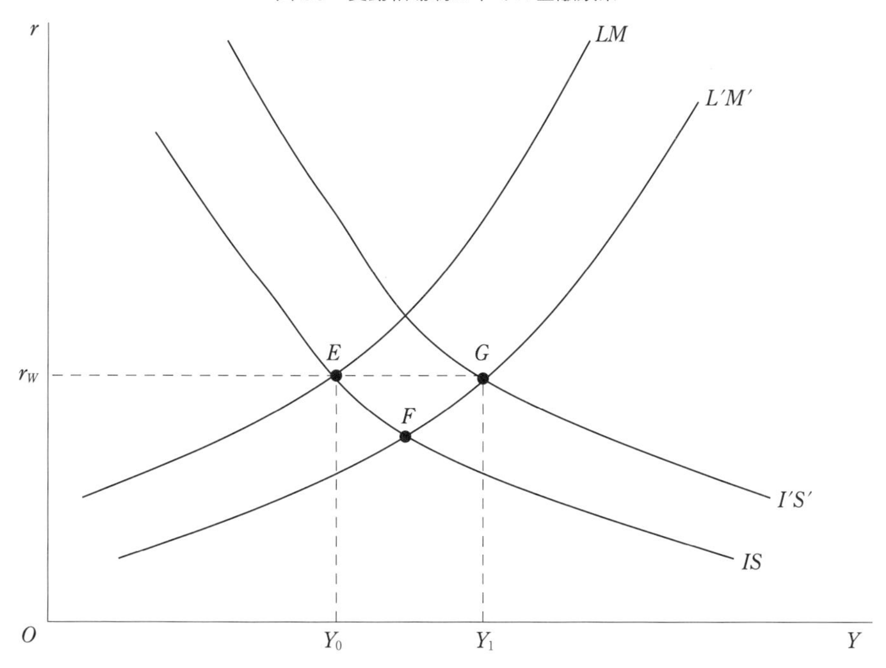

64

2国モデル（1）

輸出量を相手国のGDPの関数とする2国モデルで，均衡のGDP水準の組が求められる。

財市場の均衡条件式に入っている貿易収支（純輸出）の項$NX = EX - IM$のうち，輸入IMは第58節ですでに学習したように，自国のGDPの水準Yに依存して決まります。これに対して輸出は貿易相手国のGDPの水準Y^*に依存して決まりますが，これまでは自国を小国と考え，その経済活動は外国の生産や価格に影響を与えないとして，輸出EXを定数とみなしてきました。

しかしそれですとたとえば自国の輸入が増えることが，外国の輸出拡大そして生産（GDP）拡大に明らかに貢献して，それが今度は外国の輸入＝自国の輸出の拡大につながってくるという側面が考えられていません。この節では，相互に影響しあう自国と外国の2国モデルを用いて，これまでの学習を拡張します。

自国と外国の財市場の均衡条件式は，

$$Y = C + I(r) + G + EX - IM(Y) \qquad (64-1)$$
$$Y^* = C^* + I^*(r^*) + EX^* - IM^*(Y^*) \qquad (64-2)$$

と書くことができます。ここで*のついた文字は外国を表します。輸入関数については線形であると仮定します。すなわち，

$$IM = mY + n,\ 0 < m < 1,\ n > 0, \qquad (64-3)$$
$$IM^* = m^*Y^* + n^*,\ 0 < m^* < 1,\ n^* > 0, \qquad (64-4)$$

です。消費関数についても第58節と同様にして，

$$C = C_1(Y - T) + C_0,\ \ C^* = C_1^*(Y^* - T^*) + C_0{}^* \quad (64-5)$$

とします。

2国モデルのため自国の輸出と外国の輸入，外国の輸出と自国の輸入が等しくなります。すなわち$EX = IM^*$，$EX^* = IM$です。これらの関係から，

$$Y = \frac{C_0 + I(r) + G - C_1 T - n + n^*}{1 - C_1 + m} + \frac{m^*}{1 - C_1 + m} Y^* \quad (64-6)$$

$$Y^* = \frac{C_0^* + I^*(r^*) + G^* - C_1^* T^* - n^* + n}{1 - C_1^* + m^*} + \frac{m}{1 - C_1^* + m^*} Y \quad (64-7)$$

が得られます。(64－6)，(64－7) の2つの式は図64のYY曲線とY^*Y^*曲線として描かれます。交点Eで均衡のGDPの組 ($Y_0{}^*$, Y_0) が求まります。

図64

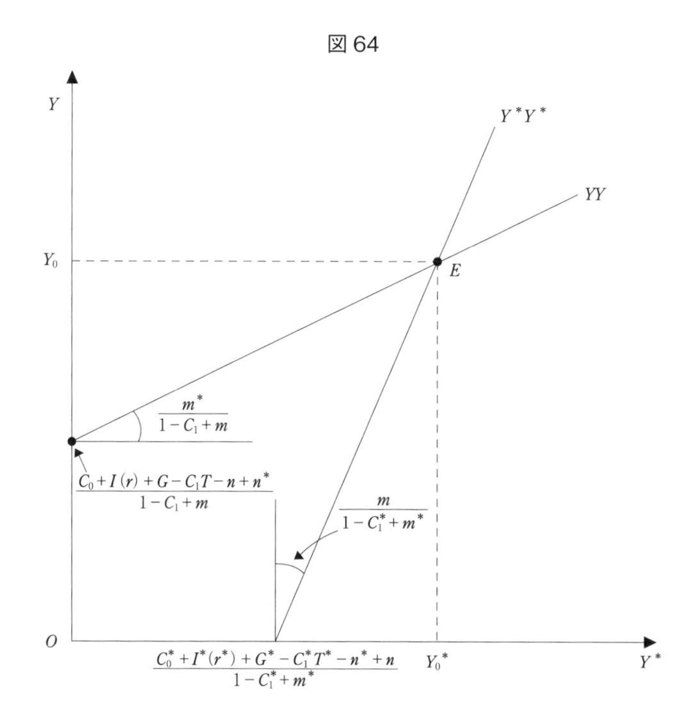

65 2国モデル (2)

自国の公共事業の拡大は自国と外国の両方のGDPを引き上げる。自国の低金利政策は外国のGDPを引き下げる。

図65－1で自国が均衡GDPの水準をY_0から引き上げるために，公共事業を拡大した場合を考えます。(66－6)でGが大きくなると，同じY^*に対応するYは大きくなりますから，自国のYY曲線は上方にシフトします。したがって新しい均衡点はE'に移り，Y_1，$Y_1{}^*$が新しい両国のGDPの水準です。自国の財政拡大政策が，自国のみならず，外国のGDPも引き上げていることがわかります。

図65－2は自国が低金利政策をとることで，GDPを引き上げようとする場合を表しています。利子率rを引き下げると，まず自国の投資Iが引き上げられます。これは先ほどのGの引き上げと同様に，YY曲線を上に引き上げます。

さらに自国の利子率が外国に比べて下がれば，不完全な資本移動の状態を考えると，以前よりも自国から外国への投資量が増えることが考えられます。これは外国為替市場での円売りドル買い（自国を日本，外国を米国とします）を招き，為替相場の円安すなわちeの上昇につながります。これは自国の輸出（外国の輸入）の拡大，自国の輸入（外国の輸出）の縮小を通じて経常収支を黒字化します。ここでは所得に依存しない基礎的な輸入である，(66－3)，(66－4)のn^*が上昇し，nが下落すると考えましょう。これは(66－6)のYY曲線を上方に，(66－7)のY^*Y^*曲線を左にシフトさせ，それぞれ$Y'Y'$，$Y^{*\prime}Y^{*\prime}$に移します。したがって新しい均衡は図65－2のE''点となり，均衡のGDPの水準は自国ではY_0からY_2に昇しますが，外国では$Y_0{}^*$から$Y_2{}^*$に下落してしまいます。

このケースでは自国の完全雇用の達成が，外国の失業を招くことによってなされることになります。この意味でこの政策は**近隣窮乏化政策**(beggar-my-neighbor policy）といえます。

図65−1

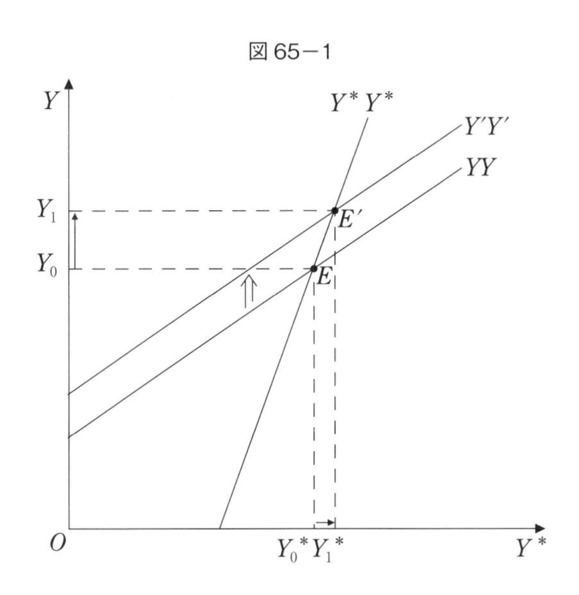

図65−2

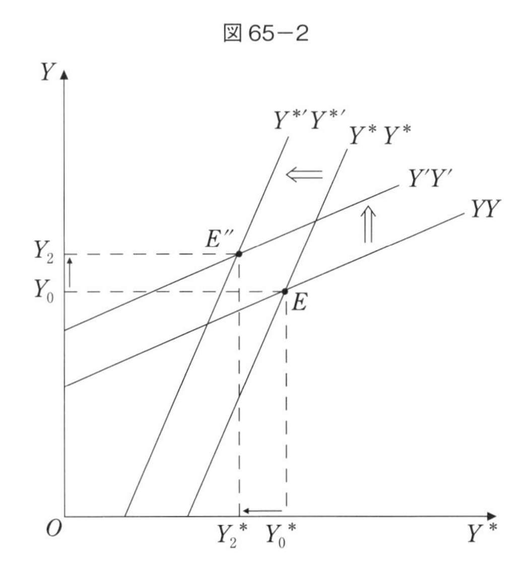

第9章 練習問題

1. 下のIS曲線に関する問に答えなさい。

(1) 消費関数を$C=C_0+C_1Y$，投資関数を$I=I_0-I_1r$，輸入関数を$IM=m_0Y-m_1e$としてIS曲線を描きなさい。政府支出Gと輸出EXは単純化のため一定と仮定する。なお，I_0，I_1，m_0，m_1はいずれも正の値とし，為替レートeは円建てのレートとする（たとえば，1ドル＝120円＝e）。

(2) 政府支出Gが増えたとき，IS曲線はどのようにシフトするかを，理由を述べて答えなさい。また，外国の景気が良くなって輸出EXが増えたときについても同じように答えなさい。

(3) 自国の通貨が増価したとき（日本ならば円高），IS曲線はどのようにシフトするかを，理由を述べて答えなさい。

2. 下のLM曲線に関する問に答えなさい。

(1) 実質マネーサプライをM/P，取引需要を$L_1=kY$，資産需要を$L_2=l_0-l_1r$として，LM曲線を描きなさい。なお，k，l_0，l_1はいずれも正の値とする。

(2) 名目マネーサプライMが増えたとき，LM曲線はどのようにシフトするかを，理由を述べて答えなさい。

(3) 取引需要のパラメータk（マーシャルのk）が大きくなると，LM曲線はどのようにシフトするかを，理由を述べて答えなさい。

3. 固定相場制の下で，以下の文章が正しいかどうかを答えなさい。なお，自国経済は「小国」とする。

(1) 世界利子率が低下した結果，国民所得は増加した。

(2) 政府支出を減らした結果，国民所得を減らすことができたが，その減少幅は閉鎖経済のときよりも必ず小さくなる。

(3) 金融緩和と財政拡張を同時に行うことで，財政政策だけのときよりも景気刺激効果は強かった。

4. 変動相場制の下で，以下の文章が正しいかどうかを答えなさい。なお，自国経済は「小国」とする。

(1) 世界利子率が低下した結果，国民所得は減少した。

(2) 金融緩和を行った結果，国民所得を増やすことができたが，その増加幅は閉鎖経済のときよりも必ず小さくなる。

(3) 中央銀行が，自国通貨売り・外国通貨買いの為替介入をした結果，自国の国民所得は増加した。

【解答】

1.

(1) 財市場の均衡条件から，次の式が得られる。

$$Y = \frac{1}{1 - C_1 + m_0}(C_0 + I_0 - I_1 r + G + EX + m_1 e)$$

この式を国民所得 Y と利子率 r の平面に描いたものが *IS* 曲線で，下の図の太線で表した傾き $-(I_1/1 - C_1 + m_0)$ の右下がりの直線である。

(2) 上で求めた式から，G が増えると，同じ r の値の下で Y が増えるので，*IS* 曲線は右上方にシフトすることになる（下の図の破線）。なお，*IS* 曲線の傾きは変わらないことに注意すること。また，EX が増えたときも同じような結果になる。

(3) 自国通貨が増価する（e が下がる）と，輸入 IM が増える。この効果は，上で求めた式より，同じ r の値の下で Y が減るので，*IS* 曲線は左下方にシフトすることになる（下の図の点線）。なお，*IS* 曲線の傾きは変わらないことに注意すること。

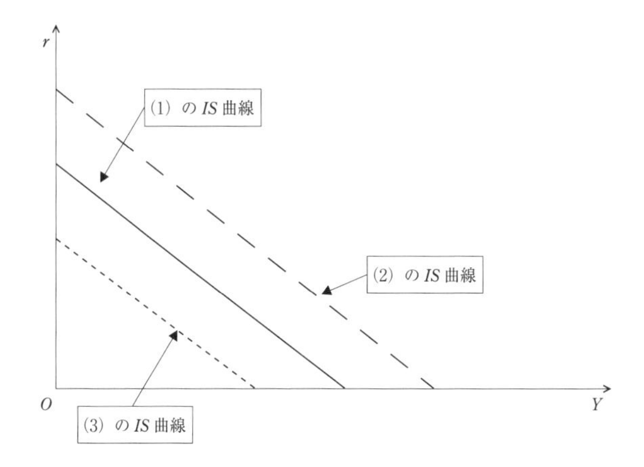

2.

(1) 貨幣市場の均衡条件は，次の式で表される。

$$\frac{M}{P} = kY + (l_0 - l_1 r)$$

これを図に描くと，傾き k ／ l_1 で下の右上がりの太い直線になる。

(2) 上で求めた式から，M が増えると縦軸の切片が小さくなるので，下の破線のようになる。

(3) k は *LM* 曲線の傾きなので，傾きが急になり，下の点線のようになる。

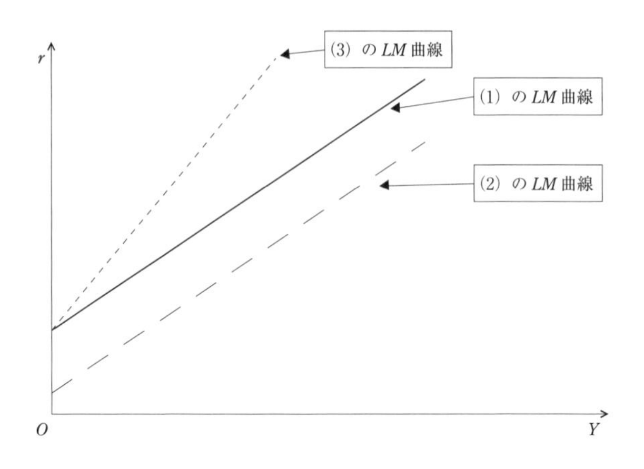

3.

(1) 正。均衡において，国内利子率と世界利子率は一致していなければならない。世界利子率が低下すると，資本が国内に流入して，自国通貨が買われる。中央銀行は自国通貨を売って外国通貨を買うので，マネーサプライが増加する。その結果，*LM* 曲線が右下方にシフトするので，*IS* 曲線との交点は以前よりも右にきて，国民所得は増える。

(2) 誤。閉鎖経済では，政府支出を減らすと *IS* 曲線だけが左にシフトする。しかし，固定相場制の開放経済では，*LM* 曲線も左にシフトするので，国民所得の減少幅は大きくなる傾向にあるといえる。

(3) 誤。金融政策は無効なので，財政政策だけの効果しかない。

4.

(1) 正。国内利子率が世界利子率よりも高くなるので，資本の流入が起きて，自国の為替レートが増価する。その結果，貿易・サービス収支が悪化して，*IS* 曲線は左にシフトする。したがって，国民所得は減少する。

(2) 誤。閉鎖経済では，金融緩和を行うと *LM* 曲線だけが右にシフトする。しかし，開放経済では，貿易・サービス収支の改善によって，*IS* 曲線も右にシフトするので，国民所得の増加幅は大きくなる傾向にあるといえる。

(3) 正。為替介入によって，外国為替市場で自国通貨が安くなると同時に，自国のマネーサプライが増える。その結果，*IS* 曲線は右にシフトすると同時に，*LM* 曲線も右にシフトして，金融緩和政策と同様の効果を持つ。なお，均衡において国内利子率と世界利子率は一致することに注意。

第 10 章

現代の国際貿易の諸問題

66 日本の貿易（1）

日本の貿易はアメリカ，アジア（中国除く）に対しては貿易黒字，中国，中東に対しては貿易赤字が続いている。

新型コロナウイルス感染症（COVID－19）の拡大前の日本の貿易（2019年の輸出額76兆9,317億円（7,057億ドル），輸入額78兆5,995億円（7,211億ドル））は，世界全体では中国，アメリカ，ドイツに続く第4位を占めています。2020年はCOVID－19の影響で貿易額は減少しました。

日本の最大の貿易相手国は2007年以降，それまでのアメリカから中国になりました。1995年には貿易総額が5兆4,428億円だったのが2020年には32兆5,898億円と6.0倍に増加しました。同期間の輸出は2兆620億円が15兆820億円と7.3倍，輸入は3兆3,809億円が17兆5,077億円と5.2倍になりました。この両者の金額からわかるように，日本は中国との貿易では輸入が輸出を上回る貿易赤字が続いています。2010年代半ばには5兆円を超える赤字を計上していましたが，2020年には2兆4,257億円と減少しています。

一方，アメリカとの貿易総額は，近年では2007年に25兆2,449億円という最高額を記録しましたが，2020年には20兆644億円とその8割に減少しました。アメリカに対しては中国とは反対に毎年，輸出超過になっています。その金額はリーマンショック（2009年）以前には9兆円を超えるまでになり，2010年代は5兆円から7兆円で推移しています。日本はアメリカとの貿易では常に貿易黒字を計上しており，アメリカにとっては貿易赤字の解消が解決すべき課題になっています。

またASEANなどアジア各国との貿易も増加しており，中国を除いたアジア地域の貿易は，輸出は総額の3分の1，輸入は4分の1を占めており，日本は中国を除くアジア地域では7兆円から9兆円超の貿易黒字となっており，アジア各国との貿易が非常に重要になっています（巻末資料1－1・1－2）。

日本の輸出品（巻末資料２－１）では機械機器（輸送用機器，電気機器，一般機械）が60％程度となっています。この比率は1990年には75％を占めていましたが，その後，アジア地域での生産体制が整備されるなど，鉄鋼や非鉄金属の化学製品の輸出が増加したことで比率が低下しました。

日本の輸入品（巻末資料２－２）は1980年代までは原材料や鉱物性燃料が大半でしたが，現在では様変わりし加工製品が67％を占めています。アジア地域の工業化の進展に伴う製品の輸入増加によるものです。鉱物性燃料の輸入は日本には重要です。鉱物性燃料，特に原油関係は中東からの輸入が多く，中東の各国に対して日本は貿易赤字が常態化しています。

図66－1　日本の対アメリカ貿易（百億円）

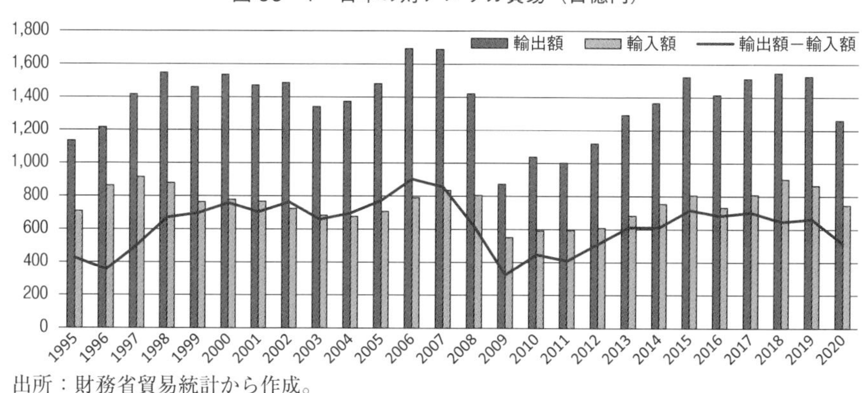

出所：財務省貿易統計から作成。

図66－2　日本の対中国貿易（百億円）

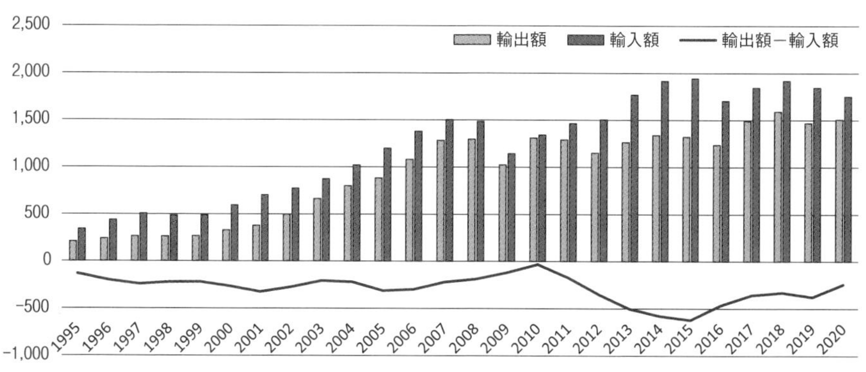

出所：財務省貿易統計から作成。

67 日本の貿易（2）

日本は貿易摩擦を繰り返しながら貿易で稼いでいたが，今では貿易よりも海外投資で稼ぐ国へと変貌した。

日本は外国から原材料を輸入し，それを加工，製造した工業製品の輸出で経済成長してきた「貿易立国」と言われてきましたが，現在では貿易よりも投資で稼ぐ「投資立国」の国へと変貌しました。

第二次世界大戦で疲弊した日本は綿織物，衣類，スフ織物，人絹織物，陶磁器，玩具等の軽工業品の輸出から始め徐々に鉄鋼や造船，自動車，電気製品などさまざまな工業製品を輸出するようになり，1960年代半ば以降には，貿易黒字を計上するようになりました。

貿易の拡大は貿易相手国，特にアメリカとの間で**貿易摩擦**という問題が発生しました。1950年代，60年代は繊維製品の対米輸出の増加により，また1970年代はカラーテレビ，鉄鋼など，1980年代は自動車の輸出などが俎上に上がり，日本側はその対象品目の輸出自主規制や現地生産に切り替えるなどの対策を講じました。

その後生じた半導体や牛肉，オレンジ等の農産物の輸入，政府調達（公共事業・スーパーコンピューター）の貿易摩擦では，日本側の輸出を問題にするのではなく，日本の経常収支が黒字ということを取り上げ，日本の商取引慣行，系列取引にある閉鎖性，保護主義，不公正といった日本市場，日本社会の異質性あるいは脅威論に根ざした主張をアメリカは繰り返しました。その背景には当時のアメリカの高い失業率とインフレ，財政赤字と貿易赤字がありました。

その解決のため1989年9月から日本の市場開放を焦点にした**日米構造協議**（SII：Structural Impediments Initiative）が始められ，日本の流通システムや排他的取引慣行，系列取引など日本の国内政策の改善を求め，独占禁止法の強化や行政指導の透明性の確保，系列関係の開放と透明性を確保，内外価格差の見直しなどを行うことで合意されました。

日本の経常収支を見ると，1980 年代以降，経常収支が急増しました。それは輸出の増加によって貿易黒字が拡大していったことに起因し，2000 年代半ばころまで続きました。2008 年 9 月アメリカ大手証券会社リーマン・ブラザースの破綻をきっかけとした**金融危機**（リーマンショック）は，世界的な規模で経済の冷え込みとなり，2009 年の世界の貿易額は前年に比べ 23％も減少しました。日本も影響を受け，2009 年の輸出は円ベースでは 34％，輸入は 36％も減少しました。貿易収支の黒字は 2008 年，2009 年は 5.8 兆円，5.3 兆円と大幅な減少になりました。その後は黒字を計上しても 10 兆円を超えることはなく，貿易収支が赤字になる年もあって，リーマンショック以前のような貿易で稼ぐという構造が変化しました。

貿易収支に替わって大きな黒字を計上しているのが海外への直接投資や証券投資から得られる所得を計上する「第一次所得収支」です。製造業の生産拠点を海外へ移したこと，海外の子会社の株式や外国証券などの海外資産の増加がその背景にあると考えられます。このような経常収支の状況から，日本は今や「投資立国」と言えるでしょう。

図 67　経常収支の推移（百億円）

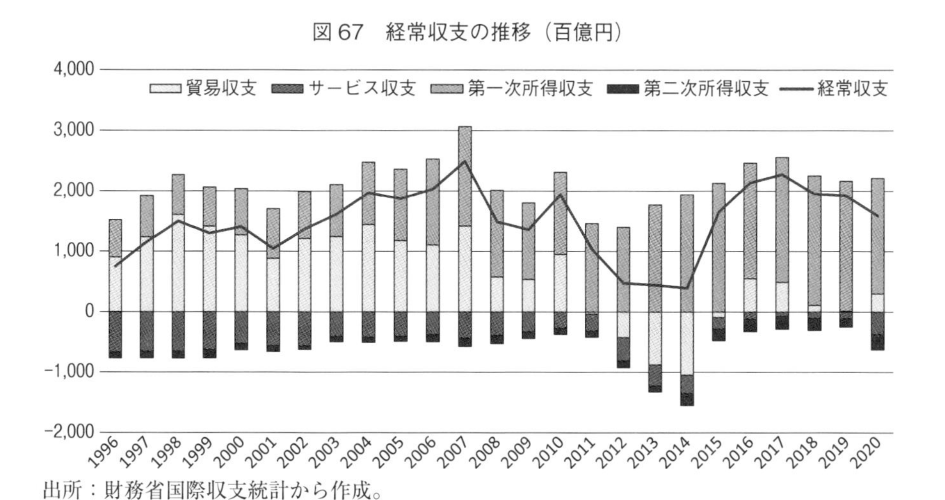

出所：財務省国際収支統計から作成。

68 GATT体制の成立

1948年に暫定発効したGATTが自由貿易を掲げ，世界の貿易拡大に貢献した。

多くの国が高関税，輸出入の制限，為替管理などの貿易障壁を設けたため，自由貿易体制が崩壊し，世界各国がブロック経済体制に組み込まれたことに第二次世界大戦の原因があると言われ，戦争が終結した後，保護主義と経済のブロック化の反省から，世界各国は努力して自由貿易体制を形成・維持しようとしました。IMF（International Monetary Fund：国際通貨基金）とIBRD（International Bank for Reconstruction and Development：国際復興開発銀行，通称「世界銀行（World Bank)」）が1945年に設立され，同時に戦後の世界の経済体制を支える国際機関のひとつとして，当初は国際貿易機関（ITO：International Trade Organization）の設立が計画されました。しかしアメリカなどの批准が進まなかったため実現せず，1947年4月から10月に行われた関税の引き下げ交渉が先行して行われました。その第1回一般関税交渉の場で，互恵・平等・無差別を基本とした「**関税及び貿易に関する一般協定**」（GATT：General Agreement on Tariffs and Trade）が締結され，1948年1月に暫定的に発効し，その暫定的ともいうべきGATT体制が40年近く継続してきました。

GATTの加盟国は当初23カ国でしたが，以後，多角的交渉が積み重ねられ，ウルグアイ・ラウンド終結時には123の国と一つの地域（EU）が加盟するまでになりました。日本は1955年9月に加盟しました。

GATTの実体は名称から見るとおり，「協定（Agreement)」という多国間の約束であるとともに，本部をジュネーブにおいている「組織」でもあるという二つの性格を持っていました。多角的な貿易の拡大のため，この協定を結んでいる当該国すべての国に対して同率の関税率を適用し，差をつけないという**最恵国待遇**（MFN：Most Favored Nation Treatment）・内国民待遇（National Treatment）の原則と互恵性を基本的な原則とし，数量制限の原則的禁止と関税の段階的引き下げなど一定のルールに基づいて公正な貿易が行われるよう規制している「協定」であると同時に，貿易上の紛争が起きた場合には，一方的な制裁でなく，一定の手続きにしたがって処理することが「組織」として課せられていました。

その後，GATT は「自由・無差別・多角・互恵」を原則に，ラウンドと呼ばれる**多角的貿易交渉**（Multilateral Trade Negotiations）を積み重ね，世界貿易の拡大に貢献してきました。当初の多角的貿易交渉は関税引き下げを中心として行われ，それはモノの貿易の自由化を対象としたものでしたが，ウルグアイ・ラウンドではサービスや投資，知的所有権などモノ以外の分野にまで対象が広げられ交渉が行われるようになりました。

一方，貿易の拡大に伴って，貿易摩擦が多発するようになり，その処理に GATT のルールに違反したものや GATT の規定の適用を受けない 2 国間の貿易の取り決めによるものが出てくるなどして，GATT のルールの形骸化が進みました。

最恵国待遇の例外措置である特恵関税に関する協定や関税同盟・地域貿易協定，輸出補助金，輸入数量制限などが存在し，輸出自主規制や輸入自主拡大などの GATT の規定外の措置が次々と表れたほか，アンチ・ダンピング税から GATT 第 19 条が認めている一時的輸入数量制限であるセーフガード措置を発動する状況も頻発しました。一方的な制裁措置をちらつかせる行動も現れ，貿易紛争解決に GATT が機能しなくなってきたという経緯もあって，より強力な機能を持つ国際機関である WTO の設立が期待されました。

69 多角的貿易交渉

GATT から WTO へ引き継ぎ，モノやサービスの貿易自由化やさまざまなルールの強化・拡充を進めている。

1947 年に第 1 回の交渉が開始され，その後第 8 回のウルグアイ・ラウンドまで GATT 体制のもとで**多角的貿易交渉**が行われてきました（表 69）。

ケネディ・ラウンド（1964 ～ 67 年）には，62 の国と地域の参加があり，それまで 5 回にわたって行われてきた国別品目別交渉は成果が表れなくなったことから，アメリカのケネディ大統領が多数の品目を一律に引き下げることを提唱し，5 年間の交渉で平均 37%の関税引き下げが実現しました。

東京ラウンド（1973 ～ 79 年）は 1973 年の GATT 東京総会で提唱，再度の一括引き下げ交渉を始めたものです。これには 102 の国と地域が参加し，鉱工業有税品目の 86%を対象に平均 38%の引き下げが実現し，また関税の引き下げ交渉のほか，非関税障壁（non-tariff barriers）の除去などモノの取引の自由化を一層進め貿易を拡大することが議論されました。

1986 年南米のウルグアイのプンタ・デル・エステで始まった 8 回目の交渉には，123 の国と地域の参加があり 1994 年 9 月に終了しました。関税交渉では約 305,000 品目で平均 33%の関税引き下げを実現し平均関税率が 4%になったほか，非関税障壁の協定も改善されました。

ウルグアイ・ラウンドでは GATT という「協定」では限界があるということから，国際機関として**世界貿易機関**（WTO）の設立と体系的な紛争解決手続きを導入することで自由貿易の体制を強化することにしました。国内の産業を保護するためアンチダンピング，補助金，セーフガード措置などの貿易措置の運用・手続きを明確にし，貨物・旅客運送，金融・保険，建設といったサービスの国際的な取引及び知的所有権などの新しい分野の貿易についての国際的なルールを制定し，知的所有権については WTO が統一的な管轄機関とし，貿易措置に関してWTO事務局への通報・登録などをすることにより透明度を高めることなどがマラケシュ宣言として出され，GATTからWTOへの移行が始まることになりました。

また，初めて農産物の貿易が交渉議題として取り上げられました。農産物交渉については，アメリカとECの立場の違いから長期にわたって交渉が続けられ，農業分野の貿易ルールについては1993年12月に，国内農業保護の手段を関税だけに限定し，関税を含めすべての国内農業保護の程度を漸次削減するということで決着しました。農業補助金についても財政支出額で36%，補助金つき輸出数量で21%，6年間で削減することになりました。日本にとっても，このウルグアイ・ラウンドの合意内容はコメの輸入に道を開く画期的なものとなりました。

2001年11月にはカタール・ドーハで開催されたWTO閣僚会議でドーハ・ラウンド（正式名称：ドーハ開発アジェンダ）が立ち上がり，149カ国の参加により交渉を続けましたが，現在も合意に至っていません。

表69　多角的貿易交渉

交渉年	ラウンド名	参加国・地域数	関税引下げ品目数	市場アクセス分野	ルール分野
1947年	第1回交渉	23	約45,000	鉱工業品・関税	
1949年	第2回交渉	13	約5,000	鉱工業品・関税	
1951年	第3回交渉	38	約8,700	鉱工業品・関税	
1956年	第4回交渉	26	約3,000	鉱工業品・関税	
1960～61年	ディロン・ラウンド	26	約4,000	鉱工業品・関税	
1964～67年	ケネディ・ラウンド	62	約30,300	鉱工業品・関税	AD等
1973～79年	東京ラウンド	102	約33,000	鉱工業品・関税	AD・TBT・政府調達，補助金など
1986～94年	ウルグアイ・ラウンド	123	約305,000	鉱工業品・関税 サービス・農業	AD・TBT・政府調達，補助金など 繊維協定・PSI・原産地・TRIPS・SPS・DSU・TRIMs
2001年～	ドーハ開発アジェンダ	164		鉱工業品・関税 サービス・農業・エネルギー・流通・電子商取引	AD・補助金・地域貿易協定・TRIPS 投資・競争・貿易円滑化・政府調達の透明性・電子商取引・環境

（注）AD：アンチダンピング，TBT：貿易の技術的障害，PSI：船積み前検査，TRIPS：知的所有権の貿易関連の側面，SPS：衛生植物検疫措置，DSU：紛争解決に係る規則及び手続きに関する了解，TRIMs：貿易に関連する投資措置，

出所：「2021年版　不公正貿易報告書」161頁から作成。

70 WTO（World Trade Organization）

WTO へ加盟する国が増加するとともに，先進国と途上国の対立が鮮明になってきた。

1986 年 9 月に開始されたウルグアイ・ラウンドは 7 年半の交渉の末，1994 年 WTO 協定が締結され，1995 年 1 月 1 日，76 の国と地域の参加で WTO が発足しました。

WTO は目的に「生活水準の向上，完全雇用の確保，高水準の実質所得および有効需要の着実な増加，資源の完全利用，物品およびサービスの生産および貿易の拡大」を掲げ，この目的に沿うよう「関税その他の貿易障害を実質的に軽減し，及び国際貿易関係における差別待遇を廃止する」ことにしています。

その具体化として最恵国待遇原則，内国民待遇原則，数量制限の一般的廃止の原則，合法的な国内産業保護手段としての関税に係る原則の 4 項目の基本原則が定められています。

GATT と WTO の相違点は，前者が国際協定にとどまったものですが，後者は WTO 協定やその他の多角的貿易協定の目的を達成するための装置となる国際機関として設立されたものです。「協定上の紛争解決，各国の貿易政策の審査等も含めた協定の運用・実施が行われるとともに，新たな貿易自由化やルールの強化・拡充を目指した多角的貿易交渉が実施され」ます。そして，分野ごとの常設の理事会と一般理事会，少なくとも 2 年に 1 回以上開催される閣僚会議（これまで開催された閣僚会議は巻末資料 3 に掲載）によって運営されることになっています（コロナ感染症拡大で 2020 年開催は延期，延期された 2021 年開催もさらに延期されました）。

第 4 回閣僚会議までに 142 の国と地域が加盟していましたが，その後開催された閣僚会議により新たな加盟が次々と承認され，2016 年 7 月にリベリアとアフガニスタンが加盟し，現在では164の国と地域が加盟しています。さらにブータン，イラク，イランなど23カ国が加盟申請しています。このように多くの国が加盟し，また加盟しようとしている背景には，WTO協定に基づく紛争解決が機能していることがあげられます。

GATT時代の紛争案件は年間10件程度だったものが，WTO発足後はWTO協定に基づき迅速かつ公平に解決されるようになったため，紛争案件はWTO発足から2021年2月までで600件を数えます。途上国対先進国という協議要請だけでなく，また途上国同士の紛争も増加しています。WTO発足後に日本が申し立てた紛争案件はアメリカの鉄鋼製品やEUのIT製品，中国のレアアースなど26件，日本が申し立てられた案件はアメリカによるリンゴ輸入，韓国によるのりの輸入に対してなど14件になっています。

紛争解決の方法は，GATTでは紛争解決は二国間協議を重視していました。WTOにおいては紛争が生じWTOに提訴すると，まず当事者国間で協議が行われることになりますが，一定期間内に解決しない場合あるいは協議に応じなかった場合には，提訴した国は紛争案件に基づきWTO紛争解決機関に小委員会（パネル）の設置を要求し，その場で，当該紛争について主に法的観点から検討されることになります。パネル申立国，被申立国双方の意見書，口頭陳述，質疑応答などの審理ののち，中間報告書，最終報告書が出され，その結論部分にパネルの判断と措置の是正に関する勧告が記述されます。

パネル報告書に異議がある場合，上級委員会へ審理を要請する申立てができます。このような紛争解決手続きに二審制が導入され，上級委員会が設置されている点はGATTと異なるところです。上級委員会では，パネルの報告書の法的な問題，法的解釈を検討し結論を出しますが，そこでもパネルと同様ネガティブ・コンセンサス方式をとっています。パネルの報告内容について違反国がそれを履行しない場合には，対抗措置が承認され実施することができます。

（以上，「　」は『2021年版 不公正貿易報告書』から引用）

71 EPA（経済連携協定）／FTA（自由貿易協定）(1)

WTOの多角的交渉が長期化・難航する一方で，二国間あるいは一定の地域の国の間でEPA／FTAが拡大している。

WTOは国際機関としてモノだけでなくサービスや知的所有権など貿易に関するルールを定め，貿易取引をスムーズに行い，世界経済の発展を図ることを目的としています。しかしWTOの閣僚会議で合意ができないまま終了するなど，多国間での自由貿易推進の難しさが明らかになりました。

そのため，特定の国や地域の間の貿易について自由化する協定を締結することが増加してきました。近年はモノの貿易だけに限らず，サービスの自由化やヒトの移動，直接投資，制度やルールの共通化などさまざまな分野について協定が結ばれるようになっています。このような協定を**地域貿易協定**（RTA：Regional Trade Agreement）といいます。その中には貿易に限定した**自由貿易協定**（FTA：Free Trade Agreement），その他の分野の規定を含む**経済連携協定**（EPA：Economic Partnership Agreement）があります。さらに**関税同盟**（CU：Customs Union）や通貨統合，地域統合へ進めた協定もあります。

地域経済統合，広域経済連携の代表的なものを表71に掲載しています。

WTOはRTAをFTAとCUに大きく区分しています。FTAはその域内において関税や輸入制限を廃止し自由貿易を行いますが，地域外の国に対しては参加国が独自に関税を決め，独自の貿易政策を採用できることになっています。現在締結されているRTAの多くがFTA（モノ以外の条項も含んでいるためEPA）となっています。

CUは域内の貿易に関して自由化すると同時に，地域外の国からの輸入に対して共通の関税を課すなど統一した貿易政策を採用することになります。メルコスール，EUが代表的なものです。

世界全体ではEPA／FTAなどの地域貿易協定は増加を続けています。

WTOに通報された発効済み**地域貿易協定**は2017年2月時点で432件でしたが，2018年453，2019年467，2020年483と毎年増加を続け，2021年1月には541件を数えるまでになっています。

二国間だけでなく，地域経済統合，広域経済連携という制度やルール，手続きを共通化し，モノの流通やヒト移動を自由化し，通貨の統合など地域の経済圏全体を一つの巨大市場とするEPA／FTAもあります。経済取引のグローバル化が進み，近隣国に限らず離れた距離にある国や地域間でEPA／FTAが結ばれるようになっています。例としては韓国EU・FTA，EUメキシコ・FTAなどです。日本ではメキシコ，チリ，ペルーの中南米の国，EU，イギリス，スイスなどヨーロッパの国とEPAを締結しています。

図71　TPP11，RCEP，ASEANの参加国

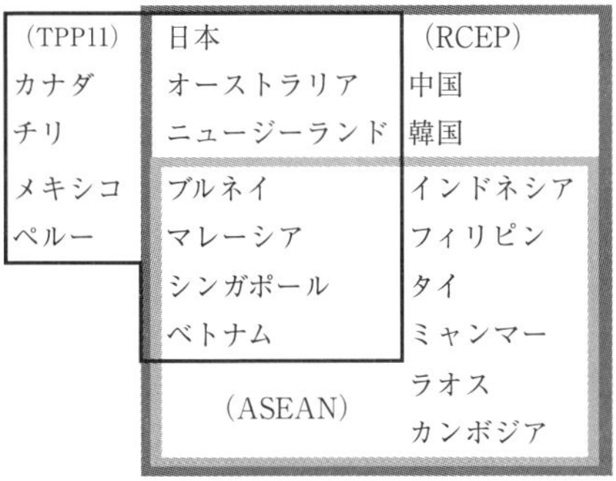

(TPP11)
カナダ
チリ
メキシコ
ペルー

日本
オーストラリア
ニュージーランド

(RCEP)
中国
韓国

ブルネイ
マレーシア
シンガポール
ベトナム

インドネシア
フィリピン
タイ
ミャンマー
ラオス
カンボジア

(ASEAN)

表71　主な地域統合・広域経済連携

名称	参加国	発効年	種類
NAFTA → USMCA	米国・カナダ・メキシコ	1994年／2020年	自由貿易協定
MERCOSUR 南米南部共同市場	アルゼンチン，ブラジル，パラグアイ，ウルグアイ	1995年	関税同盟
CAN アンデス共同体	コロンビア，ペルー，ボリビア，エクアドル (準加盟国：メルコスール諸国，チリ)	1996年	関税同盟
太平洋同盟	メキシコ，コロンビア，ペルー，チリ	2015年	自由貿易協定
SAFTA 南アジア自由貿易圏	インド，パキスタン，バングラデシュ，スリランカ，ネパール，ブータン，モルディブ	2006年	自由貿易協定
ASEAN経済共同体		1993年	自由貿易協定
RCEP 地域的な包括的経済連携	(図71)	2022年	経済連携協定
TPP/TPP11		2018年	経済連携協定
EU（欧州連合）		1993年	経済同盟

出所：筆者作成。TPPは75節，EUは96節，97節。

72 EPA（経済連携協定）／FTA（自由貿易協定）（2）

日本はEPA／FTAを積極的に進めた結果，現在ではEPA／FTAの締結国及び地域の貿易額が貿易全体の8割を超えた。

日本はWTOを中心とした多角的貿易交渉体制を中心にルール作りを推進し，かつては特定の国とのFTAに消極的でしたが，1990年代後半から積極的に推進するようになり，交渉の開始，署名，発効は2000年代になって具体化していきました。FTAはモノの貿易を中心とした協定でしたが，現在ではそれに，サービスや投資，人の移動，知的財産の保護など相互の経済取引の円滑化や協力の促進などEPAという幅広い経済関係の強化を含むものになっています。日本は2021年1月時点で発効済・署名済は21，交渉中は3となっています（巻末資料4－1）。

EPA／FTAの締結が始まった2000年代は，その締結国との貿易が日本の貿易総額に占める割合は大きなものでなく，2013年に19%，2015年に23%と韓国，中国，アメリカなどに比べて見劣りがするものでした。しかしその後のTPP11（2018年発効），EU（2019年発効），アメリカ（2020年発効）そして2020年11月に署名したRCEPで，その割合は80%を上回るまでになりました（巻末資料4－2・4－3）。

EPAにはヒトの移動に関する項目が定められています。従来は企業内転勤として経営者，管理者，高度技術者や弁護士，税理士などの自由職業サービスの従事者，専門的な業務を行う者の規定がありました。その後，フィリピン，インドネシア，ベトナムとの間では，看護や介護に従事する者の規定が加えられ，日本に入国後に研修，資格取得，就労などができるように，外国からの受け入れ制度が整備されてきました。

以下，近年進められたEPA／FTAを取り上げます。

（1）日 EUEPA（2019 年 2 月発効）

世界の GDP の約 1/4，貿易の約 1/3 を占める経済圏を相手に貿易の自由化が進められ，日本産の工業製品，農林水産品，酒類の関税がほぼ即時撤廃されます。なお，乗用車は 8 年目に撤廃されることになります。

（2）日米貿易協定・日米デジタル貿易協定（2020 年 1 月発効）

アメリカが 2017 年 1 月に TPP を離脱したことから，日本とアメリカの間でモノの貿易とデジタル貿易に関して締結しました。前者では関税撤廃率が日本側 84%，アメリカ側 92% になるとしています。とくに日本側の農産物の関税撤廃率はかなり低い約 37% で合意しています。

（3）日英 EPA（2021 年 1 月発効）

イギリスの EU 離脱後に，日 EUEPA で実現した内容をイギリスとの間で維持，改善のために締結しました。イギリス側で全品目の約 99%，日本側は約 94% の品目の関税が撤廃されることになっています。

（4）地域的な包括的経済連携（RCEP：Regional Comprehensive Economic Partnership）

ASEAN が主体となり，日本など 5 カ国が加わった人口約 23 億人，GDP 約 26 兆ドルという世界の 3 割を占める巨大な経済圏が形成されます（2022 年 1 月）。関税削減だけでなく，電子商取引，知的財産，ヒトの移動などのルールを含む EPA です。

73 FTAの経済効果（1）

FTA締結相手国との自由貿易により，貿易量は増大するが，関税収入は失われる。

以下では，簡単な部分均衡分析を用いて，FTAの経済効果を理論的に分析してみることにしましょう。

A国は小麦を輸入していますが，A国に小麦を輸出しようとする国はB国とC国の2国があるとします。B国とC国の小麦の1単位の価格はそれぞれ，P(B) およびP(C) で，C国の方が安く輸出できる，すなわちP(C)＜P(B) であるとします。

FTAの締結前には，A国はどちらの国に対しても同じように小麦1単位に対してtだけの輸入関税を課していたとしましょう。その場合にはP(C)＋t＜P(B)＋tのため，A国は安価なC国から小麦を輸入することになります。

ここでA国とB国とがFTAを締結したらどうなるでしょうか。両国間では自由貿易が導入されますので，A国はB国からの小麦の輸入に対しては関税tを撤廃します。一方で，FTAを結んでいないC国からの輸入には依然としてtの関税がかかり続けます。その結果，P(C)＋t＞P(B)になったとしましょう。FTAの結果B国の小麦がより安価となりましたので，A国は小麦の輸入元をC国からB国に転換するでしょう。

図73－1でFTA締結前のA国の社会的余剰を確認しましょう。FTA締結前の輸入元はC国で，輸入価格はP(C) ですが，25節で勉強したようにtだけ課せられた関税額は国内価格に転嫁されるので，小麦1単位の国内価格はP(C)＋tです。

このときの消費者余剰は領域a＋b＋c，生産者余剰はd，関税収入はeとなります。したがって社会的余剰はa＋b＋c＋d＋eとなります。

次に図73－2でFTA締結後のA国の社会的余剰を確認しましょう。FTA締結後の輸入元はB国で，輸入価格はP(B)です。

このときの消費者余剰は領域f＋g，生産者余剰はhとなります。したがって社会的余剰はf＋g＋hとなります。

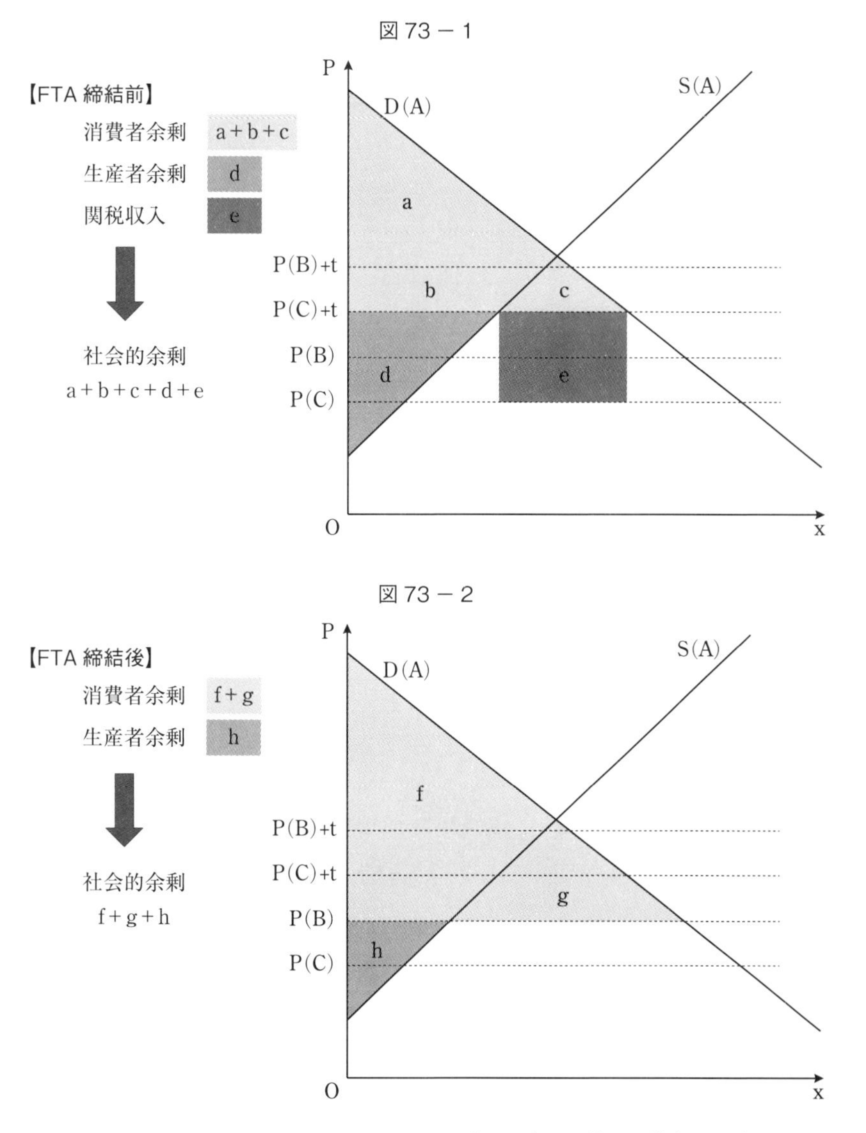

74 FTAの経済効果（2）

社会的余剰に関しては，価格低下と輸入量増の貿易創出効果がプラス，関税撤廃による貿易転換効果がマイナスである。

FTA締結前と締結後では，社会的余剰はどう変化しているでしょうか。図74で確認してみましょう。2つの図，73－1と73－2を比べてみると，FTA締結後には領域i＋jの分だけ社会的余剰が増えているのに対して，領域kの分だけ社会的余剰が減っています。

この（i＋j）に相当するプラスの領域は，貿易相手がC国からB国に変わり，自由貿易になって小麦の国内価格が下がったことで輸入量が増え，消費者余剰が増えたことが主な原因と考えられます。この価格低下と輸入量の増加によって得られる，社会的余剰へのプラスの効果を**貿易創出効果**と言います。一般的にFTAを結べば関税が撤廃されるため，必ず貿易創出効果が起こると考えられます。

ではkに相当するマイナスの領域は何でしょうか。貿易相手国がC国からB国に変わっただけでなく，これまで課していた関税が撤廃されたので，実は図73－1にあった領域eの関税収入がFTA締結後には無くなります。関税撤廃による社会的余剰のマイナス分の一部は，価格が下がったことによる消費者余剰の増加で相殺されますが，領域kに相当する分はマイナスのまま残ってしまいます。相殺できない分は，より安い価格で生産できていた国（C国）ではなく，高い価格で生産している国（B国）に輸入元が変わったことが原因です。この社会的余剰へのマイナスの効果を，**貿易転換効果**と言います。FTAを締結したからと言って必ず貿易転換効果が発生するというわけではありません。貿易相手が変わらない場合もあるからです。

では，（i＋j）のプラスの効果と，kのマイナスの効果は，どちらが大きいのでしょうか。これはどちらの場合もあり得ます。たとえばP(B) とP(C) の価格差，tの大きさ，A国の小麦の輸入量によって，(i + j) > kの図を描くこともできますし，(i + j) < kの図を描くこともできます。つまりFTA締結によって，必ず利益が出るというわけではなく，貿易転換効果が貿易創出効果を上回ってしまえば，かえって不利益になることもあるということになります。

図74

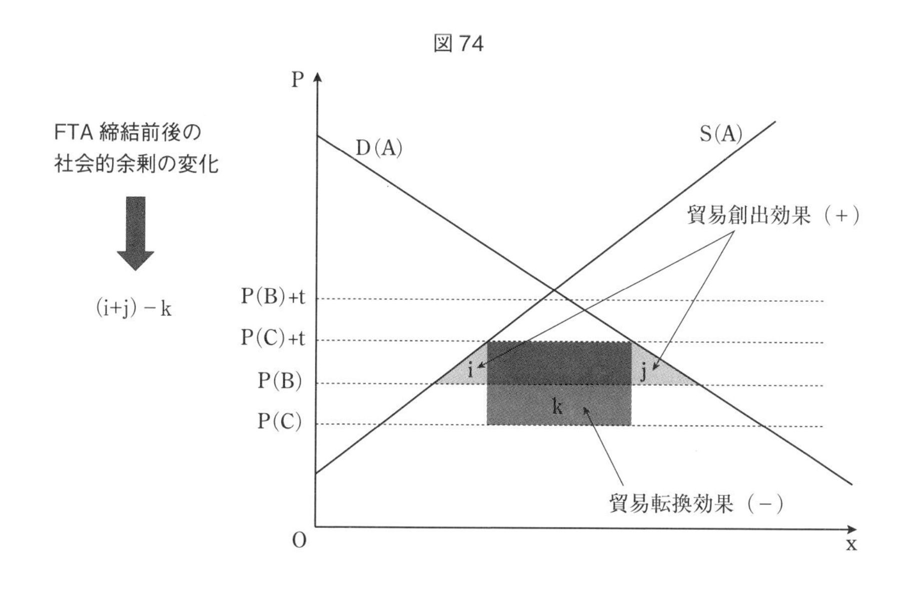

75 TPP（環太平洋パートナーシップ協定）／TPP11

モノの貿易だけでなく，サービスや投資の自由化，円滑化を進めるために，アメリカが離脱した後TPP11としてTPP協定が発効した。

TPP（Trans-Pacific Partnership Agreement：環太平洋パートナーシップ協定）は，2006年5月にシンガポール，チリ，ブルネイ，ニュージーランドが結んだP4協定というEPA（経済連携協定）が原型です。2010年3月にその4カ国にアメリカ，オーストラリア，ペルー，ベトナムが参加し8カ国で交渉が始まりました。その後，同年10月にマレーシア，2012年10月にはメキシコ，カナダが交渉に参加しました。日本は2013年7月に12番目の国として参加しました。

当初のP4はあまり注目されるものではありませんでしたが，アメリカが対アジア戦略として2008年に参加を表明してから注目されるようになりました。その背景には，アメリカは景気浮揚と国内での雇用確保の政策としてアジア諸国と連携しアジアの成長を利用し，アジア市場への輸出増加を狙い，オバマ大統領はパナマ，コロンビア，韓国との間の二国間のFTA交渉を終了させて以降は，TPPへの参加を積極的に進めました。

日本は太平洋を囲むこの枠組みに参加することは関税撤廃や削減による経済効果は非常に大きく，それまでのWTOを中心とした多国間主義という通商政策を変更し，2010年に参加を表明しました。

TPPはモノの貿易だけでなく，サービスや資本，知的財産さらに電子商取引，競争政策や国有企業などのWTOでは対象にない分野が含まれ，21分野にわたり，24の作業部会で交渉を進めました。そして最終的に15章506条（表75）に付属書がついた協定が2016年2月，参加国12カ国によって署名され発効を待つ状況でした。

ところが，2017年1月に就任したトランプ大統領が米国のTPP離脱を表明したことを受け，その後開催したTPP閣僚会合などで日本のリーダーシップにより11カ国による発効に向けた調整が行われ，2018年3月8日署名，12月30日，TPP11（CPTPP：Comprehensive and Progressive Agreement for Trans-Pacific Partnership：環太平洋パートナーシップに関する包括的及び先進的な協定）として，TPP協定を基礎として項目の一部を凍結した内容で発効することになりました。

TPP11は貿易だけでなく電子商取引などの国際経済ルールのモデルとしての重要性があるほか，また関税の撤廃やサービス，投資の自由化などとともに，日本にとってアジア太平洋地域が巨大な市場として価値が大きくなることが見込めます。

2021年になってTPPへの加盟申請が相次ぎ，2月1日にイギリス，中国が9月16日に，台湾が9月22日に加盟申請を行いました。加盟には全加盟国の承認が必要です。

表75　TPPの章立て

章	条文数	内容	章	条文数	内容
第1章	3	冒頭の規定及び一般的定義	第16章	9	競争政策
第2章	32	内国民待遇及び物品の市場アクセス	第17章	15	国有企業及び指定独占企業（*）
第3章	32	原産地規則及び原産地手続	第18章	83	知的財産（*）
第4章	9	繊維及び繊維製品	第19章	15	労働
第5章	12	税関当局及び貿易円滑化（*）	第20章	23	環境（*）
第6章	8	貿易上の救済	第21章	6	強力及び能力開発
第7章	18	衛生植物検疫措置	第22章	5	競争力及びビジネスの円滑化
第8章	13	貿易の技術的障害	第23章	8	開発
第9章	30	投資（*）	第24章	3	中小企業
第10章	13	国境を越えるサービスの貿易（*）	第25章	11	規制の整合性
第11章	22	金融サービス（*）	第26章	12	透明性及び制度に関する規定（*）
第12章	10	ビジネス関係者の一時的な入国	第27章	7	運用及び制度に関する規定
第13章	26	電気通信（*）	第28章	23	紛争解決
第14章	18	電子商取引	第29章	8	例外及び一般規定
第15章	24	政府調達（*）	第30章	8	最終規定

出所：外務省HP > TPP協定（和文）https://www.mofa.go.jp/mofaj/ila/et/page24_000581.html
（*）はTPP11において凍結された項目がある。

第10章 練習問題

以下の設問に答えなさい。

(1) 日本とアメリカの間では，過去，貿易摩擦問題が次々と起き，アメリカ政府や産業界からの日本バッシングが目立ちました。しかし現在は日米間の貿易摩擦は沈静化していますが，その理由を考えてみましょう。

(2) GATT から WTO へ移行したことによって紛争解決手続きが変化しました。どのように変わったか整理してみましょう。

(3) WTO の交渉において農業分野についてはアメリカと EU，日本の間で意見の対立が際立っています。どういう違いがありますか。

(4) WTO への加盟国が増加する一方で地域経済統合が世界中に増えています。地域経済統合が増えている理由をあげてください。

【解答】

(1) アメリカから出された要求に日本が応えてきました。輸入が増加することで失業が増えることになるという批判に対しては，製造工場をアメリカ現地につくり，労働者を雇用するようにしてきました。また，日本市場が開放されてないという批判についても日本国内の規制改革を進め，アメリカ企業が日本に進出しやすくするという環境整備を行ったことで日米間の貿易摩擦は沈静化しました。

　現在では中国からのアメリカに対する輸出の急増で，貿易摩擦問題が米中間にシフトしたこともひとつの理由といえるでしょう。

(2) 紛争が生じ WTO に提訴すると，まず当事者国間で協議が行われることになり，一定期間内に解決しない場合あるいは協議に応じなかった場合には，「小委員会（パネル）」を設置し検討されることになります。「小委員会（パネル）」は審理ののち，適当な勧告または認定を行います。解決しない場合には上級委員会の設置という二審制をとっています。勧告や認定に申し立てを行わない限りネガティブ・コンセンサス方式により自動的に決定されることになります。パネルの報告内容について違反国がそれを履行しない場合には，最終的には対抗措置（義務停止）の承認に進むことになりますが，加盟国が独自に相手国に制裁を加えることは禁じています。

(3) 農業生産は，自然環境の保全や食糧安全保障といった「多面的機能」があることから，日本や EU は農産物の貿易自由化には反対しています。しかし，アメリカは農産物の輸出国であり，全面的な貿易自由化を進めようとして，EU や日本の市場開放を求めています。農業保護のための補助金についても前者は削減には消極的であり，後者は削減を急速に進めようとしています。

(4) WTO は加盟国が増加して，加盟国間の利害の対立から貿易の自由化等についての交渉やその合意に時間がかかり進まない状況が続いています。これに対し二国間あるいは一定の地域の間で関税撤廃などの交渉を進めることができる地域経済統合は多角的貿易交渉に比べ，近隣各国という距離的な点から協定締結までの時間やその内容も柔軟に対応できることから多くの国が推進するようになりました。

第 11 章

現代の国際金融の諸問題

76

金本位制度（1）

金を決済手段とした固定相場制である金本位制は，グローバルな国際通貨制度の第１号として機能していた。

為替相場制度の種類にはおおまかに分けて３つあります。変動相場制（floating exchange rate system）と**固定相場制**（fixed exchange rate system），その両者間にある中間的な制度です。固定相場制とは，政府が為替レートを固定し，為替レート水準の調整をまったく考えない制度です。**金本位制度**（gold standard system）はその固定相場制の典型であり長らく主要国間で採用されていました。金本位制度のもとでは，その名の通り「金」が重要な役割を果たします。通貨価値は金によって保証され，中央銀行はいつでも通貨と金の交換に応じます。そのために，政府の金の保有量と国内の通貨供給量は連動します。そして，外国から自由に金を輸入し，あるいは外国へ自由に金を輸出することが認められていました。実際には金と外国為替ともに対外決済手段として利用され，均衡ではどの支払手段を用いても同じコストとなります。なお，金そのものが貨幣として流通する場合を特に**金貨本位制**（gold coin standard）と呼びます。狭義の金本位制はこの金貨本位制を指します。実際には持ち運びに不便等の理由で金貨を流通させずに，金地金と兌換（両替）可能な紙幣やその補助硬貨を流通させる場合は**金地金本位制**（gold bullion standard）です。一般にはこの金地金本位制と金貨本位制を含めて金本位制とします。また，国内では金兌換を実施せず，金本位制を行っている他国の通貨と自国通貨を固定レートで交換性を保証する制度が**金為替本位制**（gold exchange standard）です。間接的に金との兌換が行われていると考えるからです。

具体的には，金本位制度は自国の通貨価値を金に対して一定比率（これを「**金平価**（gold parity）」と呼びます）で定めるものです。したがって，各国の通貨間の為替レートはこの金平価によって決まり固定されます。たとえば，日本では金1g＝1円，米国では金3g＝1ドルとすれば，為替レートは1ドル＝3円に固定されます。この時もし外国為替市場でこの水準より円高，たとえば1ドル＝2円になっていれば，米国へ1,000ドルの支払いが必要のある人は3,000円で金3kgを買って米国へ送る代わりに，ドルを市場で調達（ドル買い）すれば2,000円ですみます。逆に1,000ドル支払いを受ける場合には金で3kgもらえば3,000円になるので，ドルで受け取ろうとは思いません（ドルで受け取れば2,000円にしかなりません）。こうして金の国際移動が起こり，外国為替市場ではドル買いが集中します。その結果，円安（＝ドル高）に戻り1ドル＝3円になるまで調整が続く，つまり為替レートをもとの水準に戻す力となるわけです。

この制度の下では，国際収支の黒字・赤字は金で決済されますので，金の流入と流出が起こります。そしてこの金の移動が物価を変化させて輸出入が調整されるというメカニズムが働くと考えられていました（物価・正貨移動メカニズム（price-specie-flow mechanism）と呼ばれています）。たとえば，日本の輸入が増えて外貨の需要が増えれば金の流出が起こります。金を買うために円を日本銀行に払い込む結果，日本の通貨は収縮します。すると物価が下落して所得が減少するため輸入が減少する方向に向かうわけです。一方，輸出側，たとえば米国としますと，受け取った金をドルに替えることによって通貨が拡張し物価上昇・所得増加につながります。結果として輸出減少，輸入増加となります。

国際収支の均衡が不均衡である限り，この調整は続いて均衡が実現すると期待されていました。事実，第一次世界大戦の頃まではこの自動調整メカニズムが有効に機能したために，主要国間の為替レートも安定した状態にあったといわれています。グローバルな国際通貨制度として機能していたといえます。しかし，2度の大戦をはさみ期待されていた自動調整メカニズムが次第に機能しなくなり，各国は変動相場制度へと舵を切っていくことになったのです。

77 金本位制度 (2)

第1次，第2次世界大戦をはさみ，金本位制度は崩壊，主要国は固定相場制から変動相場制へと舵を切った。

金本位制度は，19世紀半ばに英国が金準備を基礎とする通貨発行制度を採用し，法律上も金本位制採用国となり金本位制度が確立しました。当時はロンドンが国際金融センターの中心として機能しており，19世紀後半にはフランス，ドイツ，オランダなどの主要各国が金本制度へ移行しました。日本が金本位制に移行したのは，1897年に日清戦争で巨額の賠償金をポンド貨で得たことがきっかけでした（日本は1871年に金本位制を目指しましたが，当時は貿易が銀貨で行われており，実質的には金銀複本位制（gold and silver bimetallism）でした。結局，当時は金の流出が激しかったため金本位制は有名無実に終わっていました）。

第76節でみたように国際収支の均衡が自動的に保たれるはずの金本位制でしたが，現実には欠点がありました。まず，金の供給量が世界で流通する資金量を決めてしまうことです。また，金融政策によるマクロ経済の運営が困難になることです。実際，金本位制に期待された自動調整メカニズムは次第に機能しなくなりました。下方に調整されるはずの物価が下方硬直的になると，金流出によって通貨が収縮しようとしても，物価の調整ではなく雇用の調整が行われるようになりました。結果として失業が生じ，失業増大を防ぐために貨幣供給のコントロールに迫られることになったのです。

また，たとえば英国は国際収支不均衡による金の流出を放置することはなく，国際収支赤字・金流出時には中央銀行は公定歩合を引き上げて金流出を抑制するような政策をとっていました。

第1次世界大戦が開始されると同時に，各国は金輸出を禁止し，金本位制度は一時的に停止することとなりました。大戦後に主要国は金本位制に戻り，米国は1919年に復帰，以後英国は1925年に，フランスは1928年に復帰しました。

日本は1930年に旧平価で金本位制に復帰しました。旧平価での復帰は実質的には円の切り上げを意味したため深刻なデフレが懸念され，実際に不況に陥ります。時はおりしも世界恐慌の嵐が吹き，国際貿易も縮小していく一方でした。こうした時に一時的にせよ不況を抜け出すために各国がとった政策は，関税による輸入制限と自国通貨の切り下げ，そして金本位制からの離脱でした。

主要国は高い関税障壁を設けて輸入財と競合する国内産業を保護する策に打って出ました。さらに，自国通貨を切り下げれば自国の製品は海外の製品に比べて相対的に安くなります。輸出がしやすくなることで，景気回復を図るわけです。英国は1931年に金本位制から離脱して大幅なポンド切り下げを行い，同年に日本も円ドルレートを切り下げて金本位制を離脱しました。米国も1934年にドル切り下げを行いました。

不況回復を狙った通貨切り下げは，他国にとっては自国の通貨切り上げとなります。通貨を切り下げた当事国は輸出拡大を見込めますが，相手国にとっては輸出が減ることになります。こうした政策を**近隣窮乏化政策**（beggar-my-neighbor policy）と呼びます。通貨切り下げ競争と関税引き上げは大恐慌をより悪化させ，国際金融システムを混乱に陥れました。金本位制度はこうして崩壊していったのです。

この大戦間の経済混乱を経験した国際社会は，その反省から戦後に**ブレトンウッズ体制**（Bretton Woods System）を成立させました。為替秩序を安定させ，世界経済の健全な発展を担うために話し合いを通じて出来上がった，いわば戦後の国際通貨体制であるブレトンウッズ体制について，次節で詳しくみていきます。

78 ブレトンウッズ体制

金本位制の崩壊と通貨混乱という戦前の失敗を経て成立したブレトンウッズ体制では，ドルが基軸通貨だった。

ブレトンウッズ体制は，1944年7月，米国のニューハンプシャー州ブレトンウッズに連合国44カ国の代表が集まり戦後の経済体制ルールを話し合ったことから命名されたものです。新国際経済体制秩序をどのようなものにするかについての提案は，英国側の経済学者ケインズと米国側の財務省長官補佐ホワイトによって提出され議論は白熱しました。ケインズ案が採用されれば，戦争で疲弊した欧州諸国に対し，恒常的に貸し出しする立場になると懸念した米国はホワイト案を主張，結果ホワイト案に近い形で協定が成立しました。

ブレトンウッズ体制は**国際通貨基金**（IMF：International Monetary Fund）を中心としたシステムです。①為替の安定を促進しレートの切り下げ競争を防止する，②加盟国間の経常取引に関する多角的支払い制度を樹立し，外国為替制限を廃止する，③加盟国の国際収支不均衡を是正するために短期的な資金を融資する，など広範囲にわたるものでした。こうしたルールに沿って加盟国を監視し支援する役割を果たす機関がIMFです。

また，ブレトンウッズ体制のもとでの各国間為替レートは固定相場制でした。金本位制も固定相場制でしたが，最も異なるのは米国の通貨ドルが基軸通貨の役割を果たした点です。米国は金1オンス＝35ドルを維持する義務を負い，その他の国はドルに対して平価（交換レート）を定めることが義務づけられました。たとえば日本の通貨，円は1ドル＝360円という比率でした。ただし，基礎的不均衡（国内経済を犠牲にする，あるいは貿易や支払い制限を必要とする状態）が生じた場合には，あらかじめ定められたルールに従って為替レートの変更が認められました。ですから，厳密には固定相場制ではなくアジャスタブル・ペッグ制（adjustable peg system＝調整可能な釘付け制度）と呼ばれています。こうして米国がマクロ経済の安定を維持する責任を負いながら，為替秩序の安定が図られたのです。日本は1952年にIMFに加盟しました。

米国の強大な経済力に支えられて欧州諸国も経済復興を果たし，世界経済に繁栄をもたらしたIMF体制でしたが，1971年に再度大きな転機を迎えます。ニクソンショック（Nixon shock）です。貿易の拡大に伴って世界の流動性である金とドルは十分に供給される必要があるわけですが，金の生産量には限界があります。現実には，民間投資の拡大や軍事援助など米国の国際収支赤字によってドルが世界に供給されていたわけですから，金との交換が果たして将来にわたって保証されうるのか，という問題が起こります。1960年代後半にはドル売り・金買いの投機が発生するに至り，1971年8月，ついにニクソン米国大統領によって一方的に金とドルの交換停止が発表されました。これがニクソンショックです。さらに，輸入課徴金の賦課，対外援助の削減も発表されブレトンウッズ体制（または旧IMF体制）は事実上崩壊したのです。

ニクソンショックによって主要国は過渡的な措置として変動相場制に移行しました。そして同年の12月，主要国通貨のドルに対する切り上げが合意されました。ワシントンのスミソニアン博物館で会議が行われたことから，この新しい通貨体制をスミソニアン体制（Smithsonian monetary system）と呼びます。円は16.88％切り上げられ，1ドル＝308円に固定されました。しかし，こうして固定相場制に復帰したものの主要国間の国際収支不均衡は一向に解消せず，1973年にはドル売り投機をきっかけに主要国は対ドル固定化を中止し，変動相場制へと移行したのです。アジャスタブル・ペッグ制は事実上停止し，スミソニアン体制は2年で終わりを告げました。さらに，同年末に起こった石油危機の混乱が世界経済に大きな動揺を与えたこともあり，主要国が固定相場制へ復帰する可能性はなくなったのです。

79 現在の世界各国の為替制度

各国はさまざまな為替制度を採用している。固定相場制，変動相場制，その間にある中間的な制度を採用する国も多い。

まず固定相場制とは，政府が為替レートを固定し，それを維持するために介入や規制を行うものです。完全な固定相場制としては，たとえば欧州諸国がユーロを共通通貨として採用している**通貨同盟**（monetary union）があります。加盟国間で共通の法定通貨を流通させますから，相互の為替レートの変更はなく制度上完全に固定となります。次に**ドル化**（dollarization）があります。自国通貨ではなくドルを法定通貨として採用する制度です。中米諸国に多く，エクアドルやパナマが採用しています。香港は**カレンシーボード制**（currency board arrangement）を採用していますが，この制度も固定相場制です。通貨発券主体（＝カレンシーボード）が外貨準備に裏付けられた通貨発券を行い，固定相場で内外の通貨交換を保証する制度です。香港では，中央銀行が保有するドル資産とリンクさせる形で香港ドルの流通量を管理しています。現在は変動相場制のアルゼンチンも1991年から10年にわたりカレンシーボード制を採用し，それまでの高インフレを防止し自国通貨への信任を取り戻すことに成功しました。

一方，固定相場制の対極に位置する制度が**変動相場制**です。為替レートが為替市場の需要と供給によって決まり，通貨当局の市場への介入は一切行われません。この制度を**独立フロート制**（またはクリーンフロート制：clean floating system）と呼びます。日本や米国はこの制度を採用していますが，為替レートの急激な変動を防ぐための介入は行っているのが現状です。固定相場制の維持を目的としない理由に基づいて，たとえば相場の乱高下の際など為替レートを誘導するために外国為替市場へ裁量的な介入を行うのが**管理フロート制**（managed floating system）です。タイ，シンガポールなどが採用しています。

実際には，こうした固定相場制と変動相場制の中間に位置する為替制度を採用している国の方が多いのが現実です。第78節でみたように，ブレトンウッズ体制とスミソニアン体制のもとで採用されたアジャスタブル・ペッグ制，すなわち主要国通貨に対して自国通貨を固定させる制度もこの中間に位置する制度です。単一通貨，たとえばドルに固定する場合は**ドル・ペッグ制**（dollar-pegged currency system），一方複数の通貨の組み合わせ（バスケット）に対して自国通貨を固定する場合には特に**バスケット・ペッグ制**（basket-pegged currency system）と呼ぶ場合もあります。組み入れた各通貨の変動が相殺されるため，ドルなど単一通貨にのみ連動させるよりも為替レートを安定させることができます。その他中間的な制度には，予想インフレ率など目標とする変化をもとに定期的に為替レートの変動幅が調整される**クローリング・ペッグ制**（crawling peg system）があります。また，**為替バンド制**（currency band）は，事前に公表した為替レートを中心として周囲の許容変動幅内に自国通貨を維持する制度です。為替レートがバンド内で安定することが期待でき，固定相場制に比べ金融政策の自由度が向上するメリットがあります。チリやベネズエラなど南米の国々で変動相場制へ移行する以前に導入されていました。

表79　さまざまな為替制度

分　類	為替相場制度	採用国・地域　例
固定相場制	通貨同盟	ユーロ参加19カ国
	ドル化	エクアドル，パナマ
	カレンシーボード制	香港（対ドル），ブルネイ（対シンガポールドル）
中間的な制度	アジャスタブル・ペッグ制 （単一通貨にペッグ）	バハマ（対ドル） ERM II参加国*（対ユーロ）
	バスケット・ペッグ制	イスラエル
	クローリング・ペッグ制	ニカラグア，ホンデュラス
	為替バンド制	1990年代後半のブラジル，チリ，2002年まではベネズエラも採用
変動相場制	独立フロート制（クリーンフロート）	日本，米国，韓国，カナダ
	管理フロート制	中国，シンガポール，タイ，マレーシア

（注）*ERM II（Exchange Rate Mechanism）：ユーロ非参加国（EU加盟国）が，自国の通貨とユーロ間の為替レートを一定の変動幅で連動させるシステム。現在はデンマークのみ採用（2022年）。
出所：IMF（Annual Report on Exchange Arrangements and Exchange Restrictions 2020, 2021），日本貿易振興機構（ジェトロ）国・地域別サービスより作成。

80 アジア通貨危機

1990年代の東アジアには大量の海外資本が流れ込み，バブルの様相を呈していたが，脆弱な為替制度や金融制度により，タイ発の通貨危機が発生した。

1980年代，タイやインドネシアなどの東アジア各国は目覚ましい経済発展を遂げ，「東アジアの奇跡（The East Asian Miracle）」とも呼ばれていました。しかし，1990年代に，タイから始まった通貨危機（currency crisis）は，発展途上国が抱える為替相場制度や金融制度の脆弱性を浮き彫りにしました。

1990年代の東アジア諸国では先進諸国の生産拠点として経済成長が続いていたため，豊富な投資機会が存在し，世界中からマネーが流れ込みました。政府も積極的に規制緩和や優遇措置を行って外資を流入させました。さらに，そうした資金が実体経済に向かわず，少なからぬ部分が不動産投資や証券投資に向かったことで株や土地など資産価格が上昇し，バブル経済の様相を引き起こしていました。当時，タイはドル・ペッグ制（dollar peg）を採用しており，バーツは安定的な対ドル相場を維持していました。プラザ合意（Plaza Accord）以降続いていた円高・ドル安は，すなわち円高・アジア通貨安を意味し，輸出や投資に有利な環境が整っていたわけです。信任の厚いドルにリンクされる期待感からも，海外の投資家から大量の資金が流れ込んでいました。外資が流入すると自国通貨が増価する圧力にさらされますが，ドル・ペッグ制を採用しているために中央銀行はバーツ買い・ドル売り介入をします。その結果，マネーサプライが増大して金融緩和が続くことになります。

そのようななかで，1995年以降はドル高に転じたためにバーツが割高となり，輸出が低迷しました。それはすなわち経済成長の鈍化を意味し，株価や地価が下がり始めました。また金融システムにも問題がありました。金融自由化に伴い，企業に関する正確な情報を投資家に提供するための開示制度が整備される必要がありますが，それが十分になされず，政府や企業も対応が遅れました。こうしたタイ経済の不安定要素に敏感に反応した海外からの投資家が債権回収に動き，資本流出が一気に起こり経済は混乱します（図80）。金融機関や企業は，いったん外国銀行が融資を回収し始めると資金不足に陥り経営が立ち行かなくなります。これらの国々は通貨危機とともに銀行危機にも直面することになりました。バーツ売り一色となった為替市場でバーツも暴落しました。こうした混乱はすぐさまインドネシアや韓国等，近隣諸国へ波及していきます。これがアジア通貨危機です。

タイ政府は当初，為替介入しましたが，1997年2月には事実上のフロート制に移行します。そして，第78節で学んだIMFに支援を求めました。金融引締め，財政均衡政策の維持，構造改革や金融システム改革などの条件（コンディショナリティ）がIMFから課される形で行われたのです。

経済危機に見舞われたタイをはじめ，韓国やインドネシアは予想に反し比較的早く景気回復しました。北米など世界的な需要が拡大した電気・電子製品が牽引する輸出増加がその要因でした。また，この時の経験を受け，ASEAN＋3（日本・中国・韓国）は同様の危機再発防止のため金融面で協力し合う「チェンマイ・イニシアティブ（Chiang Mai Initiative）」を採択しました（2000年）。その後も枠組みを発展させてブルネイやカンボジアなども新たに加わり，多国間で危機に迅速に対応することが可能となっています。

図80　通貨危機前後の資本収支の推移（タイ，インドネシア）

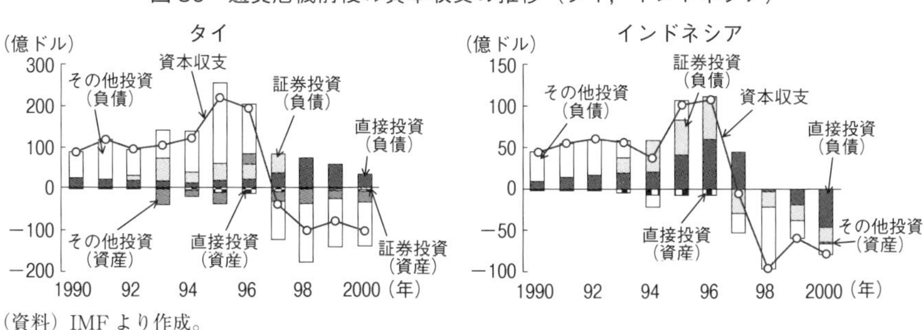

（資料）IMFより作成。
出所：内閣府『世界経済安定化への模索』，平成24年12月。

81 リーマンショックと金融危機

100年に一度の危機と言われた2008年の世界金融危機は米国リーマンショックから始まり，瞬く間に世界に広がった。

2008年にアメリカを震源地として起こったリーマンショックは，「サブプライムローン（subprime loans）」問題に端を発したものでした。金融機関が，信用度が低く返済するのは無理だろうと思われる低所得の人々（"サブプライム"はこうした所得層を意味します）に住宅ローンを組ませていたのです。

当時のアメリカは低金利政策を採用していたこともあり，資金を比較的容易に調達できる環境でした。そのため，金余りの様相を呈しており，住宅市場にもそうした資金が流入し，住宅価格が上昇していました。住宅価格が上昇し続ければ，返済能力が低く結果的にローンを返せなくなっても住宅を売却すれば返済が可能になります。そのような心理も手伝い，住宅着工件数も増えて，地価も上昇し住宅ローンバブルが発生していきます。

他方，そのようにして組んだローンは集められて住宅抵当証券に組み替えられました。リスクを分散させ，返済不能となる焦げ付きを回避するためのものでしたが，そうした住宅抵当証券から金融工学を利用した複雑で多様な派生証券が作られ（金融の証券化：securitization），それを金融機関や個人投資家が購入したのです。中身がよくわからない危険な証券であっても，格付会社によってトリプルA（最上級）と評価されれば，投資家は安心して購入します。結果，米欧の金融機関がこうした証券を大量に保有しました。しかし土地バブルはいつまでも続きません。2007年に地価の下落が始まり，住宅ローンが焦げ付き始めます。サブプライムローン関連の商品も下落し，米欧の投資家は巨額の損失を抱えることになりました。米の大手証券会社ベアー・スターンズの経営危機を皮切りに住宅公社も政府管理下に置かれ，2008年9月には同じく証券大手のリーマン・ブラザーズが破綻します。その後もメリルリンチやAIGなど名だたる証券会社や保険会社が危機に陥りますが，負の連鎖は当然のことながらサブプライムローン関連商品を大量に購入していた欧州にも波及します。フランスでは欧州最大規模のBNPパリバ銀行をはじめパリバショック，英国，オランダ，ベルギー，ドイツなどの金融機関が経営危機に陥り政府の管理下に置かれていきました。

バブルに沸いていた米国経済も，大量の不良債権を抱えた金融機関が貸し渋りに走り信用収縮が起き，そうした恐怖がマクロ経済を襲いました。資産価値が下がれば消費も減退します。こうして金融危機は経済危機へと広がっていったのです（図81）。金融市場の変動に対しては，米国の連邦準備制度理事会（FRB：Federal Reserve Board）や欧州中央銀行（ECB：European Central Bank）をはじめとして，各国の中央銀行が緊急措置として市場に大量の資金供給を実施しました。

日本への影響はどうだったでしょうか。日本の金融機関は，米欧の金融機関ほどにはサブプライムローン関連の証券化商品を購入していませんでしたので，影響は軽微なものではないかと当初は思われていましたが，違いました。米国の消費が冷え込むことによって，それまで旺盛な消費欲に支えられてきた輸出産業が打撃を受けました。米国に端を発した金融危機が各国に連鎖し世界に経済危機をもたらしたことは，市場経済とは何か，バブルはなぜ起こるのか，等の解明への課題を残しました。

図81　GDP実質成長率（世界，先進国，新興・途上国，%）

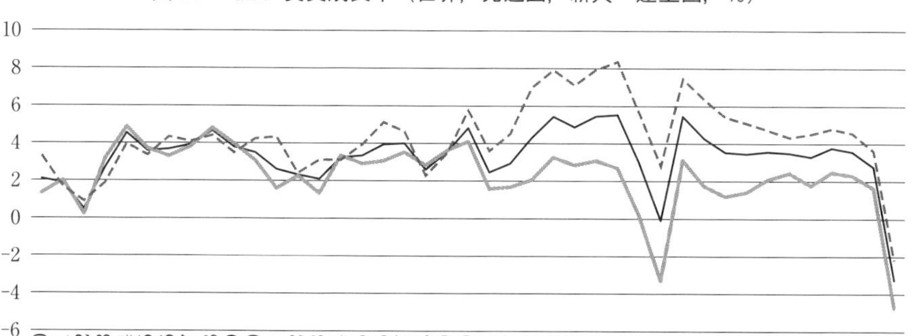

出所：IMF　World Economic Outlook Database, April 2021.

82

円と日本経済（1）～1985年

日本は1973年に変動相場制に移行し，同時に石油ショックに見舞われた。以降，産業構造も輸出構造も大きく変化した。

輸入制限や為替制限など，戦後しばらく日本経済はさまざまな規制に縛られていました。1947年に戦後禁止されていた対外的な外貨取引が再開され，1949年4月に円の為替レートは1ドル360円に固定されました。1952年にIMFと世銀に加盟したことにより，貿易や為替の制限を撤廃し経済自由化への道を目指しました。ただ，実際に輸入制限や為替制限が撤廃されていったのは1960年代に入ってからです。その後，輸出産業の技術力も高まり日本の高度経済成長が始まりますが，それでも国際競争力をつけるまでは**国際収支の天井**に悩みました。当時の日本は一次産品だけでなく，つくる技術のなかった高度な産業機械などを輸入する必要がありましたが，主要な輸出品は繊維製品や軽工業品であったため日本の経常収支は赤字を続けました。潜在的な成長力があっても，いわば「買うものも買えない」状況です。日本がより高度な製品を輸出できるようになり，経常収支が黒字基調に転じたのは1960年代半ば以降でした（図82）。

第78節でも言及したように，ニクソンショック後の1973年2月，日本をはじめ主要先進国は変動相場制（フロート制）に移行しました（巻末資料5参照）。そして同じ年，第4次中東戦争によって石油価格は高騰，第1次**石油ショック**（oil price shock）が世界を襲いました。石油のほとんどを輸入に頼っている日本もその影響をまともに受け，黒字傾向にあった経常収支も一気に赤字となります。インフレ率も二桁に跳ね上がり，**狂乱物価**（wild price spiral）と呼ばれる急激な物価上昇に見舞われました。石油価格の高騰は民間企業に生き残りをかけた経営の効率化を迫り，産業構造も輸出構造も大きく変化させることになりました。鉄鋼や造船などいわゆる重厚長大産業に代わり，自動車や電機，化学製品などの産業が国際競争力を持ち始めました。石油ショック後，日本が先進諸国に比べいち早く立ち直った背景には，貿易相手国である米国の貿易収支が赤字であったことには留意が必要です。日本経済の比重が世界のなかで増すにつれて，欧米諸国，とりわけ米国からの批判が巻き起こりました。輸出主導型の景気拡大ではなく内需主導型に徹するべきだ，との声です。しかしたとえ円高が進んでも，**Jカーブ効果**（J-curve effect）によって国際収支にはっきりと影響が出始めるにも相応の時間がかかります。輸出企業は円高による手取額の目減りをドル建て輸出価格の引き上げで補おうとします。しかし，その値上げによって輸出数量が減少するには一定の時間がかかるため，輸出総額がかえって増えてしまうのです。また，円高による輸入もすぐには増えないので，円高初期には黒字が増えます。しかし，輸出企業がコスト削減を徹底して行い，円高に対応する体力をつけたことは特筆すべきでしょう。

1980年，戦後最大の不況に見舞われていた米国にレーガン政権が誕生します。**レーガノミクス**（Reganomics）と呼ばれる減税政策，規制緩和，強い金融引き締めは高金利と大幅な財政赤字を生みました。高金利は海外から資本を呼び込み，結果として経常収支均衡からみて適正とみられる水準から大幅に乖離したドル高をもたらしたのです。1979年に第2次石油ショックが日本を襲いますが，影響は少なく，むしろ円安・ドル高が日米摩擦を引き起こします。これが**プラザ合意**につながっていくのです。

図82　日本の輸出入総額の推移（1950年～2016年）

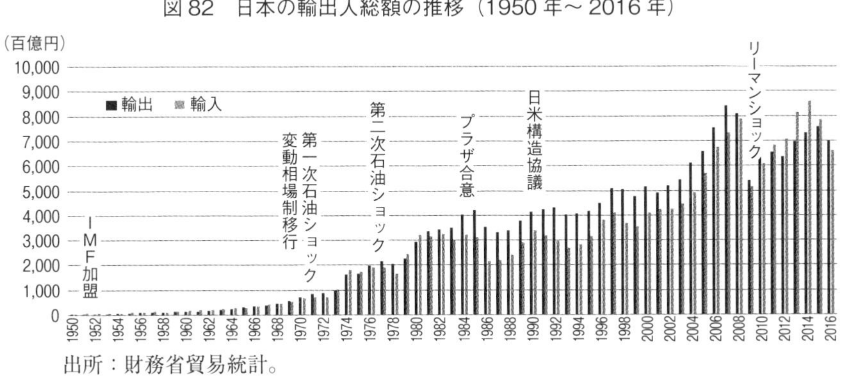

出所：財務省貿易統計。

83 円と日本経済（2）プラザ合意以降

1985年のプラザ合意でドル高是正が合意され円高が一気に進み，日本企業の海外進出のきっかけとなった。

1985年9月，ニューヨークのプラザホテルで先進国五カ国蔵相会議（G5）が開かれました。米国はドル高是正促進と経常赤字縮小のために各国が協調してドル安を誘導することが合意されました（プラザ合意）。マクロ経済運営に各国が強調して取り組むという意思表示である**協調介入**（joint intervention）としてのモデルケースといわれます。以後，世界経済は一気に円高・ドル安が進みわずか2年後には120円～130円まで上昇，プラザ合意の直前と比べれば倍近くまで円は強くなりました。1995年には79円台をつけるほど円高は進みました。主要各国による強調介入も実施されましたが成果はなく，円高がファンダメンタルズ（fundamentals）から乖離しすぎているという認識がされて円安に向かい始めたのは1995年半ば以降のことです。それでも，固定相場制が崩壊した1971年以降30年余の間に円の価値は3倍になっているのです。

こうして激しく変化する為替相場は各国経済にさまざまな影響をもたらします。まず円高は輸出を抑え，輸入を促進します。円高は相対的な生産コスト増加を意味し，価格面で国際競争力を失います。したがって日本の企業は労働コストの安い地域へ海外進出することで円高に強い体質への脱皮を図りました。電気，化学，一般機械，自動車，繊維，金融などの企業は韓国や台湾などのNIES諸国，インドネシアやタイなどのASEAN諸国に投資を集中させました。実際，1980年代後半には日本は**対外直接投資**（foreign direct investment）において世界トップでした。自動車産業の北米進出は**日米貿易摩擦**（Japan-US trade friction）回避に対応するためでもありましたが，いずれにしてもプラザ合意以降の円高は日本の産業構造を大きく変えました。同時に，輸出主導型の経済成長を目指して外資の導入に熱心だったアジア諸国の工業化を促し，域内での国際分業を深化させることで相互依存関係を深めたのです。

一方，日本企業の海外進出は**産業の空洞化**を招くという議論が巻き起こりました。生産拠点が海外に移転すると，国内の雇用が減少したり，技術開発力が衰えたりするのでは，という懸念です。しかし，こうした雇用への影響はさほど大きくなかったといわれています。労働集約的な産業は，たとえ海外移転しなくても安価な輸入製品と競合すれば生産が縮小して雇用は減少したでしょうし，海外移転した場合でも，国内ではより技術力の高い高級な製品の生産へとシフトしたからです。特に家電産業では，こうした動きがみられました。

円高で輸入製品の価格が下がることにより物価が下落する一方，賃金水準は相対的に高くなります。ドルベースでみた日本の所得水準が高くなってもその豊かさが実感できず，物価水準が他の先進諸国よりも割高である，という**内外価格差**（price disparity between domestic and foreign prices）の問題も円高進行とともに浮上しました。内外価格差は購買力平価と実勢為替相場の乖離としてとらえることができます。その背景には，為替レートの急激な変動に対する国内価格調整の遅れ，生産性向上を阻む競争制限的な各種規制の存在などの要因があげられますが，特に当時は日本の競争制限的で閉鎖的な各種規制・慣行が指摘されました。**日米構造協議**（Japan-U.S. Structural Impediments Initiative, 1989年～1993年）以降，**規制緩和**（relaxation of regulations）が大きなテーマになったのはこうした背景がありました。

日本企業の資金調達のグローバル化や金融の国際化に伴い，1980年代以降「**円の国際化**（internationalization of the yen）」が盛んに議論されてきましたが，日本からの輸出に関してはむしろ米ドル建てやユーロ建てが増え，輸入に関してもアジアで円建て取引は進まず，むしろ米ドル建てが増加しているのが現状です。90年代に決済通貨の自由な選択が可能となり，さらに生産拠点の多様化に伴って為替リスク管理がより重要になりますから，企業は最適な通貨選択を行います。その結果，むしろ米ドルに統一する傾向が強まっています。

84

欧州通貨統合（1）

政治経済の統合拡大を目指し，単一通貨ユーロを導入し通貨同盟を実現した欧州。東側諸国の加盟も相次ぐ中，課題も浮き彫りに。

欧州連合（EU：European Union）は旧社会主義国であった東欧諸国の参加が続き，2015年には28カ国まで拡大しました。ヒト・モノ・カネなどの移動を自由にするとともに，欧州中央銀行（ECB：European Central Bank）のもとで共通の金融政策を行い，共通の外交や安全保障政策を目指すなど，経済だけでなく強い政治的な意思を持って地域経済統合に取り組んできました。しかし，2016年に英国が国民投票により離脱を決定し，EUの存在に疑問を投げかけました。EU加盟国は現在27カ国になっています（図84）。

欧州に統合論が巻き起こったのは第1次世界大戦後でしたが，現実的な歩みを始めたのは第2次世界大戦後の1952年，紛争のもとになってきた資源管理を共同で行うことを目的に欧州石炭鉄鋼共同体（ECSC：European Coal and Steel Community）が発足してからです。その後，1957年に欧州経済共同体（EEC：European Economic Community）と欧州原子力共同体（EURATOM：European Atomic Energy Community）が発足，1967年には以上の3つの共同体が統合されて欧州共同体（EC：European Community）が誕生，域内の関税撤廃，域外では共通関税を付加する関税同盟と農業共通市場の実現を目指しました。

通貨統合が議論されるようになったのは，1969年，旧西ドイツのブラント首相がその構想を打ち出したことによります。1970年には単一通貨導入を目指すことが合意されました。1971年のニクソンショック，さらに石油ショックの影響などもあり，通貨統合は進みませんでしたが，1970年代後半に再び通貨・金融政策協調への道が模索され，1979年に欧州通貨制度（EMS：European Monetary System）が発足しました。為替レートの上限と下限を設定し，その範囲内では自由にレートは変動するものの，上・下限に到達した場合には介入を行う為替相場メカニズムが採用されました。そして1991年のマーストリヒト条約（Maastricht Treaty：欧州連合条約）によって経済通貨統合（EMU：Economic and Monetary Union）が合意されたのです（条約の発効に伴い欧州共同体（EC）の名称は欧州連合（EU）となりました）。そこでは，金融統合を行うために各国のマクロ経済が収斂しなければならず，財政赤字と公的債務残高のGDP比率，インフレ率と長期金利，物価，為替相場の安定性など，目標基準が具体的に定められました。

1999年には「ユーロ（euro）」が共通通貨として導入され，英国など一部の国を除くEU加盟国は自国通貨を放棄，欧州中央銀行に金融政策をゆだねたのです。2002年にはユーロの紙幣と硬貨の流通が実際に始まり，欧州は確実に共通市場化を進めてきました。しかし，2008年金融危機後の経済停滞の翌年に巨額財政赤字が明らかになったギリシャ危機が生じ，2015年にはシリア難民の大量流入を契機として開かれた国境に疑問符がつき移民問題が生じると，2016年に英国がEU離脱を決定しました。

図84　EUの拡大と英国の離脱

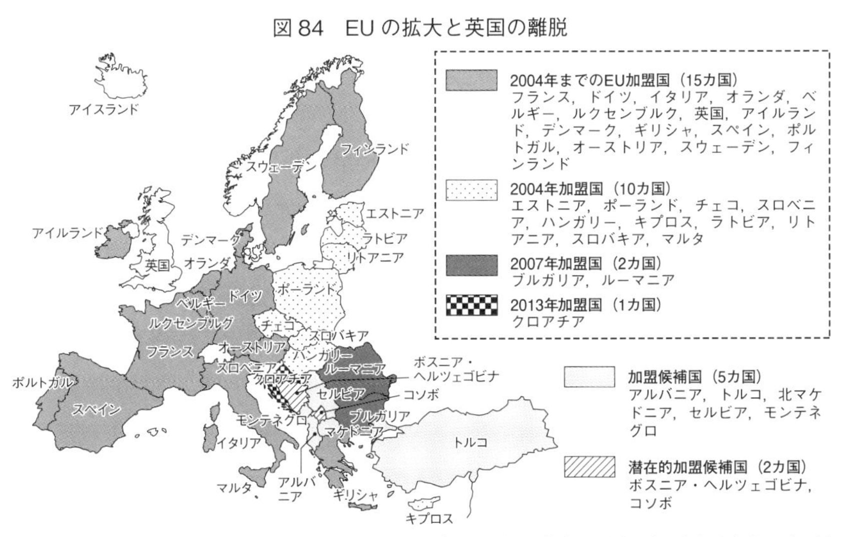

出所：外務省『欧州連合（EU）』（平成28年6月），総務省『欧州連合（EU）』（令和2年度）。

85 欧州通貨統合（2）ギリシャ財政危機とブレグジット

リーマンショック後にも欧州連合は試練に見舞われた。ギリシャ危機でユーロへの信頼が揺らぎ，イギリスは欧州連合を離脱した。

第81節（リーマンショックと金融危機）で見たように，リーマンブラザーズの経営破綻（2008年）に象徴される金融危機は欧州経済にも深刻な打撃を与えました。翌年には世界景気が回復し始めたとIMFは見解を示していたのですが，欧州はギリシャの債務危機という危機にまたも直面することになりました。ギリシャは，2009年10月政権交代をきっかけに，それまで公表されていた政府債務残高をはるかに上回る規模だったことが明らかになりました。ギリシャは欧州連合の一員であり，ユーロを採用する通貨同盟の一員です。通貨同盟を維持するためには財政政策の規律が求められることは前節で説明しました。ところがギリシャはそれまで定められた規律内（対GDP比3%以内）に収まっていたはずの財政赤字が，2009年財政赤字見通しでは12.7%にまで引き上げられていました。財政破綻し債務不履行（デフォルト）の可能性への危機感から，ギリシャ国債は売られて相場は大幅に下落しました。そうなればギリシャ国債を保有するドイツやイギリス，フランス等の金融機関にも影響が及びますし，ユーロへの信任も失われます。さらに，ギリシャ同様に財政赤字を抱えるポルトガル，イタリア，アイルランド，スペイン等のユーロ加盟国にも財政破綻の懸念が広がりました（この4ヵ国にギリシャを加え頭文字をとって「PIIGS」と呼ばれます）。

欧州は互いに同一の通貨圏に入っているという共通認識のもと，為替リスクの消滅と通貨統合が課する金融・財政政策の運営によって，マクロ経済を安定させるメリットを享受することを選択したわけですが，通貨同盟の金融政策は欧州中央銀行（ECB）が担う一方，財政は規律があるものの国ごとに独立しています。ギリシャ独自の問題が金融市場に混乱をもたらしたことは，ユーロへの信頼が損なわれることを意味します。そのようにして，ギリシャ危機が欧州連合内に飛び火していったわけです。

欧州諸国はこの問題にどう対処したでしょうか。救済せずに放置すればユーロの信頼が損なわれますから，その選択肢はありません。とは言え，当初ドイツはギリシャ支援に消極的，他方フランスは積極的な姿勢であったため，両国の溝が深まりました。最終的にはユーロ加盟国とIMFによる支援を組み合わせることで合意したものの，支援する側も重い経済負担を強いられることとなりました。

その後も欧州連合は揺らぎます。2016年にイギリスが国民投票によってEUからの離脱（ブレグジット：Brexit）を決定しました。EUに渡してきた権限を取り戻す，という政治的メッセージの背景には，EU予算に拠出する金額がドイツ，フランスに次ぐ規模であったことがEU加盟の利益に見合わない負担であるとの主張がありました。また，移民の存在にも厳しい目が向かいました。2004年に中・東欧10カ国が加盟すると（図84参照），その国々からの移民が急増しました。EUという単一市場は，財・サービス，資本に加えて人々の移動が自由であることが前提であり，特に人の移動の自由は各国の労働需給ギャップを解消し，経済ショックを和らげる効果を持ちます。しかし，低賃金を厭わず働く彼らに雇用を奪われ，医療など社会サービスも混乱するとの懸念が移民への強烈な反感を生みました。自国民が就労しない職に就いたり，労働者不足を補う等の移民による恩恵も受けてきたイギリスですが，リーマンショック時のような不況時には移民の存在が負の側面をもってしまうことがEU離脱の原因ともなりました。イギリスは自動車産業や金融など多くの分野で海外からの直接投資を受け入れてきましたが，EU離脱によって直接投資の流入が減少する懸念や，シングルパスポート制度（任意のEU加盟国で免許を取得した金融機関が他のEU諸国においても支店開設など金融サービスを自由に展開できる制度）の恩恵が失われれば，世界の金融センターだったロンドンの地位が危うくなる，等の課題が指摘されています。

第11章 練習問題

以下の設問に答えなさい。

(1) 為替レートが円高，あるいは円安に向かった場合，日本の物価や賃金はどのような影響を受けるでしょうか。
(2) 1997年のアジア通貨危機，2008年のリーマンショックに端を発した金融危機は，国際金融における大きな変化でした。それぞれの原因についてまとめてみよう。
(3) アジア諸国においては，欧州のような通貨統合の可能性はあるでしょうか。あるいは他の為替制度を採用する可能性はどうでしょうか。考察してみなさい。

【解答】

(1) 円高になった時は，輸入財の価格が下がるため，国内物価を引き下げる要因になります。輸入品の価格が安くなれば，製品輸入が増加し，競合関係にある国産品も価格が下がっていくでしょう。一方，円高が進むと国内の賃金水準は外国に比べて相対的に高くなります。安価な輸入製品との競合や輸出採算の悪化に直面した企業では、円高は名目賃金上昇を抑制する要因になると考えられます。同じ要領で，円安に向った場合を各自で考えてみましょう。
(2) 経済成長を遂げつつあったタイなど新興工業国は，海外からの資金を呼び込むために，海外資本取引や為替の管理制度が脆弱なまま急速に資本移動の自由化を進めました。地場銀行は外貨建てで短期借入れを行う一方，地場企業に対しては国内通貨建てで長期貸し出しを行うという，ダブルミスマッチが指摘されています。また，バーツ固定相場制（ドル・ペッグ制）のもとでは，海外投機家からのバーツ売りに対して，通貨当局はバーツを買い支えるための外貨準備が払底し，固定相場制を放棄せざるを得ず，外貨建て負債を抱えていた銀行や企業はその負債が膨大になり破綻しました。
リーマンショックはサブプライムローンに端を発しました。金融機関は返済能力に疑問のある低所得の人々に住宅ローンを組ませ，そのローンを住宅抵当証券化して，これと他の証券とを組み合わせた複雑な派生証券（証券化）を作り，世界中の金融機関や個人投資家に販売しました。しかし，住宅価格が上がり続けることはなく，バブルははじけ住宅抵当証券化が含まれている派生証券が不良債権化し，それを持つ投資家はパニックに陥りました。信用不安が増幅し銀行も資金調達できなくなります。株式下落，住宅市場の崩壊からアメリカ経済は不況に陥りました。こうした金融危機の経験から国際金融制度にどのような変化があったか，についても調べてみよう。
(3) 単に「できる・できない」だけで論じることは難しいといえるでしょう。通貨統合の理論的背景には，最適通貨圏（optimal currency area）という考え方があります。労働力の移動可能性，経済の開放度（貿易等），各国の経済構造の同質性（資本移動などを通じた経済連関）などの側面から通貨圏のあり方を論じるものです。このような条件に，経済の発展段階の異なるアジア諸国がどう当てはまるのか（当てはまらないのか），考察してみよう。

第12章

世界各国の経済状況

86

中国の経済（1）

改革開放政策の展開で急速に発展，世界の一位，二位を争う経済大国に成長した。

中国の経済運営は1978年12月に開催された中国共産党第11期中央委員会第三回総会（三中全会）において鄧小平（1997年死去）による改革開放政策が確立し，それまでの計画経済に加え，市場経済が取り入れられました。1994年からは市場経済が全面的に採用されましたが，中国は政治的には依然として社会主義であることから「社会主義市場経済」という特異な制度で経済成長を実現しました。80年代から90年代前半には10%をこえる実質GDP成長率を示し，その後も10%近い成長率を維持し，2000年代には再び10%を超える成長率を示しました。

1990年から2020年の30年間で名目GDPは37倍近く増大しました。高度成長の要因には960万km^2の国土，13億人を超える人口を背景に豊富な労働力，安い賃金，外資や外国技術の積極的な導入などがあります。その結果，GDPはアメリカに次ぐ世界第2位，自動車，粗鋼，造船，化学繊維，銅やアルミニウムなどの生産で世界第1位を占めるまでになっています。工業生産の拡大は貿易総額の増加に結び付いています。貿易総額では2013年にアメリカを抜いて第1位（輸出額は第1位，輸入額は第2位）になりました。

2001年にはWTOに加盟したほか，諸外国や地域との間でFTA締結を積極的に進めています。アイスランド，スイス，チリなどと二国間のFTAが発効しているほか，最近ではASEANやニュージーランド，オーストラリア，韓国，日本など15カ国で2020年11月に署名（2022年1月発効）したRCEPに参加し，さらに2021年9月にはTPPへも加入申請するなど，貿易・投資の自由化や対外開放をさらに進めようとしています。

中国と欧州を結ぶ広域経済圏構想「一帯一路」では，その関係各国に物流，貿易，金融などを通して中国の影響力を及ぼそうとしています。

世界に対しては存在感を示す経済実績を示していますが，国内には生活水準の向上や所得格差の解消，民主化など解決すべき問題があります。

表86　実質GDP成長率及び国内総生産

	実質GDP成長率（%）	名目国内総生産（10億ドル）	一人当たりGDP（ドル）
2004	10.1	1,945	1,496
2005	11.4	2,287	1,749
2006	12.7	2,793	2,652
2007	14.2	3,572	2,703
2008	9.7	4,605	3,467
2009	9.4	5,122	3,838
2010	10.6	6,066	4,524
2011	9.6	7,492	5,561
2012	7.9	8,539	6,307
2013	7.8	9,625	7,073
2014	7.4	10,524	7,694
2015	7.0	11,114	8,085
2016	6.8	11,227	8,120
2017	6.9	12,265	8,823
2018	6.7	13,842	9,920
2019	6.0	14,341	10,243
2020	2.3	14,723	10,511

原資料：「国家統計局」。
IMF "World Economic Outlook Database".
出所：ジェトロホームページ「国・地域別情報　基礎的経済指標　中国」から作成。

図86　貿易額の推移（億ドル）

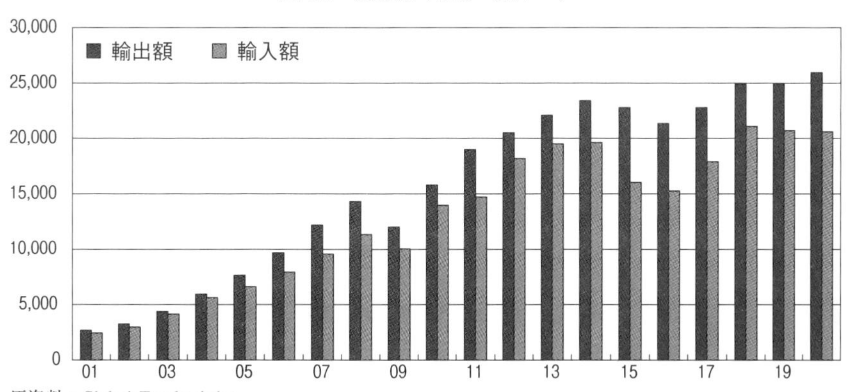

原資料：Global Trade Atlas.
出所：ジェトロホームページ「国・地域別情報　基礎的経済指標　中国」から作成。

87 中国の経済（2）

市場経済の導入により，拡大した格差の解消が重要な課題である。

中国は市場経済を導入してから高度成長を達成し，経済大国になりましたが，一方で不平等・不公平の拡大というひずみを見せています。それは中国の東部と西部の間，あるいは都市と農村の間の格差，さらに富裕層と貧困層の格差のひろがりが指摘されています。

中国の各行政区画の国内総生産（GDP）と一人当たりの年間所得は表 87 に示しました。東部地区と西部地区の GDP の合計はそれぞれ 511,162 億元，205,185 億元になり，東部地区は西部地区の 2.5 倍になっています。一人当たり GDP は東部では 3 省と北京市，上海市では 100,000 元を超えて全国平均である 69,235 元をはるかに上回っています。中部地区や東北地区，西部地区の市省区は，甘粛省の 32,995 元から湖北省の 77,387 元の間の数値になっていることから東部地区とそれ以外の地区の間には大きな格差が存在しています。

都市部と農村部の一人当たりの年間所得では，2019 年の全国平均は都市部 42,359 元，農村部 16,021 元と 2.64 倍の格差があります。この格差は 2003 年には 3.23 倍でしたが，10 年後の 2013 年には 2.81 倍と縮小し，2019 年にはさらに縮小したことになります。

さらに格差は都市部の中でも存在し，富裕層と貧困層の間の格差が顕在化しています。高額の報酬や不動産などからの利益を得る者がいる一方で低賃金労働者や失業者の存在という資本主義国と変わらない状況が見られ，都市内部の格差を解消していくことが重要な課題となっています。

このような東部地区とそれ以外という地域間，都市と農村の間の所得格差が農村から都市へ，小都市から大都市へといった出稼ぎの誘引になっています。農村から都市への出稼ぎ労働者は「**農民工**」と呼ばれ，その人数は2020年末には2億8,560万人と公表されています。中国は過去，農村戸籍，都市戸籍という戸籍の管理により国内での移動を厳しく制限してきました。しかし，1970年代末の改革開放政策で都市の開発や工業化に伴い労働力が必要になったことから移動が認められるようになりました。戸籍を変えることは今でもできないため，農村戸籍では居住する上で受けられるサービスや社会保障などに違いがあり，所得格差解消の足枷となっています。

表87　国内総生産と一人当たり年間所得に見る格差（2019年）

地区		面　積	人　口	国内総生産		一人当たり年間所得	
				総 額	一人当たり	都市部	農村部
		（万 km²）	（万人）	（億元）	（元）	（元）	（元）
東部地区	北京市	1.6	2,154	35,371	164,220	73,849	28,928
	天津市	1.2	1,562	14,104	90,371	46,119	24,804
	河北省	18.9	7,592	35,105	46,348	35,738	15,373
	上海市	0.6	2,428	38,155	157,279	73,615	33,195
	江蘇省	10.3	8,070	99,632	123,607	51,056	22,675
	浙江省	10.2	5,850	62,352	107,624	60,182	29,876
	福建省	12.1	3,973	42,395	107,139	45,621	19,568
	山東省	15.4	10,070	71,068	70,653	42,329	17,776
	広東省	18.0	11,521	107,671	94,172	48,118	18,818
	海南省	3.4	945	5,309	56,507	36,017	15,113
中部地区	山西省	15.6	3,729	17,027	45,724	33,262	12,902
	安徽省	14.0	6,365	37,114	58,496	37,540	15,416
	江西省	16.7	4,666	24,758	53,164	36,546	15,796
	河南省	16.7	9,640	54,259	56,388	34,201	15,164
	湖北省	18.6	5,927	45,828	77,387	37,601	16,391
	湖南省	21.0	6,918	39,752	57,540	39,841	15,395
東北地区	遼寧省	14.6	4,352	24,909	57,191	39,777	16,108
	吉林省	18.7	2,691	11,727	43,475	32,299	14,936
	黒龍江省	45.4	3,751	13,613	36,183	30,945	14,982
西部地区	内蒙古自治区	118.3	2,540	17,213	67,852	40,783	15,283
	広西チワン族自治区	23.6	4,960	21,237	42,964	34,745	13,676
	重慶市	8.2	3,124	23,606	75,828	37,939	15,133
	四川省	48.5	8,341	46,616	55,774	36,154	14,670
	貴州省	17.6	3,623	16,769	46,433	34,404	10,756
	雲南省	39.4	4,858	23,224	47,944	36,237	11,902
	チベット自治区	122.8	351	1,698	48,902	37,410	12,951
	陝西省	20.6	3,876	25,793	66,649	36,098	12,326
	甘粛省	45.4	2,647	8,718	32,995	32,323	9,629
	青海省	71.2	608	2,966	48,981	33,830	11,499
	寧夏回族自治区	6.6	695	3,748	54,217	34,328	12,858
	新疆ウイグル自治区	166.0	2,523	13,597	54,280	34,664	12,122

出所：人口・面積『中国年鑑2021』486～487頁から作成。
　　　国内総生産・一人当たり年間所得『中国統計年鑑』69，70，189，197頁から作成。

88

NIEsと東アジアの経済発展

第二次大戦後いち早く経済成長を遂げた東アジア。NIEsは開放政策と輸出志向の工業化で，その後のASEANを牽引した。

第二次世界大戦後，東アジアは短期で経済成長を遂げました。特に，1950年代の日本，それに続いて台湾，韓国，香港，シンガポールの4カ国で構成されるNIEs（newly industrializing economies：新興工業経済地域）が続きました。「アジアのドラゴン」と呼ばれ，1993年には世界銀行が「東アジアの奇跡（The East Asian Miracle）」と題する報告書を出し，話題となりました。アジアは東アジアを中心として開放的な経済政策に踏み切り，輸出主導による工業化を牽引役として高度成長を実現したのです（図88）。

国内総生産に占める製造業生産額を表す工業化率は，日本はいち早く1970年前後に30％近くに到達しましたが，台湾も1970年代前半に，韓国は1980年代後半には到達しました。この動きに追随しているのがASEAN（Association of South East Asian Nations：東南アジア諸国連合）です（第91節参照）。そのような中，計画経済であった中国も転身を図ります。1978年に鄧小平による改革開放経済を目指した市場経済システムに移行したのです（中国に関しては第86・87節参照）。

経済発展の初期の段階では，輸入代替工業化（import substituting industrialization）が採用されることが多いのですが，NIEs諸国は比較的早い段階から輸出志向工業化（export-oriented industrialization）を目指しました。輸入代替工業化とは，海外からの輸入や投資を制限して国内の産業を保護し，かつて輸入していた製品を国内生産によって「代替」しながら工業化を進める政策です。しかし国内市場の規模が小さい場合，国内需要を満たす以上の発展は望めません。また，日本や欧米諸国が貿易拡大によって成長していく中で，閉鎖的で保護主義的な経済運営では早晩限界がきてしまいます。NIEsは輸入代替から輸出志向へと進展させる道を選択し，繊維など初期の軽工業から重化学工業，電子産業へと徐々に高度な産業へと展開させて高度成長を遂げたのです。他方，香港やシンガポールは国際的な金融や物流の拠点としてサービス産業を強みとしています。製造業がGDPに占める割合は韓国28.4%，台湾30.2%ですが，香港は6.9%，シンガポールは18.0%です（いずれも2016年）。香港の貿易，金融，不動産，流通などのサービス産業は90%を超えています（観光については，2019年民主化デモの影響で観光客の減少に見舞われました）。

地域の経済的な結びつきはますます強まっています。中国やASEAN諸国と共に世界の需要を牽引する過程の中で，日本や東アジアを含めた域内の投資・貿易の相互依存関係は特に深化しています。海外直接投資においても，NIEsは今や投資する側としてマレーシアなど東南アジアに直接投資を増加させ，そのような投資を受け入れた東南アジア諸国が，今度は輸出部門を外資に開放する政策を採用し始めるという重層的な展開が起こりました。NIEsはすでに“新（newly）”ではありませんが，アジア諸国の経済成長の牽引役を担ってきたわけです。他方，貿易や投資の相手国が多元化することは，経済のグローバリゼーションに深く組み込まれていくことを意味します。その分，すでに述べたアジア通貨危機（第80節参照）や米国発の経済不況（第81節参照）の影響もまた大きくなってきていることは，現実が物語っています。

図88　NIEs諸国，中国および日本の経済成長率推移

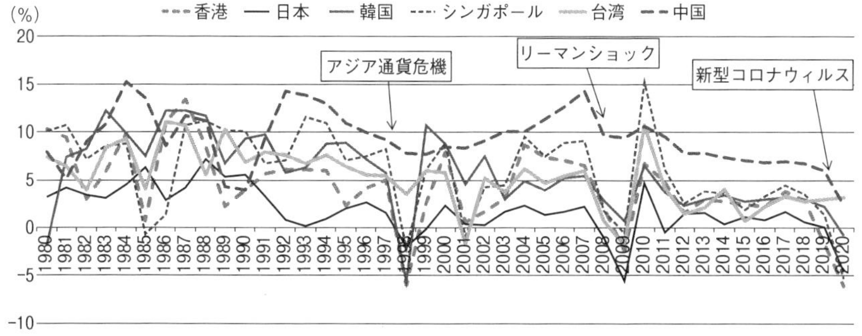

出所：IMF World Economic Outlook 2021.

89 韓国の経済

NIEsの先頭をきって発展を遂げ，1997年の通貨危機も乗り越えたが，2008年の世界金融危機後は成長率も鈍化，外需依存の課題が残る。

1980年代以降，NIEs諸国の中でいち早く経済成長過程を歩んだ韓国ですが，その出発点は第二次世界大戦後の厳しい状況でした。1950年の朝鮮戦争でさらに大変な打撃を受けた韓国経済を支えたのは米国からの援助でしたが，自力による経済復興が始まったのは1961年の朴政権誕生後でした。不足する資本・技術，狭小な国内市場という条件の下で，国際収支赤字を解消し工業発展の原動力となったのは，第88節でも触れたように輸出志向工業化でした。しばしば権威主義体制と呼ばれる強力な官僚主導によって，輸出企業に対する金融・税制面での特別措置実施など，輸出産業振興策が強力に推進されました。軽工業から重化学工業へと産業構造の変化を伴いながら，国際競争力が向上しました。

急激な経済成長は反面において，過剰設備，所得分配の不平等などをもたらします。韓国の場合，財閥（個人またはその家族・親戚一族が実質的に支配・所有している大規模企業集団）が政府の優先的支援を受けて高度成長に大きな役割を果たしたのですが，競争制限的な行動による資源配分の非効率化を同時にもたらしました。三星，現代，LG，大宇などに代表される財閥への経済力集中は中小企業との格差も拡大させました。折からのオイルショック（1979年）もあり政治的にも経済的にも韓国経済は混乱，1980年代に入り，政府の経済介入を廃し，民間主導型への転換が模索されたのです。韓国は自国通貨をドルにペッグしていたため，1980年代後半のドル安は輸出に有利となり，加えて原油安，国際金利安などいわゆる「三低現象」によって貿易収支が大いに改善しました。1990年代に入り，先進国並みの関税引き下げと輸入自由義務を受け入れ，資本市場も開放するなど自ら開放政策に踏み切ります。

1996年にはOECD（経済協力開発機構：Organization for Economic Co-operation and Development）に，アジアでは日本に次いで二番目に加盟しました。

その翌年の1997年に，タイを震源地とする通貨危機（第80節参照）が韓国を襲ったのです。前年より輸出が減速し始め，国際収支赤字も累積，韓宝製鉄や起亜など多額の借金に頼っていた財閥企業が経営破たんに追い込まれた結果，金融機関の不良債権が増大すると同時に対外債務，特に短期債務の支払いが困難になっていました。突然の外資流出によるアジア通貨危機はそうした韓国経済の脆弱性をあぶり出すことになり，ウォン安が急速に進みました（1997年末には変動相場制への移行を余儀なくされました）。国際信用の低下を受けて外貨不足が深刻となり，韓国政府は国際通貨基金（IMF：International Monetary Fund）や日米欧各国に融資を要請しました。IMFの管理体制下におかれた韓国は，緊縮財政，物価上昇抑制，経常収支赤字の圧縮など国際信用回復に努め，同時に財閥改革，金融機関の構造調整にも着手しました。実質為替相場の下落による輸出増大も手伝って，翌年には「V字型」の経済回復を遂げました（図88，表89参照）。

2008年の米国発の世界金融危機（第81節参照）は，そうした輸出に過度に依存する経済を再び悪化させました。先進諸国の経済状況が韓国経済を左右し，国内経済成長の原動力であった製造業部門の成長率の鈍化傾向が続いています。輸出を牽引する半導体や通信機器と共に，新たな国際競争力のある産業の育成は，いまなお韓国が抱えている課題です。

表89　韓国の主要経済指標

	1985	1990	1995	1997	1998	1999	2000	2005	2008	2009	2010	2015	2019	2020
GDP成長率（%）	7.5	9.3	8.9	5.8	-5.7	10.7	8.8	3.9	2.8	0.7	6.5	2.8	2.2	-0.9
名目GDP（10億ドル）	104	285	559	560	376	486	562	898	1,002	902	1,094	1,383	1,651	1,638
一人当たり名目GDP（ドル）	2,542	6,642	12,404	12,197	8,134	10,432	11,948	18,658	20,475	18,339	22,151	27,105	31,937	31,638
投資率（対GDP比，%）	32.3	40.0	38.9	37.3	26.9	30.5	32.9	32.2	33.0	28.5	32.0	28.9	31.5	31.9
国内総貯蓄（対GDP比，%）	27.9	35.7	33.6	32.2	35.1	32.5	34.8	33.6	33.3	32.2	34.7	36.6	35.1	36.5
輸出（変化率，%）	0.6	13.3	22.5	4.2	−22.0	26.4	56.8	7.8	3.2	−6.8	17.3	2.1	−1.9	−3.3
輸入（変化率，%）	4.2	4.9	24.7	19.8	12.9	14.4	39.3	7.8	7.5	−0.3	12.7	−0.1	0.2	−1.8
失業率（%）	4.0	2.5	2.1	2.6	7.0	6.6	4.4	3.7	3.2	3.7	3.7	3.6	3.8	3.9
経常収支（10億ドル）	−2.1	−2.4	−9.8	−10.3	40.1	21.6	10.4	12.7	3.2	33.6	28.9	105.9	59.7	75.3
経常収支（対GDP比，%）	−2.0	−0.8	−1.7	−1.8	10.6	4.4	1.9	1.4	0.3	3.7	2.6	7.7	3.6	4.6

↑三低現象／民主化宣言（1985）　↑アジア通貨危機／IMF支援要請（1998）　↑リーマンショック（2008）

出所：World Economic Outlook Database 2021.

90 台湾の経済

輸出志向の工業化で「台湾の奇跡」と呼ばれる高度成長を遂げた台湾。
グローバル時代のパソコン産業を牽引し，中国での生産も展開している。

NIEs 諸国にあって台湾は 1997 年のアジア通貨危機の影響をあまり受けていません（図 88 参照）。その理由として，台湾の抜群のファンダメンタルズ（fundamentals：経済の基礎的条件）が指摘されています。1980 年代から貿易，経常収支ともに黒字が定着し，外貨準備も 1995 年には 1,004 億ドルにのぼる一方で，対外国銀行の債務残高は 220 億ドルあまりで，輸出額の 20%にも満たない水準でした。第 89 節で述べたように，韓国が財閥中心の設備依存型の発展を志向し，企業経営においても負債比率が高かったことに比べると違いがはっきりします。台湾の企業は中小企業が多く，負債比率を低くして安全性を重視した経営をしていた点が危機を小さくしたと指摘されています。

台湾も経済成長を輸出志向の工業化に求めました。第二次世界大戦後，中国大陸で共産党との内戦に敗れた国民党による事実上の支配から始まった台湾ですが，比較的政治が安定し，農地改革によって農業生産増加や生産性向上が図られたことで，工業化に必要な投資資金が蓄えられました。1960 年には，輸入代替から輸出志向に転換した繊維製品が伸び，続いて電気製品が最大の輸出品目になりました。生産に必要な機械設備や原材料は輸入に依存し，最新の技術を取り入れる「後発の利益（latecomer's advantage)」を充分に活用して海外需要の変化に対応したのです。積極的に外資導入政策も推進し，1965 年に高雄に世界で初めて開設された輸出加工区（export processing zone）は，その後，東アジアの各国で広く採用されるようになりました。

1980 年代に入り，為替レートの切り上げ，賃金上昇や ASEAN 諸国の追い上げなどにより台湾製品の国際競争力は低下しますが，産業構造の高度化に政府主導で取り組んで乗り切りました。労働集約型の工業部門は海外へ進出し，国内では技術集約型産業であるパソコン，半導体，液晶パネルなどを先進国企業から受託生産することで成長への活路を見出しました。特にコンピュータ関連品目と集積回路を主体とする電子部品の輸出が成長をけん引しました。台湾企業は世界のパソコン生産を担うようになり，ノートブック・パソコンやマザーボードでは世界生産の過半数を占めています。しかし，2008 年の世界的な金融危機は，輸出を収縮させマイナス成長となりました（図 88 参照）。中長期的には，受託生産に依存する体質からの脱却が課題といえるでしょう。

貿易に関しては，東南アジアや中国に進出した台湾企業へ部品・機械設備を供給する産業が発展したことで，輸出構造は大きく変化しました。かつては米国の比重が大きかったのですが，現在では中国が年々伸びており重要な貿易相手国となっています（図 90 － 1，90 － 2）。中国企業による台湾への直接投資も 2009 年に解禁され，経済関係はより緊密になっており，生産を中国で行う一方，台湾企業は受注や設計・開発に注力する分業体制が構築されつつあります。

図 90－1　台湾の輸出相手国・地域別輸出額（100 万ドル）とシェア（%）

図 90－2　台湾の輸入相手国・地域別輸入額（100 万ドル）とシェア（%）

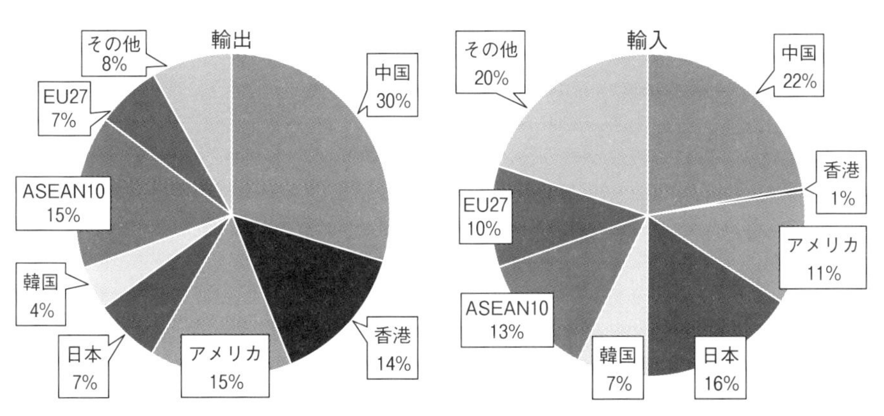

（注）１）その他は，中東，アフリカ，中南米など。
２）データは台湾財政部統計処による。
出所：日本貿易振興機構（ジェトロ）　世界貿易投資動向シリーズ 台湾（2021）

91 ASEANの経済発展

ASEANはアジアで最も深化した経済統合である。自由な貿易と投資，生産ネットワークの構築を通じて地域統合の先頭を走る。

ASEAN（東南アジア諸国連合）は，1967年にタイ，マレーシア，フィリピン，インドネシア，シンガポールの5カ国で発足し，その後ベトナム，ミャンマー，ラオス，カンボジア，ブルネイが加盟し，1999年に東南アジア全域を包括するASEAN10が誕生しました（表91）。総人口規模はEUやNAFTA（北米自由貿易協定：North American Free Trade Agreement）を上回ります。シンガポールのような先進国から，ミャンマーのような途上国まで，実に多様性に富んでいるのが特徴です。貿易の規模ではすでに日本を凌駕しています。農産物輸出国であったASEAN諸国ですが，1970年代から80年代に工業化を強力に推進し，1990年以降にはNIEs各国に比肩しうる，ないしは上回る成長率を達成する世界の成長センター（growth center of the world）に躍り出ました。

経済成長の要因は，積極的な外国直接投資の受け入れに求められます。外資企業は第三国や自国への輸出を目的として進出し，実際に1990年代から優遇措置も採られたため，ASEAN諸国は国際的な生産ネットワークを展開し比較的早い段階から輸出による経済成長を実現しました。EU，日本，中国，米国，今ではASEAN自身が最大の投資国です。日本の製造業も技術を要する部品を輸出し，労働コストの低い国で**労働集約財**（labor intensive goods）を生産する垂直的な生産分業が基本となっています。ASEANは日本やNIEs，中国と共に地域内での**サプライチェーン**（supply chain：供給網）が構築されており，国際的な生産分業が深化しています。2020年，新型コロナで企業の生産活動が混乱したのも，こうしたサプライチェーンによるものでした。特に中国には部品供給の集積地が形成されていたことが供給網に大きな影響をもたらしたのです。

ASEAN10カ国はさらなる地域統合を目的として1992年に**ASEAN自由貿易地域**（AFTA：ASEAN Free Trade Area）を形成しました。2015年末にはより高いレベルの地域統合を目指す**ASEAN経済共同体**（AEC：ASEAN Economic Community）を発足させました。さらにASEAN諸国と日本，中国，韓国，オーストラリア，ニュージーランド15カ国が参加する地域的な**包括的経済連携協定**（RCEP：Regional Comprehensive Economic Partnership）が2020年に署名されました。世界のGDP，貿易総額および人口の約3割，日本の貿易総額の約5割を占める大型の協定です（図91参照）。発展段階や制度の異なる国々が貿易や投資の促進だけでなく知的財産や電子商取引，紛争解決まで含む幅広い分野のルールも整備しています。TPP参加交渉に関心を示す国もあり，ASEANを巡る動きはダイナミックに展開しています。

表91　他の地域経済統合体との比較（2020年）

	加盟国	人口	GDP	一人当たりGDP	貿易（輸出＋輸入）
東南アジア諸国連合（ASEAN）	10カ国	6億6,713万人（世界の8.6%）	3兆0021億米ドル（世界の3.5%）	4,500米ドル（世界平均の41%）	2兆7,960億米ドル（世界の8.0%）
欧州連合（EU）	27カ国	4億4,799万人	15兆1,927億米ドル	33,928米ドル	10兆4,623億米ドル
北米自由貿易協定（NAFTA）	3カ国（米国，カナダ，メキシコ）	4億9,642万人	23兆6,561億ドル	49,653米ドル	5兆3,271億米ドル
南米共同市場（MERCOSUR）	6カ国（アルゼンチン，ボリビア，ブラジル，パラグアイ，ウルグアイ，ベネズエラ）	3億651万人	2兆0,006億ドル	6,482米ドル	5,630米億ドル

資料：人口，名目GDPはWorld Bank, World Development Indicators database，貿易はIMF, Directions of Trade Statistics.
出所：ASEAN経済統計基礎資料：目で見るASEAN（外務省アジア大洋州局地域政策課，令和3年8月）。

図91　ASEANの貿易相手地域別依存度（2020年）

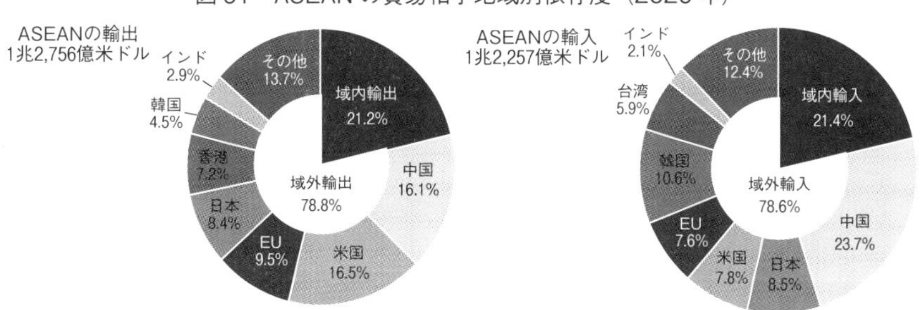

資料：IMF, Direction of Trade Statistics.
出所：目で見るASEAN－ASEAN経済統計資料（外務省アジア太平洋州地域政策課，令和3年8月）。

92 タイとベトナムの経済

製造業の集積地として中進国まで成長したタイ。ドイモイ政策後にASEANに加盟したベトナムはインフラ整備等の課題を抱える。

ASEANの国々の初期条件を形作った要因の1つに，欧米の植民地経済に組み込まれていた点をあげることができます。経済構造が一次産品に依存したモノカルチャー経済からの脱出が大きな命題でした。したがって工業化に際しては，関与の度合いは異なるものの政府が重要な役割を果たすことになります。特にタイは植民地化されることなく政治的安定を保ち，質のよい労働力を豊富に抱えていることで輸出志向型の工業化を推進する条件が整っていました。1960年代には外資の導入による工業化を目指してタイ北部や東部の地方に工業団地を整備し，プラザ合意後の円高で輸出競争力を失っていた日本の製造業が生産拠点を移す形でタイに進出しました。1980年代後半には10%を超す経済成長を遂げています。

こうして直接投資を積極的に受け入れ，金融自由化を通じて巨額の海外資金がタイに流入しました。1990年代後半のバブル経済から通貨危機に直面したことは，第80節で説明した通りです。金融機関の不良債権処理には数年を要しましたが，貿易面で開放政策を推進し自動車産業などの集積地となっていきます。輸出額に占める機械類・輸送用機器の割合は半分近くを占め，一人当たりのGDPも7,000ドルを超えて中進国となっています。多くの日系企業によるサプライチェーンの拠点としても貿易相手国としても，日本との経済関係は緊密さを増しています。他方，農村や山間地域における経済開発の遅れと都市との格差，また高齢化や社会保障制度整備が課題として挙げられています。

ASEAN原加盟国のタイから遅れること約30年，1995年にベトナムはASEANに加盟しました。人口9,700万人，一人当たりGDPは約3,500ドル（2020年）で，最貧国から2010年には（低位）中所得国へと発展しました。経済も高い成長を続けており，この10年間でも年平均6%を超えています。これはASEAN諸国の中でも群を抜いています。安価で豊富な労働力を魅力として海外からの投資も増えており，中国から同国に生産拠点を移す企業も増えています。

かつてフランスの植民地だった同国は，ベトナム戦争後に南北統一したものの近隣諸国との紛争も続き，終戦は1981年でした。経済発展の契機となったのは，それまでの社会主義経済から市場経済化を目指した「ドイモイ（刷新：Doi Moi）」政策への転換でした。資源配分と価格決定を市場に任せ，外資系企業を積極的に受け入れる対外開放政策を展開しました。今では，携帯電話や同部品，家電製品や電子機器などの製造と輸出が経済成長の源泉です。1997年のアジア通貨危機で経済も低迷しましたが，民営企業にも国営企業同様に投資を奨励し，比較的早く立ち直りました。米国との貿易摩擦や労働コスト上昇など課題を抱える中国から，次の投資先として注目されており，グローバル化を体現した開放政策は成功していると言えるでしょう。2007年WTO加盟，2009年には日本と経済連携協定（EPA）を締結しました。2020年時点で14の自由貿易協定（FTA）が発効しており，TPPやRCEPにも参加し，自由貿易の恩恵を最大限に生かそうとしています。課題としては，労働コストが比較優位ではなくなりつつあること，政府の政策に透明性を欠くこと，また，人材育成，電気・ガスや輸送インフラの未整備が指摘されています。

図92　タイとベトナムのGDP成長率（%）

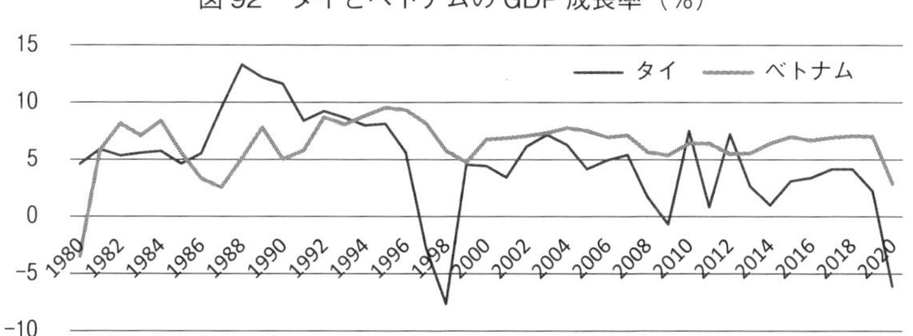

注：2020年は予測値。
出所：IMF World Economic Outlook Database, April 2021.

93 インドネシアとフィリピンの経済

天然資源豊富なインドネシアとオフショアリングの投資先として成長するフィリピン。日本との経済連携も進んでいる。

1949年に独立を果たしたインドネシアは人口2.7億人を擁し，多様な宗教，文化を持つ人工国家です。一人当たりのGDPは約4,000ドル（2020年），ここ10年の実質経済成長率は5%から6%を実現しています。石油・天然ガス，ゴム，コーヒーなどの資源が豊富であり，1970年代の経済成長はそうした一次資源の収入に依存したものでした。その収入ゆえ国産化による輸入代替工業化を推し進めましたが長続きせず，国営企業の非効率な経営もあって成功しませんでした。巨額の一次産品輸出収入が通貨高を招き，工業製品の輸出が圧迫されてしまう，いわゆるオランダ病も成長の阻害要因となっていました。1980年代になり，輸出企業に対する国産品使用義務付けの撤廃，為替レートの引き下げなど一連の構造調整策でようやく労働集約財の輸出環境が整い，輸出志向型投資の流入が増加しました（図93－1）。1997年の通貨危機（第80節）では，タイ同様に脆弱な債務構造と経常収支の赤字が原因で苦境に陥り，政治や経済が混乱します。一次産品の価格上昇も手伝って通貨危機以前の水準に戻ったのは2004年のことでした。インドネシアは豊富な天然資源ゆえに資源ブームが繰り返され，政治的な混乱も成長阻害要因として指摘されます。しかし，日本にとって同国は石炭・天然ガス等，重要なエネルギー供給国であり，日本からの直接投資も活発です。人口規模による潜在需要をどう成長に生かすかが課題です。

フィリピンは，1940年代後半から米国主導で工業化に着手し，1960年代にはタイよりも工業化率の点で上回り，日本と並ぶ経済力を誇っていました。しかし，資本財の輸入依存から貿易赤字は拡大，輸入代替工業化からの脱却も高関税等の国内保護政策を優先したため軌道にのりませんでした。1980年代の深刻な対外債務危機，度重なる政情不安もあって他国に遅れをとり，1997年の通貨危機，2008年の世界金融危機も経済停滞の原因となりました。より低賃金な労働力を提供するASEAN諸国の追い上げにも直面し，クーデター等の政治的な混乱から外資を導入できず，東アジアの国際分業ネットワークに参加する製造拠点になりきれない点も弱みでした。しかし，2000年代に入り，新たな成長の牽引役としてオフショアリング（海外生産）が登場します。1990年代に米国企業がコールセンターを設立して以来，ICT（情報通信サービス）産業の直接投資受入れが雇用創出につながるとして，政府は積極的に取り組みました（図93－2）。英語話者人口が豊富なこともあり，アメリカン・エキスプレスやJPモルガン等の企業がこぞってオフショアセンターを設立しました。結果，インドに次ぐオフショア拠点としての地位を確立しています。

2005年以降は自由貿易協定（FTA）締結も進めており，FTA締結国・地域との貿易額は総貿易額の60％を超えています。また，フィリピンは海外雇用庁を持ち，労働者の海外送り出しを国の政策として実施していることが特徴です。約1,000万人が海外に移住し，移民送金はGDPの10％を構成しています。日本とのFTAにおいても（2006年），看護師や介護福祉士の受入れが盛り込まれています。

図93－1　インドネシアの直接投資受入れ状況（国別，実行ベース）

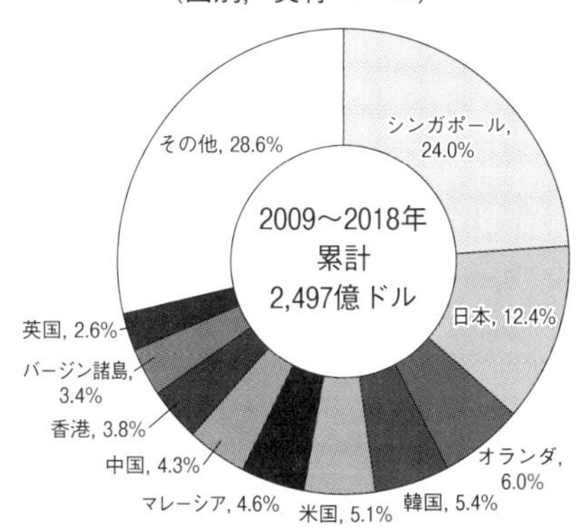

資料：インドネシア投資調整庁（BKPM），CEIC。
出所：国際協力銀行。

図93－2　フィリピンの直接投資受入れ状況（国別，実行ベース）

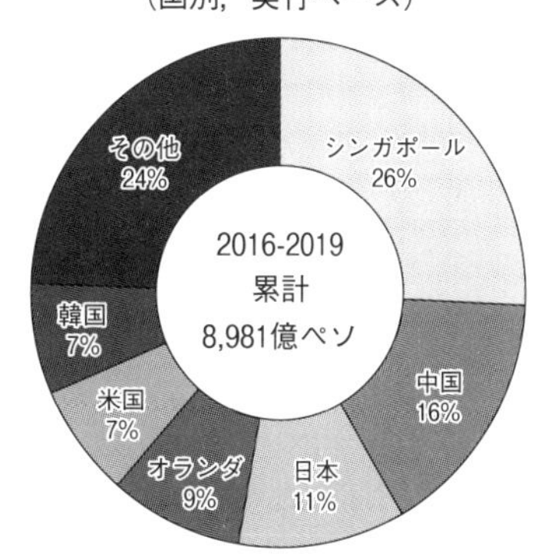

資料：Philippine Statistics Authority（PSA）.
出所：国際協力銀行。

94 アメリカの経済（1）

「双子の赤字」のうち財政赤字は，2016年から再び増加し，COVID-19への対応でさらに増加へ。

アメリカ経済は財政と経常収支の「双子の赤字」という大きな問題をかかえています。

財政赤字の発生はレーガン大統領の時代にさかのぼります。民主党のカーター大統領（1977～81年）のあと，1981年に大統領に就任した共和党のレーガン（1981～89年）は，ベトナム戦争への介入，ドル本位制の崩壊，スタグフレーションの進行などで陰りが見えたアメリカ経済を復活させ，強いアメリカの再生をめざした新しい経済政策（「レーガノミクス」）を採用しました。これは①企業や個人に対する減税，②軍事費を増大しそれ以外の歳出は削減，③通貨供給量の抑制による金融引き締め，高金利政策，④規制緩和を柱にしたもので，「大きな政府」から「小さな政府」への転換を目指したものでした。レーガンの後の大統領である（父）ブッシュ（1989～93年）は同様の政策を引き継ぎました。

これにより実質GDP成長率は1984年には7%を超えるなど，概ね3～4%を維持し，インフレの抑制や雇用の増加，長期の景気拡大局面を迎えるなど成功を収めたかに見えました。しかし，大規模な減税と軍事費の増大に伴う支出の増加により財政は赤字が基調となって，1992年には2,903億ドルというそれまでで最大となりました。

レーガン，ブッシュと続いた共和党の大統領の後には民主党のクリントン（1993～2001年）が登場し政策の転換を目指しました。いわゆる「クリントノミクス」という政策で国内経済の回復が最優先課題とされました。投資の活発化，増税（個人所得税，法人税の税率引き上げやキャピタルゲイン課税の強化など），歳出削減（国防費や利払いの大幅減少，医療・社会保障の改革など）により，

1997年から2000年にかけては財政を黒字に転換することができました。

しかし，その後はブッシュ大統領（2001～09年）が景気刺激のため大型減税や利下げを実施したこと，2001年9月11日に発生した同時多発テロ後の対策として国防・安全保障費の増加などによって再び赤字に転落し，2004年には4,000億ドルを超えました。

2008年9月のリーマン・ブラザースの破綻に端を発した金融危機対策，景気対策として，2009年1月に誕生したオバマ大統領（2009～17年）は多額の財政支出を行なったことから，財政赤字が急増しました。2009年に実質GDP成長率はマイナスになりましたが，2010年にはプラスに転じ，失業率も低下し経済は順調な回復を見せました。

2017年に就任したトランプ大統領（共和党）はオバマ大統領が採用した政策からの転換や大型減税を行い財政赤字が再び増加しました。

新型コロナ感染症によって落ち込んだ経済を回復させることが2021年1月に就任したバイデン大統領（民主党）の課題です。

図94－1　実質GDP成長率と失業率

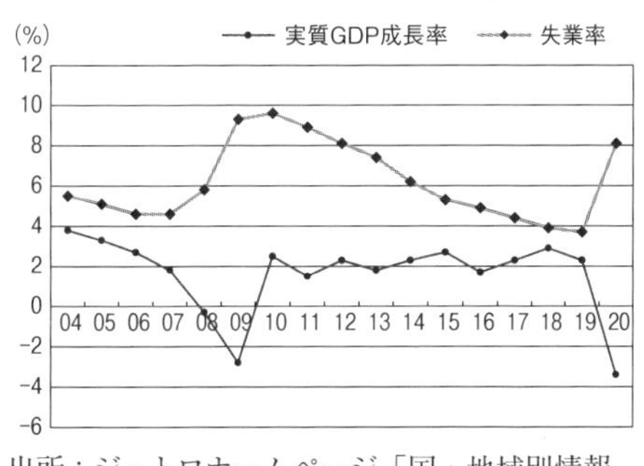

出所：ジェトロホームページ「国・地域別情報　基礎的経済指標　米国」から作成。

図94－2　財政収支の推移

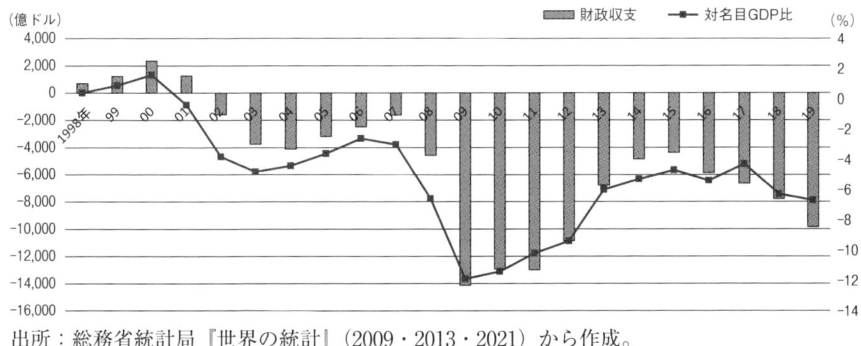

出所：総務省統計局『世界の統計』（2009・2013・2021）から作成。

95 アメリカの経済（2）

対中国貿易による貿易赤字については，米国内の内需拡大により輸入の増加が続き，その解消は困難である。

経常収支は貿易収支（輸出－輸入），サービス収支，第一次所得収支，第二次所得収支を合計して算出します。アメリカの場合，貿易収支と第二次所得収支が赤字，サービス収支と第一次所得収支は黒字となっていますが，貿易収支の赤字が非常に大きいため常に経常収支は赤字になっています（図95）。1980年代後半からアメリカの高金利によるドル高で輸出が減少し，輸入が増加したことが貿易赤字を大きくしました。また景気刺激策として行われた財政支出拡大や減税策は国内の需要拡大になって輸入の増加につながりました。

2009年リーマンショックにより各国とも経済活動は冷え込み貿易も急減しました。アメリカも同様で2008年の貿易額3兆5千億ドルが2兆7千億ドルに減少しました。それでもアメリカは世界最大の貿易国であるという地位に変わりはありませんでした。その後，貿易額は回復しましたが，それ以上に中国の貿易額が増えて，首位の座を明け渡し2013年からは世界2位となっています。2019年の輸出額は1兆6千億ドル，輸入額は2兆5千億ドルになっています。この数字でわかるように，アメリカは圧倒的に輸入額が多く，輸入超過が常に続いています。すなわち貿易赤字の構造が定着しています。

2017年から2019年までの貿易を地域別と品目別にあらわしたのが巻末の資料6－1・6－2と資料7－1・7－2です。トランプ大統領（2017～21年）によってNAFTA（北米自由貿易協定）が見直され，新たにUSMCA（米国・メキシコ・カナダ協定）が2020年7月から発効することになりましたが，依然カナダ，メキシコ両国の比重が高いものとなっています。輸入超過額が両国で約1,280億ドル（2019年）になっています。それにもまして対中国の輸入超過額は巨額なものになっており，。2019年には入超額が3,450億ドルとなって，入超額全体の4割を超えています。

トランプ大統領は巨額の貿易赤字を計上した中国に対して強い姿勢で臨み，対中国輸入品目について1974年の通商法第301条に基づき，不公正な取引と判断し追加関税を賦課しました。それに対して中国は対抗措置を発表するなどで米中通商摩擦に発展しました。その結果，対中国貿易（2019年）は対前年比15%の減少になりました。

貿易赤字解消に向け，オバマ大統領が2010年に掲げた「国家輸出戦略」の一環として進めたTPPから，アメリカは2017年1月トランプ大統領によって離脱しました。アメリカの対日貿易赤字，「日本の自動車貿易は公平でない」といった強硬姿勢が背景にありました。

2021年1月に就任したバイデン大統領は移民や治安対策，増税などの政策を出しましたが，反対意見も多く順調に進んでいるとは言えない状況です。経済連携に関してはTPPではなく新たな枠組みを構想しています。

図95　財貿易の輸出入額と入超額・経常収支（億ドル）

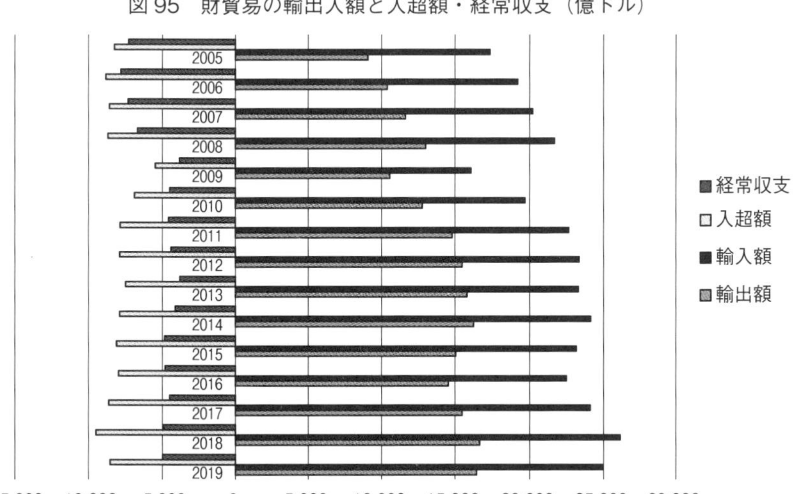

出所：総務省統計局『世界の統計』から作成。

96 EUの経済（1）

EU域内の人，モノ，サービス・資本の移動を自由にすることで巨大市場を形成した。

1993年11月1日に発効したマーストリヒト条約で誕生したEU（欧州連合）は原加盟国6カ国からその後加盟が相次ぎ，2013年にクロアチアが加盟したことで28カ国に拡大しました。しかし2020年1月31日にイギリスが脱退したため，現在27カ国で構成されています。

EUは経済通貨同盟のほか外交・安全保障や司法・警察など様々な協力を行う政治・経済統合体となっています。これにより関税同盟として加盟国間の貿易の関税・数量制限を撤廃し，域外に対しては共通関税率と共通の通商政策を実施する世界最大の単一市場を形成しています。また通貨同盟として1999年1月1日に11カ国で単一通貨ユーロを導入し，2002年1月1日からユーロの流通が始まりました。その後，ユーロ導入国は拡大し，現在19カ国になっています。

EUの人口は4億4,732万人（2020年）[1]とアメリカを上回り，GDPは15兆6,362億ドル（2019年）[2]，一人当たり46,590ドル（2019年）とアメリカに次ぐ巨大な市場を形成しています。EUの域内については人，モノ，サービス・資本の移動は自由に行えるものとなっています。

EUの貿易（表96）は減少傾向にあり，特に2020年はCOVID−19拡大の影響が出ています。貿易を域内と域外と区分すると2020年は輸出の域内59.6%，域外40.4%，輸入は域内61.9%，域外38.1%と域内貿易が6割程度を占めています。域外貿易の相手国は輸出ではアメリカ18.3%，中国10.5%，スイス7.4%と続き，日本は6番目2.8%を占めています。輸入は中国22.4%，アメリカ11.8%，ロシア5.6%で日本は輸出と同じく6番目2.8%を占めています。

その他の経済指標（2020年）は以下の通りです[3]。実質GDP成長率 −6.3％，インフレ率0.7％，失業率7.7％，財政収支（対GDP比）−8.4％となって，リーマンショック後，回復基調にあった経済はCOVID-19により大きく落ち込みました。

図96　EUの加盟国

出所：外務省HP「EUの加盟国」に国名を記入。

表96　EUの貿易

（単位：100万ユーロ）

		輸出			輸入		
		2018年	2019年	2020年	2018年	2019年	2020年
域内貿易	機械・輸送機器類	1,297,809	1,143,334	1,040,156	1,265,500	1,127,462	1,016,147
	雑製品	954,770	839,925	772,525	905,731	795,008	730,619
	化学工業製品	566,824	490,883	496,230	573,980	494,876	497,619
	食料品，飲料及びたばこ	347,910	306,310	304,323	346,332	302,930	301,624
	鉱物性燃料・潤滑油など	211,016	168,135	111,548	213,770	168,576	118,114
	原料別半製品	114,885	101,020	96,328	120,927	105,413	100,981
	合計（その他含む）	3,519,457	3,071,518	2,845,188	3,447,533	3,010,625	2,784,035
域外貿易	機械・輸送機器類	808,801	871,471	759,400	619,937	638,029	585,812
	雑製品	439,452	486,207	432,010	494,385	474,387	443,539
	化学工業製品	355,844	406,808	411,117	203,613	235,059	232,925
	食料品，飲料及びたばこ	121,752	163,003	166,232	112,731	117,558	113,410
	鉱物性燃料・潤滑油など	114,658	103,103	63,810	412,713	363,255	221,948
	原料別半製品	51,000	54,318	53,237	81,908	80,799	79,433
	合計（その他含む）	1,956,459	2,131,865	1,932,276	1,980,037	1,940,519	1,714,406
域内貿易・域外貿易の合計		5,475,916	5,203,383	4,777,464	5,427,570	4,951,144	4,498,441

（注）域内貿易，輸出はFOB，輸入はCIFのため金額は一致しない。
出所：ジェトロ世界貿易投資動向シリーズ　2021年版，2019年版から作成（元データ　EU統計局）。

1）外務省HP「欧州連合（EU）概況」
2）同上　イギリスのGDPを除く。
3）同上

97 EUの経済（2）

高い失業率，財政赤字，移民の急増などの解決がEUの課題である。

EUの加盟国の経済指標は表97の通りです。2020年の実質GDP成長率は軒並みマイナスを示しており，COVID-19の影響が出ています。また西欧と中東欧，南欧の国々の間には大きな経済格差が存在しています。

2009年に発覚したギリシャの財政赤字粉飾（2001年のユーロ導入時の名目GDP比が財政赤字基準の3%を超えていた）により欧州財政危機が広がり，アイルランドでは不動産バブルの崩壊により金融機関が不良債権を抱え，それぞれ他のEU諸国やIMFに支援を仰ぐなど，欧州債務危機に伴う景気の低迷に見舞われました。しかし2013年にEU全体に回復傾向が表れてきました。

2019年の失業率はギリシャ17.3%，スペイン14.1%，イタリア10.0%と二桁の率を示している国もありますが，全体として低くなっており，雇用情勢の回復が見られました。

雇用問題では依然流入する移民・難民問題がEUを揺るがしています。EUの多くの国はシェンゲン協定により域内の自由な移動を認めていることから，中東やアフリカから入ってきた移民や難民は最終目的地であるイギリスやドイツ，北欧の国へ移動していきます。EUは難民の積極的な受け入れを推進していますが，各国にとって移民や難民に関する費用負担が重く，治安の面からも難民の流入に苦慮する国も多くなっています。

イギリスのEU離脱は移民・難民の流入問題と財政危機に陥った国の救済のための資金拠出に対する不満が国民の間に広がったことも要因になりました。

イギリスは国民投票（2016年6月23日）の結果，EU離脱賛成51.89%，反対 48.11%となって，2017 年 3 月欧州理事会に離脱の通告をしました。イギリス国内の混乱もあり，2020 年 1 月 31 日正式離脱し，同年 12 月 31 日までの移行期間の間に各国と新たな通商協定を結ぶことで，従来通りの取引を可能にしました。

表 97　EU 加盟国の状況

	EU加盟年	ユーロ導入年	人口（万人）	国内総生産（億ドル）	1 人当たり国内総生産（ドル）	実質 GDP 成長率（%）		インフレ率（%）		失業率（%）
			2019年推定	2019 年	2019 年	2019 年	2020 年	2019 年	2020 年	2019 年
ドイツ	原加盟国	1999.1	8,352	38,611	46,232	0.6	△ 4.8	1.4	0.4	3.1
フランス	原加盟国	1999.1	6,513	27,879	40,319	1.8	△ 7.9	1.3	0.5	8.4
イタリア	原加盟国	1999.1	6,055	20,036	33,159	0.3	△ 8.9	0.6	△ 0.1	10.0
ベルギー	原加盟国	1999.1	1,154	5,331	46,198	1.8	△ 6.3	1.2	0.4	5.4
オランダ	原加盟国	1999.1	1,710	9,071	53,053	1.7	△ 3.7	2.7	1.1	3.4
ルクセンブルク	原加盟国	1999.1	62	711	115,481	2.3	△ 1.3	1.6	0.0	5.6
アイルランド	1973 年	1999.1	488	3,986	81,637	5.6	3.4	0.9	△ 0.5	4.9
デンマーク	1973 年	—	577	3,501	60,657	2.8	△ 2.7	0.7	0.3	5.0
ギリシヤ	1981 年	2001.1	1,047	2,053	19,604	1.9	△ 8.2	0.5	△ 1.3	17.3
スペイン	1986 年	1999.1	4,674	13,935	29,816	2.0	△ 10.8	0.8	△ 0.3	14.1
ポルトガル	1986 年	1999.1	1,023	2,388	23,350	2.5	△ 7.6	0.3	△ 0.1	6.5
オーストリア	1995 年	1999.1	896	4,451	49,701	1.4	△ 6.3	1.5	1.4	4.5
スウェーデン	1995 年	—	1,004	5,309	52,896	2.0	△ 2.8	1.7	0.7	6.8
フィンランド	1995 年	1999.1	553	2,693	48,678	1.3	△ 2.8	1.1	0.4	6.7
ポーランド	2004 年	—	3,789	5,959	15,727	4.7	△ 2.7	2.1	3.7	3.3
チェコ	2004 年	—	1,069	2,507	23,452	2.3	△ 5.6	2.6	3.3	2.0
ハンガリー	2004 年	—	969	1,635	16,879	4.6	△ 5.0	3.4	3.4	3.4
エストニア	2004 年	2011.1	133	315	23,740	5.0	△ 2.9	2.3	△ 0.6	4.4
ラトビア	2004 年	2014.1	191	341	17,885	2.0	△ 3.6	2.7	0.1	6.3
リトアニア	2004 年	2015.1	276	546	19,795	4.3	△ 0.9	2.2	1.1	6.3
マルタ	2004 年	2008.1	44	149	30,650	5.5	△ 7.8	1.5	0.8	3.4
キプロス	2004 年	2008.1	120	250	27,858	3.1	△ 5.1	0.5	△ 1.1	7.1
スロバキア	2004 年	2009.1	546	1,051	19,256	2.5	△ 4.8	2.8	2.0	5.8
スロベニア	2004 年	2007.1	208	542	26,062	3.2	△ 5.5	1.7	△ 0.3	4.4
ブルガリア	2007 年	—	700	691	9,540	3.7	△ 4.2	2.5	1.2	4.2
ルーマニア	2007 年	—	1,937	2,501	12,914	4.1	△ 3.9	3.9	2.3	3.9
クロアチア	2013 年	—	413	604	14,853	2.9	△ 8.0	0.8	0.0	6.9
＊イギリス	1973 年	—	6,753	28,264	41,855	1.4	△ 9.9	1.2	0.0	3.7
【参考】日本			12,617	51,487	40,791	0.3	△ 4.6			2.4

注＊：2020 年 1 月 31 日に離脱したため，加盟国は 27 カ国。
出所：総務省統計局「世界の統計」及び外務省 HP から作成。

98 インドの経済

多様な宗教・言語，カースト制度など経済社会運営に困難さと貧困問題を抱えるが，IT産業の成長が経済を牽引している。

2003年に米ゴールドマン・サックス証券が発表したレポート“Dreaming with BRICs：The Path to 2050”に登場したBRICsの一国として注目を浴びたインドは，広大な国土に13億人超の人口を抱え，GDPは2兆6千億ドル（名目，2020年），新型コロナウィルスの影響を受けた2020年以前は7%前後の経済成長率を実現していました。IT産業を中心としたサービス輸出が牽引役です。しかし，政府によれば国民の30%がいまだ貧困層にあり，多様な言語や宗教・文化を持つことから政治・経済運営に困難さを抱えています。人口の70%が住む農村部と都市部の所得格差も拡大しています。一人当たりのGDPが2,000ドル前後であり，輸出依存度，輸入依存度はそれぞれ11.6%，17.3%（2017年）で内需が中心です。中国などアジア諸国が「世界の工場」として工業製品輸出を中心に経済を成長させてきた発展の軌跡とは異なる路線を歩んでいるのが特徴です。

1947年の独立以来1980年代までは輸入代替工業化が採用されました。外資流入に制限をかけ，外国企業には部品の国産化を求めました。1960年代，70年代は戦争や旱魃で経済が停滞，公共部門を保護し民間の競争原理は働きませんでした。そうした閉鎖的な経済が修正されたのは1990年代になってからでした。規制がかかっていた外資導入は自由化されるようになり，貿易も関税を暫時引き下げ，輸入数量制限も無くすなど，計画経済から市場経済にウェイトを移すことにより，7%台の成長率を実現しました。特に経済成長の牽引役を担ったのがサービス部門です。GDPに占める工業部門の割合は16%前後ですが，サービス部門が占める割合は50%を超えています。

インド経済の成長を象徴するのがIT 産業です。特に理工系の教育が推進され，インド人学生は続々とIT 系企業に職を得るようになります。そうした人材を旺盛に需要したのは1990 年代の米国でした。当時，米国の成長部門であったIT 産業を担ったのがインド人技術者です。また，英語圏でもある強みを生かして，米国だけでなく欧州諸国のオフショアリング先としても発展しており，多国籍企業がR&D（研究開発）拠点をバンガロールやハイデラバードに設立しています。2020 年の対内直接投資において，コンピューターのソフト・ハードウェア部門への投資額が40％近くになっています。また，インドはR&D アウトソーシング世界市場の30％を占めるまでに成長していますが（2019 年），10 年後には50％を占めると予測されています（NASSCOM：National Association of Software and Service Companies）。

工業部門はどうでしょうか。波及効果の高い自動車産業は，スズキが進出し乗用車生産によってインドの自動車生産を成長させました。その後，タタモーターズも低価格の乗用車を市場に出したことも工業部門の牽引役を果たしていると言っていいでしょう。こうしたサービス部門および工業部門の消費の伸びに貢献したのが「中間層」（世帯年収5 千ドル以上35 千ドル未満）の存在です。2000 年に4.1％だった中間層の割合は，2008 年には18％を超えるまでに増加しています。

インドは戦後長い間，計画経済主導の政策が続きました。輸入代替による工業化を目指してきましたが，他の途上国が経済成長を始めても停滞は続き，社会制度上の制約もあり，閉鎖的な経済政策は成長を遅らせてきました。しかし，1980 年代以降には資本を積極的に受け入れるようになり，徐々に産業・貿易政策で規制緩和が進んでいます。外為規制の撤廃（1995 年にIMF8 条国へ移行），貿易自由化の推進，外国直接投資受け入れ規制の緩和，企業活動に関わる規制緩和などです。今後は，自動車や機械機器，化学産業など製造業の発展が期待される一方，高い数学能力を持ち，英語を話す安価かつ優秀な技術者の存在がソフトウェア産業を発展させています。しかし，インフラ整備や貧困などが未だ大きな課題です。

99

ロシアの経済

ロシアは世界最大のエネルギー産出国だが，天然資源に大きく依存する経済体質は脆弱。エネルギー部門以外の産業育成が課題。

1991年にソ連が解体し，翌年1月，ロシアは初代大統領エリツィンのもとで経済改革に着手しました。いわゆる「ショック療法」と呼ばれる市場経済化を急速に推進しました。しかし，計画経済ゆえの基盤未整備のまま，価格自由化や貿易自由化，国営企業の民営化が進められたことで，かえって生産も落ち込み，経済は厳しい状況に追い込まれました。さらに，安定した金融システムや社会保障制度も確立していない中，財政赤字穴埋めのために通貨を増発したことも手伝い，800％を超えるハイパーインフレにも見舞われます。BRICs諸国の中では唯一，1990年代の年平均成長率がマイナスでした。行政部門の非効率的な運営も指摘され，多くの課題が噴出したのも事実でした。インフレが収まりプラス成長路線に乗るのは1999年以降です。

ロシアは世界最大とも言えるエネルギー資源産出国です。石油や天然ガスの埋蔵量においても世界有数です。鉱工業生産に燃料・エネルギーが占める割合も大きく（28％），ロシア経済は天然資源に大きく依存しています。1997年にはアジア金融危機の影響を受け石油価格が低迷したこともあり，ルーブルの切り下げも余儀なくされました。1999年に経済成長がプラスに転じたのはそうした石油価格の高騰が寄与しました。2000年にはGDP成長率10％にのせ，インフレ率も20％台に落ち着きました。他方で，ルーブル相場は原油価格に大きく左右されます。また，たびたび起こる近隣諸国との紛争（2013年ウクライナ危機等）に対する欧米諸国からの経済制裁によっても左右され，2014年以降，相場は下落と上昇を繰り返しています。

貿易構造も天然資源に依存しています。輸出額全体に占める鉱物性燃料の割合は50%を占めています。それだけに資源価格の動向が大きなカギを握り，原油価格が低下すれば輸出額も減少します。2019年は特にその影響が大きく，貿易収支額がおよそ1,800億ドル，前年比15%と落ち込みました（図99)。輸出相手国としては，近年は中国が存在感を増しています。パイプラインで結ばれた欧州市場が資源輸出の大半を占めていましたが，徐々にその重要性を低下させています。欧米諸国との政治的な関係悪化や世界金融危機（第81節）による経済市場の落ち込み等から，市場の多角化に迫られたことも原因であると指摘されています。ロシアと中国を結ぶ天然ガスパイプラインも開通しています（2019年)。中国からは機械類を輸入しており，お互いの重要性は増しています。

プーチン大統領は経済基盤の改革を目指して税制や社会保障制度に関する改革法案を成立させてはいますが，行政の効率化も進まず，天然ガス独占企業であるガスプロム改革も道半ばです。プーチン大統領が急激な市場経済化を警戒し国家介入の余地を拡大しつつある点，エネルギー部門以外に経済を牽引する産業の不在，等が今後の懸念材料として指摘されています。さらに大きな問題は，2022年2月のウクライナ軍事侵攻によってかつてない規模の経済制裁を受けたことです。ロシア経済の先行きは不透明さを増しています。

図99　ロシアの貿易額変化率（%）

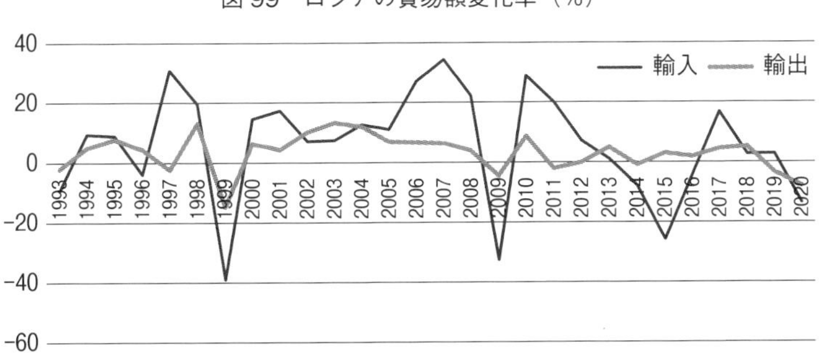

注：2019年及び2020年は予測値。
出所：IMF World Economic Outlook Database, April 2021.

100 オーストラリアの経済

資源国であるオーストラリアは二国間・地域間自由貿易協定を推進し，アジア太平洋地域において「開かれた地域主義」を実践している。

オーストラリアのGDPは，名目GDP約1兆3,923億ドル（2019年）で，およそ30年間連続して経済成長が続きました。日本のほぼ30％に相当する規模ですが，一人当たりの名目GDPは5万4,476ドル（2019年）で日本を上回ります。2020年は新型コロナウィルスの影響を受けてマイナス成長（−2.35％）でしたが，2021年はプラス成長に戻ると予測されています。移民大国でもあり，労働力人口の27％近くを占めています。オーストラリア産業構造の特徴は第三次産業が圧倒的に高いことで，GDP比率は70％にのぼります。以下，GDPに占める割合は，製造業6.3％，鉱業9.5％，農林水産業は2.2％です。一方，貿易に関しては，一次産品を輸出し工業製品を輸入する点に特徴があります。最大の貿易相手国は中国です。2000年代前半は日本，NIEs，ASEANが主な相手国で，なかでも日本は最大のパートナーでしたが，2009年には貿易総額で中国がトップになって以降，重要な貿易相手国となっています（図100−1，100−2）。恵まれた天然資源国として，主要な輸出品目は石炭や鉄鉱石などの鉱物・資源，次いで小麦などの農産物です。日本からは乗用車，一般機械，電気機械などの工業製品を輸入し，日本へは石炭，液化天然ガス，鉄鉱石，牛肉などの一次産品を輸出しています。

オーストラリアは元来，WTOによる多国間交渉・多角自由貿易体制の維持・強化を通商政策としていましたが，今では二国間・地域間自由貿易協定に軸足を移しています。それは，1990年代以降，各国経済が貿易依存度を高めていく中で，世界の貿易体制が多国間交渉からさまざまな形の地域連携に重点を移し始めたことが大きな要因です。EUやNAFTA（北米自由貿易協定）が形成されていく中，アジアにおいても当時のホーク首相がAPEC（Asia-Pacific Economic Cooperation Conference：アジア太平洋経済協力会議）を提唱，日本をはじめ，ASEAN，NIEs，カナダを含む大洋州，オセアニアの各国にロシアも加え，今では21カ国・地域による連携が進んでいます。以来，オーストラリアの産業政策は多角自由貿易を補完・強化するため，二国間の自由貿易協定（FTA：Free Trade Agreement）および経済連携協定（EPA：Economic Partner Agreement）に重点を移しています。

現在，オーストラリアは15の協定を締結しており（2021年），ニュージーランド，シンガポール，米国，タイ，チリ，ASEAN，マレーシア等とFTAを結んでいます。2015年には日本とEPAを，中国とFTAを締結しました。東アジア地域包括的経済連携（RCEP：Regional Comprehensive Economic Partnership）のような地域経済連携も重視し，環太平洋パートナーシップ（TPP：Trans-Pacific Strategic Economic Partnership Agreement）についてはアメリカ脱退を受け，11カ国によって2018年に署名がされました。現在では，EUや英国，湾岸協力会議（GCC：Gulf Cooperation Council）諸国，インドネシアやインドとも交渉を始めています。また，チリ，コロンビア，メキシコ，ペルーとの太平洋同盟も交渉中です。多角貿易（マルチラテラル）から地域貿易（リージョナル）へ，さらに安全保障をも視野に入れた複合的かつ戦略的な二国間（バイラテラル）へと通商政策を進めているといえるでしょう。

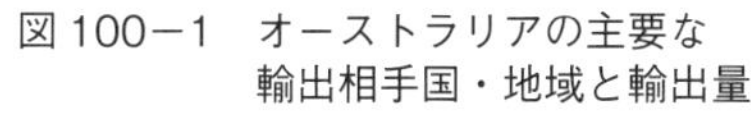

図100−1　オーストラリアの主要な輸出相手国・地域と輸出量

出所：International Trade Statistics, IMF.

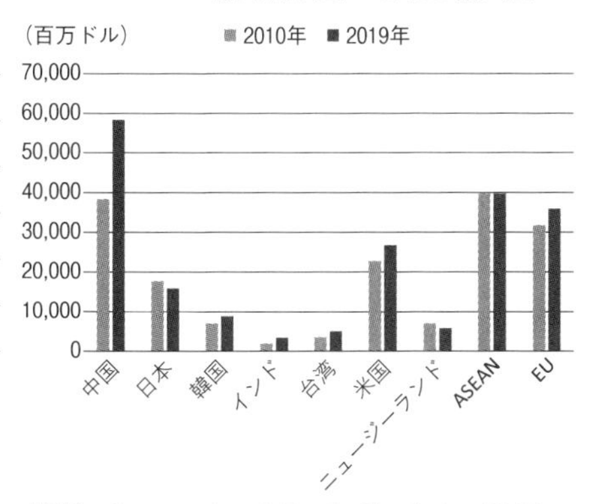

図100−2　オーストラリアの主要な輸入相手国・地域と輸入量

出所：International Trade Statistics, IMF.

第12章 練習問題

以下の設問に答えなさい。

(1) 中国の経済発展は著しく，今ではGDPはアメリカに次ぐ第2位になっています。しかし，今後の経済成長には不安な要素があるといわれています。それはどのようなことか調べてみましょう。
(2) アジアの経済発展をNIEs，ASEAN諸国，日本や中国を含む域内貿易や投資の面から説明してみましょう。
(3) 途上国における繊維産業は労働集約的な点で比較優位を持つと言われます。そうした国を1つ選び，その発展の経緯を具体的に調べてみましょう。

【解答】

(1) 中国も日本と同様，少子高齢化が経済成長の1つの足かせになると想定されています。出生率の低下もあって，人口の減少，働き手の減少につながると思われ，急速な高齢化社会を招来し，生産性の低下を招くとともに，国内市場の縮小などが考えられます。中国国内に存在する所得格差も消費動向を左右するものになり得ます。工業製品の輸出は現在好調ですが，中国の強権的政治姿勢や人権感覚に欧米諸国が嫌悪感を持っており，こうした政治的要因が中国の貿易に影響を与え，それが世界貿易の不安要因になる可能性があります。
(2) 1960年代後半からNIEsは輸出加工区を設置して外資を誘致し，繊維製品を中心に輸出志向工業化を進めます。日本も縫製部門をNIEsに移転させて米国に輸出しましたが，その後80年後半からはプラザ合意を契機としてASEAN諸国へ進出を加速させました。NIEsも生産拠点をASEANに移転させる等，直接投資が工業化を加速させたのです。これが「東アジアの奇跡」につながります。その後，アジア通貨危機を経て，中国が「世界の工場」として直接投資の受入れ国へと成長します。1つの製品の生産工程をASEAN諸国で受け持つ分業体制によって，中間財の域内貿易が促進されました。これはNAFTAやEUに見られない特徴です。本章では触れませんでしたが，ミャンマーやラオスなどASEANの後発国もこうした生産工程に参入しつつあります。域内投資と域内貿易がアジアの強みになっています。
(3) ここではベトナムを例にとります。アジアは繊維製品の重要な輸出拠点です。輸出額では中国がトップですが，続いてバングラデシュやベトナムも輸出額を伸ばしています。ベトナムは，1986年の「ドイモイ政策」によって外資企業を積極的に受け入れる対外開放と市場経済化に舵を切り，日本企業が縫製部門の担い手となって多くの技術を移転しました。アパレル産業において，生地やボタン，ファスナーなどを縫い合わせる縫製部門は，安価な労働力という生産要素が豊富な途上国にとって工業化の足掛かりになります。それまでは原油など一次産品の輸出に依存したモノカルチャー経済でしたが，労働集約的な製造業中心の経済へと変化しました。しかし，2000年代になると賃金が上昇し始め，カンボジアなどより賃金の低い国の追い上げによって縫製産業の競争力が低下します。代わりに電子・電気製品の輸出が上回るようになります。より付加価値の高い製品をどのように生み出すのかが，今後の課題です。

巻末資料

資料１－１　日本の主要輸出国・地域

（百億円）

	2011年	2012年	2013年	2014年	2015年	2016年	2017年	2018年	2019年	2020年
総額	6,555	6,375	6,977	7,309	7,561	7,004	7,829	8,148	7,693	6,840
アジア	3,669	3,485	3,787	3,952	4,033	3,711	4,292	4,474	4,133	3,922
中華人民共和国	1,290	1,151	1,263	1,338	1,322	1,236	1,489	1,590	1,468	1,508
香港	342	328	365	404	424	365	397	383	367	341
台湾	406	367	406	423	447	427	456	468	469	474
大韓民国	527	491	551	546	533	502	598	579	504	477
シンガポール	217	186	205	223	240	215	254	258	220	189
タイ	299	349	351	332	339	297	330	356	329	272
マレーシア	150	141	149	150	145	132	143	154	145	134
インドネシア	141	162	166	156	140	123	150	174	152	98
フィリピン	89	95	94	105	115	112	125	124	116	94
ベトナム	76	86	103	125	152	141	169	181	180	183
インド	88	85	84	86	98	89	99	122	120	97
（ASEAN）	980	1,033	1,083	1,108	1,149	1,038	1,187	1,263	1,158	984
大洋州	178	184	203	196	210	201	230	240	205	169
オーストラリア	142	147	166	150	155	153	180	189	158	130
北米	1,073	1,201	1,378	1,450	1,616	1,503	1,619	1,650	1,622	1,338
アメリカ合衆国	1,002	1,119	1,293	1,365	1,522	1,414	1,511	1,547	1,525	1,261
中南米	353	344	356	356	338	300	315	340	322	229
ブラジル	49	47	55	50	48	30	38	44	41	32
メキシコ	81	84	95	113	127	116	126	128	116	89
西欧	815	668	714	774	810	818	905	939	901	765
ドイツ	187	166	185	202	196	192	212	231	221	188
英国	130	106	108	118	130	148	154	153	151	115
フランス	64	53	61	63	63	65	70	78	74	60
オランダ	143	129	136	138	140	128	139	140	130	116
中東欧・ロシア等	167	164	181	172	135	129	148	172	176	151
ロシア	94	101	107	97	62	55	67	81	78	63
（EU）	762	650	700	759	799	798	866	921	896	646
中東	196	226	248	299	317	258	235	243	236	181
アフリカ	105	103	112	111	104	84	84	90	98	85

出所：財務省貿易統計から作成。

資料１－２　日本の主要輸入国・地域

（百億円）

	2011年	2012年	2013年	2014年	2015年	2016年	2017年	2018年	2019年	2020年
総額	6,811	7,069	8,124	8,591	7,841	6,604	7,538	8,270	7,860	6,801
アジア	3,039	3,131	3,597	3,862	3,836	3,320	3,703	3,922	3,741	3,468
中華人民共和国	1,464	1,504	1,766	1,918	1,943	1,702	1,846	1,919	1,845	1,751
香港	12	12	16	18	23	21	20	23	23	9
台湾	185	192	232	257	282	250	285	300	293	286
大韓民国	317	323	349	353	324	272	315	355	323	284
シンガポール	69	70	73	83	96	81	96	108	85	92
タイ	195	189	215	230	247	219	255	277	277	254
マレーシア	243	262	290	309	260	188	216	209	193	170
インドネシア	272	258	281	272	239	199	223	238	198	166
フィリピン	71	75	90	108	107	98	110	115	116	100
ベトナム	92	120	139	163	183	177	208	234	245	236
インド	54	56	69	74	59	51	60	61	59	51
(ASEAN)	995	1,031	1,149	1,225	1,184	1,005	1,155	1,240	1,176	1,068
大洋州	489	490	538	571	489	384	497	566	559	436
オーストラリア	451	450	498	509	421	332	436	505	496	383
北米	697	710	799	874	918	833	932	1,032	994	863
アメリカ合衆国	593	608	681	754	806	732	809	901	864	745
中南米	277	282	329	320	307	273	316	323	317	300
ブラジル	101	95	107	102	91	73	80	76	87	80
メキシコ	32	35	41	45	58	63	65	70	64	58
西欧	703	725	827	885	935	878	942	1,037	1,039	902
ドイツ	186	197	232	255	245	239	263	287	272	228
英国	58	58	64	68	79	71	79	91	89	69
フランス	94	102	114	121	115	108	117	122	131	99
オランダ	46	39	44	45	33	26	27	35	34	33
中東欧・ロシア等	185	207	281	318	259	187	231	255	233	184
ロシア	151	166	231	262	190	123	155	172	156	114
(EU)	641	664	765	817	862	815	876	972	972	783
中東	1,283	1,354	1,567	1,583	957	650	824	1,038	885	556
アフリカ	137	170	186	178	140	80	93	99	92	92

出所：財務省貿易統計から作成。

資料２－１　主要品目別輸出額

（単位：百億円）

	2011年	2012年	2013年	2014年	2015年	2016年	2017年	2018年	2019年	2020年
総額	6,555	6,375	6,977	7,309	7,561	7,004	7,829	8,148	7,693	6,840
1 食料品	36	36	44	48	60	61	64	74	75	79
2 原料品	97	106	121	119	114	95	113	116	103	102
3 鉱物性燃料	125	103	153	152	124	90	112	130	138	72
4 化学製品	680	636	751	782	776	712	819	892	874	853
有機化合物	191	182	252	244	212	168	196	205	191	156
プラスチック	219	204	226	241	244	227	251	256	243	242
5 原料別製品	879	844	918	946	922	785	869	914	841	750
鉄鋼	371	350	379	396	367	284	328	344	307	257
非鉄金属	129	126	142	145	143	124	140	151	137	159
金属製品	99	105	114	119	122	114	123	130	122	104
6 一般機械	1,380	1,284	1,336	1,422	1,442	1,361	1,568	1,651	1,512	1,314
原動機	232	226	252	254	259	242	275	295	273	217
電算機類（含周辺機器）	38	34	36	36	38	35	38	38	36	31
電算機類の部分品	113	105	120	119	121	101	109	106	97	87
半導体等製造装置	0	0	0	0	0	0	255	273	247	252
金属加工機械	120	133	114	134	129	98	111	122	107	78
7 電気機器	1,160	1,141	1,205	1,265	1,329	1,232	1,370	1,414	1,321	1,290
半導体等電子部品	356	334	355	369	391	361	402	415	401	416
（IC）	232	223	243	249	264	243	280	290	284	291
8 輸送用機器	1,403	1,499	1,633	1,691	1,814	1,734	1,823	1,888	1,812	1,446
自動車	820	922	1,041	1,092	1,205	1,133	1,183	1,231	1,197	958
（乗用車）	694	776	893	937	1,041	998	1,047	1,094	1,068	863
（バス・トラック）	117	132	134	147	155	127	129	129	122	90
自動車の部分品	300	321	348	348	348	346	390	399	360	291
二輪自動車	27	25	28	32	29	26	32	34	27	22
船舶	205	172	145	130	133	133	48	48	49	32
9 その他	795	726	817	884	980	934	132	137	149	114
科学光学機器	211	208	222	244	238	205	1,091	1,069	1,017	933

出所：財務省貿易統計から作成。

資料２－２　主要品目別輸入額

（単位：百億円）

	2011年	2012年	2013年	2014年	2015年	2016年	2017年	2018年	2019年	2020年
総額	6,811	7,069	8,124	8,591	7,841	6,604	7,538	8,270	7,860	6,801
1 食料品	585	585	647	673	700	636	702	725	719	668
魚介類	135	140	147	152	158	148	165	166	161	137
肉類	107	106	117	134	138	129	148	152	154	143
2 原料品	527	477	536	559	485	401	473	499	486	468
非鉄金属鉱	134	129	141	154	138	118	138	156	138	150
鉄鉱石	171	153	168	168	112	80	108	103	119	103
3 鉱物性燃料	2,182	2,409	2,744	2,769	1,822	1,205	1,584	1,929	1,695	1,125
原油及び粗油	1,141	1,225	1,424	1,387	818	553	715	891	797	465
石油製品	223	246	271	271	182	107	154	207	154	125
液化天然ガス	479	600	706	785	551	328	392	474	435	321
石炭	246	232	231	209	197	167	257	281	253	171
4 化学製品	610	593	646	686	775	711	757	855	816	786
有機化合物	143	140	152	155	165	151	171	194	169	167
医薬品	173	194	214	221	292	278	264	296	309	320
5 原料別製品	607	551	625	699	704	607	685	746	707	656
非鉄金属	181	137	154	169	168	134	174	200	175	172
金属製品	82	85	101	118	128	113	118	129	130	114
織物用糸・繊維製品	73	71	85	93	98	87	93	97	95	125
6 一般機械	497	500	597	676	707	636	721	795	758	704
原動機	63	67	83	97	113	116	126	145	123	90
電算機類（含周辺機器）	161	165	193	212	197	172	197	203	221	241
7 電気機器	799	844	1,031	1,153	1,201	1,079	1,205	1,234	1,199	1,135
半導体等電子部品	176	178	245	287	300	251	280	282	258	251
（IC）	142	138	160	176	204	183	217	221	201	199
通信機	158	215	268	287	293	272	311	309	285	285
（電話機）	0	0	0	0	0	0	191	197	169	160
8 輸送用機器	174	231	279	306	313	309	317	349	356	260
自動車	74	91	109	116	114	118	131	143	141	117
自動車の部分品	47	55	70	81	88	83	93	99	89	67
航空機類	29	57	68	73	74	73	57	73	91	44
9 その他	831	879	1,019	1,069	1,134	1,019	1,095	1,138	1,123	998
科学光学機器	128	135	147	157	168	156	172	183	182	171
衣類・同付属品	260	268	325	326	342	300	311	331	320	272
家具	50	56	68	74	78	71	76	78	79	75
バッグ類	41	46	52	55	59	56	59	61	64	51

出所：財務省貿易統計から作成。

資料３　WTO 閣僚会議の開催

	開催年月	開催地	主な特徴点
第１回	1996 年 12 月	シンガポール	① WTO 協定の実施状況の点検，②今後の WTO の作業部会の設置，③情報技術分野の関税撤廃の大枠の合意。
第２回	1998 年５月	ジュネーブ	次期交渉を念頭に置いた準備作業の開始等を合意。
第３回	1999 年 11 ～ 12 月	シアトル	次期貿易自由化交渉（新ラウンド）を立ち上げようとしたものの，初日から会場周辺で WTO に反対するグループによる抗議行動などで大混乱となり，また加盟国間の意見の相違が際立ち，閣僚宣言の採択ができないまま閉幕しました。
第４回	2001 年 11 月	ドーハ	新多角的通商交渉（新ラウンド）の開始について合意ができ，市場開放・自由化の促進と通商ルールの整備・強化を柱として３年後の妥結を目指して交渉を進めていくことになりました。
第５回	2003 年９月	カンクン	農業や非農産品，投資や貿易円滑化等の５分野について交渉が行われたものの，先進国と途上国の対立が埋まらず，議論が打ち切られ閣僚宣言が出されないまま終了しました。
第６回	2005 年 12 月	香港	農業の国内支持について，先進国を三階層に分け，高いほど大きく削減することを合意したほか，輸出補助金の撤廃期限を 2013 年末までと決め，交渉分野ごとの進め方や目的などを決定し，ドーハ・ラウンドに向けた土台ができました。
第７回	2009 年 11 ～ 12 月	ジュネーブ	金融経済危機下においてドーハ・ラウンドが経済回復，貧困緩和に重要であること，2010 年中の交渉終結を確認しました。
第８回	2011 年 12 月	ジュネーブ	ドーハ・ラウンドについては，交渉が膠着状態で一括妥結の見込みは少なく，部分合意，先行合意を目指すことになりました。
第９回	2013 年 12 月	バリ	ドーハ・ラウンド部分合意の貿易円滑化協定である「バリ合意」が妥結しました。
第10回	2015 年 12 月	ナイロビ	ドーハ・ラウンドにおいては，合意ができていなかった輸出補助金を含む農業分野の輸出競争等に合意。
第11回	2017 年 12 月	ブエノスアイレス	先進国，途上国等立場が異なる多くの国の全会一致による合意ができず，閣僚宣言が出されませんでした。
第12回	2020 年６月	カザフスタン	新型コロナ感染症拡大のため延期。
第12回	2021 年 11 ～ 12 月	ジュネーブ	新型コロナ感染症拡大のため延期。

出所：外務省，経済産業省ホームページ，「2021 年版　不公正貿易報告書」から作成。

資料4－1　日本のEPA・FTAの取り組み状況

	国・地域	交渉開始	署名	発効
発効済み・署名済み	シンガポール	2001年1月	2002年1月	2002年11月
	メキシコ	2002年11月	2004年9月	2005年4月
	マレーシア	2004年1月	2005年12月	2006年7月
	チリ	2006年2月	2007年3月	2007年9月
	タイ	2004年2月	2007年4月	2007年11月
	インドネシア	2005年7月	2007年8月	2008年7月
	ブルネイ	2006年6月	2007年6月	2008年7月
	ASEAN＊1	2005年4月	2008年4月	2008年12月
	フィリピン	2004年2月	2006年9月	2008年12月
	スイス	2007年5月	2009年2月	2009年9月
	ベトナム	2008年9月	2008年12月	2009年10月
	インド	2007年1月	2011年2月	2011年8月
	ペルー	2009年5月	2011年5月	2012年3月
	オーストラリア	2007年4月	2014年7月	2015年1月
	モンゴル	2012年6月	2015年2月	2016年6月
	TPP＊2	2013年7月	2016年2月	
	TPP11	（アメリカの離脱後のTPP）		2018年12月
	EU＊3	2013年4月	2018年7月	2019年2月
	アメリカ	2019年4月	2019年10月	2020年1月
	イギリス	2020年6月	2020年10月	2021年1月
	RCEP＊4	2013年8月	2020年11月	2022年1月予定
交渉中：トルコ，コロンビア，中国・韓国＊5　　交渉中断中：GCC＊6，韓国，カナダ				

＊1　インドネシア，カンボジア，シンガポール，タイ，フィリピン，ブルネイ，ベトナム，マレーシア，ミャンマー，ラオスの10カ国。

＊2　オーストラリア，ブルネイ，カナダ，チリ，日本，マレーシア，メキシコ，ニュージーランド，ペルー，シンガポール，アメリカ，ベトナム。2013年7月から日本は交渉に参加。アメリカが離脱したためTPP11として発効。その後，アメリカと日米貿易協定，日米デジタル貿易協定を締結。

＊3　イギリスが離脱したため27カ国。その後，イギリスとはEPAを締結。

＊4　「地域包括的経済連携協定（The Regional Comprehensive Economic Partnership Agreement）」を15カ国が署名。

＊5　日韓の二国間のFTAは中断したが，日中韓の3カ国の間での交渉は継続。

＊6　湾岸協力理事会（Gulf Cooperation Council）サウジアラビア，クウェート，オマーン，カタール，バーレーン，アラブ首長国連邦。

出所：外務省HPから作成。

資料４－２　日本の EPA ／ FTA

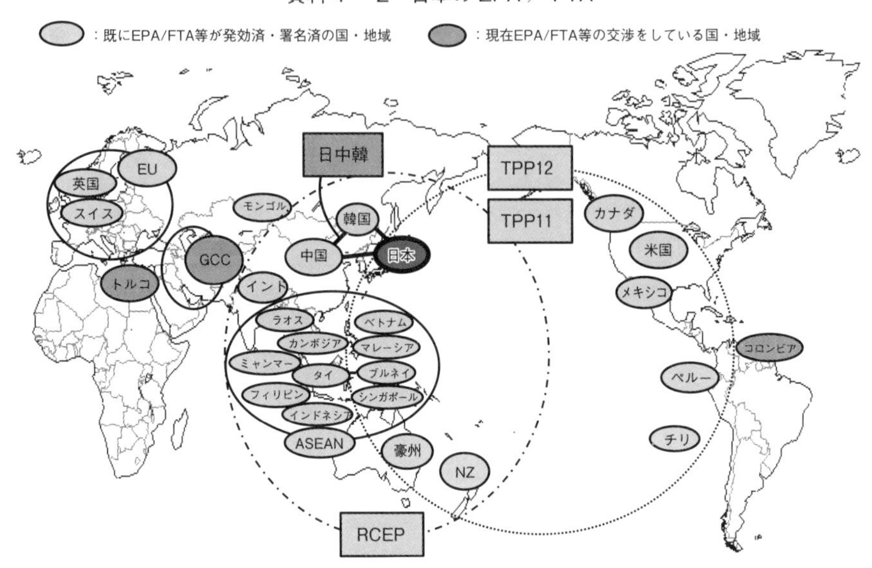

出所：外務省 HP「我が国の経済連携協定等の取組」
https://www.mofa.go.jp/mofaj/files/000490260.pdf

資料４－３　日本の貿易総額に占める国・地域の貿易額の割合

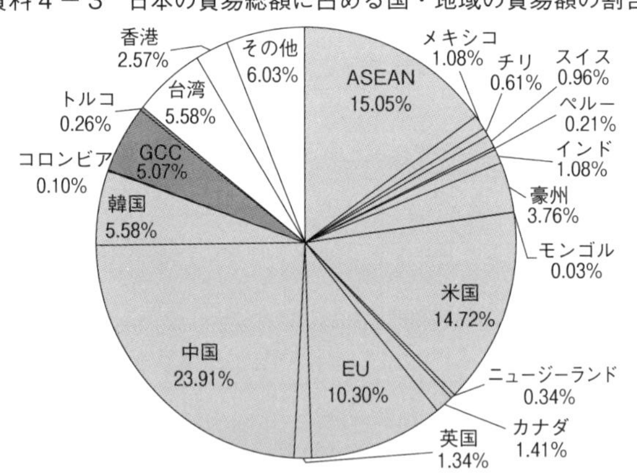

発効済＋署名済　：計80.4%
交渉中（含む中断中）　：計 5.4%
発効済＋署名済＋交渉妥結＋交渉中　：計85.8%

出典：財務省貿易統計（2021年３月公表）
（各国の貿易額の割合については，小数点第３位四捨五入）

出所：資料４－２に同じ。

資料5　1973年変動相場制移行後の円・ドル相場の推移とその背景

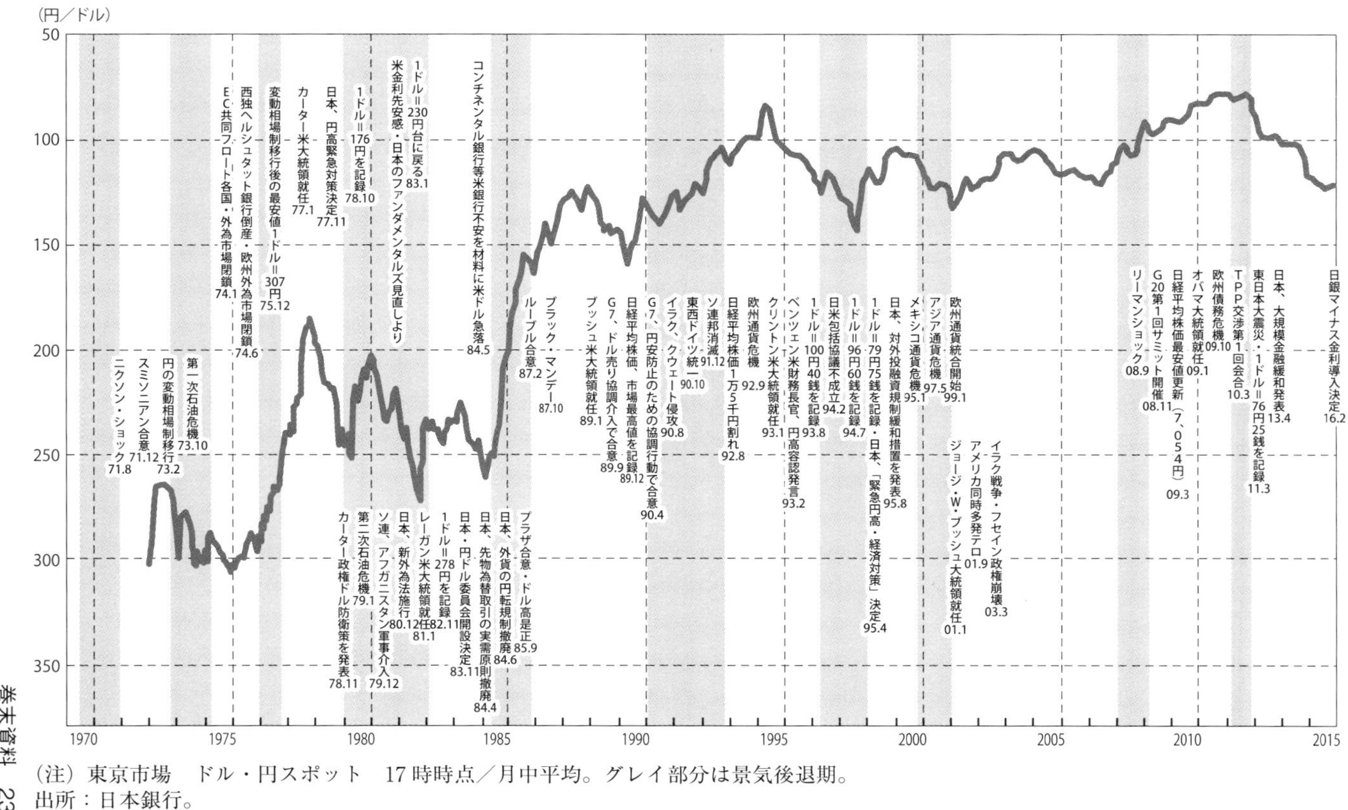

(注) 東京市場　ドル・円スポット　17時時点／月中平均。グレイ部分は景気後退期。
出所：日本銀行。

資料6－1　アメリカの国・地域別輸出

（100万ドル，％）

【輸　　出】		2017年		2018年		2019年	
		金額	構成比	金額	構成比	金額	構成比
EU28		283,257	18.3	318,376	19.1	336,726	20.5
	フランス	33,595		36,617		37,718	
	ドイツ	53,961		57,753		60,112	
	イギリス	56,257		66,313		69,078	
USMCA（旧NAFTA）		525,980	34.0	565,211	33.9	549,203	33.4
	カナダ	282,473		299,769		292,633	
	メキシコ	243,508		265,443		256,570	
日本		67,585	4.4	75,229	4.5	74,377	4.5
中国		129,798	8.4	120,148	7.2	106,447	6.5
韓国		48,350	3.1	56,507	3.4	56,539	3.4
香港		39,855	2.6	37,310	2.2	30,783	1.9
台湾		25,736	1.7	30,560	1.8	31,294	1.9
ASEAN		77,750	5.0	85,763	5.1	86,109	5.2
	シンガポール	29,649		32,747		31,218	
	タイ	11,023		13,012		13,299	
	マレーシア	12,873		12,448		13,192	
	ベトナム	8,134		9,675		10,861	
	フィリピン	8,450		8,720		8,642	
	インドネシア	6,863		8,172		7,733	
インド		25,648	1.7	33,503	2.0	34,288	2.1
中南米		150,367	9.7	164,210	9.9	161,624	9.8
	アルゼンチン	9,602		9,927		8,152	
	ブラジル	37,331		39,560		42,853	
その他		171,658	11.1	178,228	10.7	175,771	10.7
世　界　計		1,546,473	100.0	1,665,688	100.0	1,643,161	100.0

出所：「ジェトロ世界貿易投資報告」世界貿易動向シリーズ（国・地域別編）2020年版・2019年版から作成。

資料６－２　アメリカの国・地域別輸入

（100 万ドル，％）

【輸　　　出】	2017 年		2018 年		2019 年	
	金額	構成比	金額	構成比	金額	構成比
EU28	434,902	18.6	487,037	19.2	515,208	20.6
フランス	48,912		52,432		57,593	
ドイツ	117,548		125,849		127,507	
イギリス	53,282		60,783		63,219	
USMCA（旧 NAFTA）	611,899	26.2	664,925	26.2	677,399	27.1
カナダ	299,090		318,824		319,428	
メキシコ	312,809		346,101		357,971	
日本	136,418	5.8	142,425	5.6	143,566	5.7
中国	505,220	21.6	539,676	21.2	451,651	18.1
韓国	71,416	3.1	74,264	2.9	77,470	3.1
香港	7,372	0.3	6,286	0.2	4,735	0.2
台湾	42,426	1.8	45,756	1.8	54,253	2.2
ASEAN	169,707	7.3	185,008	7.3	206,334	8.3
シンガポール	19,368		26,612		26,398	
タイ	31,116		31,873		33,447	
マレーシア	37,370		39,356		40,567	
ベトナム	46,477		49,174		66,630	
フィリピン	11,623		12,597		12,778	
インドネシア	20,206		20,842		20,147	
インド	48,550	2.1	54,349	2.1	57,694	2.3
中南米	115,921	5.0	122,195	4.8	108,861	4.4
アルゼンチン	4,785		4,833		4,917	
ブラジル	29,450		31,104		30,844	
その他	196,550	8.4	218,509	8.6	199,802	8.0
世　界　計	2,339,884	100.0	2,540,806	100.0	2,497,531	100.0

出所：「ジェトロ世界貿易投資報告」世界貿易動向シリーズ（国・地域別編）2020 年版・2019 年版から作成。

資料７－１　アメリカの品目別輸出

（100万ドル，％）

【輸　　出】	2017年		2018年		2019年	
	金額	構成比	金額	構成比	金額	構成比
資本財	533,213	34.5	563,137	33.8	547,869	33.3
半導体	47,563	3.1	48,539	2.9	49,828	3.0
民間航空機	56,033	3.6	56,527	3.4	44,004	2.7
電気機器	43,389	2.8	45,728	2.7	43,566	2.7
医療機器	35,240	2.3	37,272	2.2	38,487	2.3
通信機器	38,255	2.5	37,247	2.2	35,789	2.2
コンピュータ周辺機器	30,673	2.0	33,119	2.0	30,549	1.9
コンピュータ	15,380	1.0	16,386	1.0	16,343	1.0
工業用原材料	464,695	30.0	541,204	32.5	529,782	32.2
消費財	197,691	12.8	206,031	12.4	205,681	12.5
自動車・同部品等	157,865	10.2	158,836	9.5	162,468	9.9
食料品・飲料	132,736	8.6	133,129	8.0	131,103	8.0
その他	60,274	3.9	63,351	3.8	66,258	4.0
合計	1,546,473	100.0	1,665,688	100.0	1,643,161	100.0

出所：「ジェトロ世界貿易投資報告」世界貿易動向シリーズ（国・地域別編）2020年版・2019年版から作成。

資料７－２　アメリカの品目別輸入

（100万ドル，％）

【輸　入】	2017年		2018年		2019年	
	金額	構成比	金額	構成比	金額	構成比
資本財	639,850	27.3	691,335	27.2	677,758	27.1
半導体	53,779	2.3	54,034	2.1	54,324	2.2
民間航空機	13,760	0.6	12,272	0.5	14,287	0.6
電気機器	52,044	2.2	5,746	0.2	55,799	2.2
医療機器	38,602	1.6	42,114	1.7	45,593	1.8
通信機器	74,223	3.2	42,093	1.7	62,475	2.5
コンピュータ周辺機器	59,498	2.5	64,725	2.6	53,108	2.1
コンピュータ	68,906	2.9	77,391	3.0	77,809	3.1
工業用原材料	507,087	21.7	575,112	22.7	521,514	20.9
消費財	601,528	25.7	646,146	25.5	653,629	26.2
自動車・同部品等	358,305	15.3	371,466	14.6	375,934	15.1
食料品・飲料	137,817	5.9	147,335	5.8	150,510	6.0
その他	95,297	4.1	106,335	4.2	118,186	4.7
合計	2,339,884	100.0	2,537,729	100.0	2,497,531	100.0

出所：「ジェトロ世界貿易投資報告」世界貿易動向シリーズ（国・地域別編）2020年版・2019年版から作成。

資料８　主要国・地域（OECD，NIEs，ASEAN，BRICs）の経済指標（2020 年）

	人口（百万人）	国内総生産（名目）（10 億米ドル）	実質成長率（%）	一人当たりGDP（米ドル）		失業率（%）	貿易（百万ドル）		経常収支		購買力平価（対ドル評価）
				名目	購買力平価換算		輸出	輸入	（10億米ドル）	対GDP比（%）	
オーストラリア	25.733	1,359.33	−2.44	52,825	51,680	6.5	103,427	103,427	33.891	2.493	1.48
オーストリア	8.901	428.62	−6.59	48,154	55,218	5.3	137,246	134,431	10.04	2.342	0.764 *
ベルギー	11.522	513.09	−6.42	44,529	51,096	5.6	293,861	311,698	−3.801	−0.741	0.764 *
カナダ	37.973	1,643.41	−5.40	43,278	48,720	9.6	324,906	331,657	−31.818	−1.936	1.191
キプロス	0.886	23.97	−5.106	27,054	40,107	7.6	7,676	2,131	−2.476	−10.332	0.591 *
チェコ	10.694	241.46	4.54	22,579	22,579	2.7	112,253	138,756	8.481	3.513	12.902
デンマーク	5.823	352.24	−3.29	60,494.20	58,932.77	5.6	76,549	80,712	27.694	7.862	6.715
エストニア	1.33	31.01	−2.93	23,330.09	37,745.14	6.8	13,942	12,490	−0.323	−1.040	0.542 *
フィンランド	5.525	270.64	−2.89	48,981.44	49,853.33	7.8	53,132	50,515	2.172	0.802	0.861 *
フランス	65.124	2,598.91	−8.23	39,907.14	46,061.96	8.2	479,777	387,529	−60.726	−0.200	0.759 *
ドイツ	83.157	3,803.01	−4.90	45,732.80	54,075.68	4.2	832,611	944,283	269.579	7.089	0.741 *
ギリシャ	10.711	189.26	−8.25	17,670.29	28,748.18	16.4	33,208	18,976	−14.069	−7.434	0.539 *
ハンガリー	9.77	154.56	−4.96	15,820.10	33,029.52	4.1	83,144	88,474	−0.296	−0.191	147.521
アイスランド	0.364	21.72	−6.65	59,633.72	55,965.79	6.4	4,476	4,336	0.228	1.050	144.297
アイルランド	4.994	418.72	2.48	83,849.81	94,391.53	5.6	74,529	186,677	19.314	4.613	0.778 *
イスラエル	9.216	402.64	−2.38	43,688.58	40,547.29	4.3	40,056	36,978	19.737	4.902	3.709
イタリア	60.245	1,884.94	−8.87	31,282.02	40,861.29	9.1	290,659	367,404	68.344	3.626	0.671 *
日本	125.758	5,048.69	−4.83	40,146.07	42,248.00	2.8	262,704	321,599	165.823	3.284	101.462
韓国	51.779	1,630.87	−0.96	31,496.77	44,620.99	3.9	214,540	231,533	75.276	4.616	832.94
ルクセンブルグ	0.63	73.21	−1.31	116,921.11	118,001.58	6.3	23,042	14,691	3.218	4.396	0.868 *
メキシコ	127.792	1,076.16	−8.24	8,421.19	19,130.10	4.4	277,844	393,418	26.57	2.469	9.458
オランダ	17.408	909.50	−3.80	52,247.54	57,534.17	3.8	367,899	493,546	90.862	9.990	0.796 *
ニュージーランド	5.09	209.33	−2.99	41,127.16	42,018.05	4.6	23,075	18,766	−1.657	−0.792	1.506
ノルウェー	5.389	362.01	−0.76	67,176.43	65,800.10	4.6	66,110	71,236	9.168	2.533	9.613
ポーランド	37.958	594.18	−2.72	15,653.56	34,102.77	3.2	210,095	212,968	20.754	3.493	1.79
ポルトガル	10.287	231.35	−7.59	22,488.62	34,042.66	6.8	32,152	47,192	−2.714	−1.173	0.579 *

スロベニア	2.096	52.84	−5.53	25,210.72	38,807.01	5.1	26,760	23,762	3.856	7.298	0.569	*
スロバキア	5.458	104.09	−5.20	19,071.20	32,709.86	6.7	56,410	60,199	−0.468	−0.449	0.511	*
スペイン	47.11	1,278.21	−10.96	27,132.32	38,392.27	15.5	217,370	224,835	8.625	0.675	0.619	*
スウェーデン	10.379	537.61	−2.82	51,796.38	54,146.13	8.3	120,860	119,039	28.153	5.237	8.811	
スイス	8.606	747.43	−2.98	86,849.47	72,873.72	3.1	233,737	247,252	28.496	3.813	1.119	
トルコ	84.174	719.54	1.79	8,548.18	30,252.68	13.1	109,284	94,558	−36.724	−5.104	1.981	
イギリス	67.093	2,710.97	−9.92	40,406.28	44,116.87	4.5	457,012	292,801	−106.51	−3.929	0.714	
米国	330.086	20,932.75	−3.51	63,415.99	63,415.99	8.1	1,145,705	776,145	−646.399	−3.088	1	
香港	7.474	349.45	−6.14	46,753	59,520	5.9	219,581	51,998	22.703	6.497	6.093	
シンガポール	5.772	339.98	−5.39	58,902.22	97,056.53	3.1	136,575	125,282	59.784	17.585	0.837	
台湾	23.617	668.51	3.11	28,305.92	55,723.90	3.9	163,091	235,956	94.276	14.102	15.026	
ブルネイ	0.461	12.02	1.20	26,089.28	62,371.13	6.8	1,616	3,747	0.124	1.028	0.577	
カンボジア	15.678	25.95	−3.53	1,655.39	4,695.07	—	7,182	17,859	−3.245	−12.505	1,448.7	
インドネシア	270.204	1,059.64	−2.07	3,921.62	12,221.92	7.1	62,068	86,045	−4.739	−0.447	4,673.60	
ラオス	7.266	19.08	−0.44	2,625.53	8,110.93	—	571	876	−1.094	−5.735	4,673.60	
マレーシア	32.939	338.28	−5.59	10,269.86	27,402.24	4.5	98,696	170,860	14.849	4.390	1.568	
ミャンマー	53.199	81.26	3.19	1,527.44	5,241.65	—	5,157	6,574	−2.807	−3.454	412.791	
フィリピン	108.77	362.24	−9.51	3,330.36	8,452.40	10.4	55,273	51,420	11.629	3.210	19.553	
タイ	69.8	501.89	−6.09	7,190.37	18,236.36	2.0	91,050	132,678	16.539	3.295	12.336	
ベトナム	97.406	340.82	2.91	3,498.98	10,868.86	3.3	119,472	197,131	7.523	2.207	7,473	
中国	1,404.33	14,722.84	2.27	10,483.88	17,191.69	3.8	1,241,816	1,642,688	298.8	2.030	4.208	
インド	1,378.60	2,708.77	−7.97	1,964.88	6,461.01	—	135,209	131,492	27.281	1.007	21.989	
ブラジル	211.422	1,434.08	−4.06	6,783.05	14,916.29	13.2	85,388	81,143	−12.457	−0.869	2.362	
ロシア	146.812	1,473.58	−3.06	10,037.24	27,903.30	5.8	110,034	159,184	32.493	2.205	26.024	

（注）　　IMF による推定値。

＊ユーロ採用国。IMF は，欧州連合理事会が決めた固定相場（元の通貨とユーロとの交換比率）を利用して算出している。（1999 年ユーロ採用時に決められたものだが，それ以降にユーロを採用した国は，その時点で交換比率が決められている。）

出所：IMF, *Direction of Trade Statistics* 2020, IMF, *World Economic Outlook Database* 2021.

参考文献

REFERENCE

どの学問にもあてはまることですが，1冊の教科書で学習していてもピンと来なかったことが，別の教科書を読んで「目からウロコが落ちる」ようにわかったりすることがあります。書店や図書館を活用し，自分にとってわかりやすい本を探してみてください。

国際経済学とりわけ貿易理論を学習するには，無差別曲線や予算制約などミクロ経済学の基礎知識が必要です。また国際マクロ経済学はマクロ経済学のIS-LM分析の応用です。ミクロ経済学とマクロ経済学の基礎的な内容を学習するには，

①『経済学のエッセンス100（第3版）』多和田眞／近藤健児著，中央経済社，2018年

が最適です。本書と同様の見開き2ページで1項目完結のスタイルをとっています。さらにミクロ経済学を詳しく学びたい人のために，

②『コアテキスト　ミクロ経済学』多和田眞著，新世社，2005年

③『ミクロ経済学をつかむ』神戸伸輔／寶多康弘／濱田弘潤著，有斐閣，2006年

④『マンキュー経済学Ⅰ ミクロ編（第4版）』N. グレゴリー マンキュー著（足立英之／石川城太／小川英治／地主敏樹／中馬宏之／柳川隆訳）東洋経済新報社，2019年

⑤『ミクロ経済学（第3版）』伊藤元重著，日本評論社，2018年

も推薦しておきます。

本書と並行して読んでもらいたい同レベルの国際貿易論の入門書として，

⑥『国際経済学入門（第2版）』浦田秀次郎著，日本経済新聞社，2009年

⑦『基礎コース 国際経済学』澤田康幸著，新世社，2004年

があります。⑦は国際貿易論・国際金融論・開発経済学を含んでいます。

本書を学習した後で取り組んでもらいたい，よりレベルの高い国際貿易論の教科書として，

⑧『国際経済学をつかむ（第２版）』石川城太／椋寛／菊地徹著，有斐閣，2013 年
⑨『クルーグマン国際経済学―理論と政策（上・貿易編）』P. R. クルーグマン／M. オブズフェルド／マーク J. メリッツ著（山形浩生／守岡桜訳）丸善出版，2017 年
⑩『入門・国際経済学』大川良文著，中央経済社，2019 年
⑪『国際経済学入門』木村福成著，日本評論社，2000 年
⑫『国際貿易』伊藤元重／大山道広著，岩波書店，1985 年
⑬『現代国際経済学』小田正雄著，有斐閣，1997 年
があげられます。⑫と⑬は古い本なので古書店か図書館を探してください。

国際収支統計について，より詳しく学ぶためには，
⑭日本銀行のホームページ https://www.boj.or.jp/statistics/outline/exp/exbs02.htm
がありますので，活用されると良いでしょう。

国際金融・国際マクロ経済学は⑦，⑩にも記述がありますが，独立した参考書に，
⑮『最新為替の基本とカラクリがよーくわかる本（第２版）』脇田栄一著，秀和システム，2019 年
⑯『コアテキスト　国際金融（第２版）』藤井英次著，新世社，2014 年
⑰『入門国際金融（第４版）』高木信二著，日本評論社，2011 年
⑱『現代国際マクロ経済学（改訂版）』辻正次／田岡文夫著，多賀出版，2010 年
などがあります。特に国際金融や各国事情に関する文献は新しいものほど良いことは言うまでもありません。書店で新刊をしばしばチェックしてみることをお勧めします。⑱は古書店か図書館を探してください。

最後に地域経済・各国経済についてまとまっている本として，
⑲『国際経済と地域経済』若杉隆平編著，文眞堂，2020 年
があります。

索　引

INDEX

A–Z

ア

カ

サ

タ

ナ

ハ

マ

ヤ

ラ

《著者紹介》（執筆順）

松葉　敬文（まつば　たかふみ）　担当：1－6，32－36節
岐阜聖徳学園大学経済情報学部准教授

寳多　康弘（たからだ　やすひろ）　担当：7－15，58－63節
南山大学経済学部教授

多和田　眞（たわだ　まこと）　担当：16－23節
※編著者紹介参照。

川端　康（かわばた　やすし）　担当：24－31，44－46節
名古屋市立大学経済学部教授

近藤　健児（こんどう　けんじ）　担当：37－43，47－57，64，65，73，74節
※編著者紹介参照。

細川　潔（ほそかわ　きよし）　担当：66－72，75，86，87，94－97節
愛知学院大学経済学研究科客員教授

平岩　恵里子（ひらいわ　えりこ）　担当：76－85，88－93，98－100節
南山大学国際教養学部教授

《編著者紹介》
多和田　眞（たわだ　まこと）
略　歴　1948年生。
1971年　名古屋市立大学経済学部卒業。
1981年　ニュー・サウス・ウェールズ大学経済学博士取得。
現　在　名古屋大学名誉教授。
著　書　*Production Structure and International Trade*, Springer verlag, 1987.
論　文　“The Production Possibility Set with Public Intermediate Goods”, *Econometrica*, 1980. 他多数。

近藤　健児（こんどう　けんじ）
略　歴　1962年生。
1984年　京都大学経済学部卒業。
1994年　名古屋市立大学大学院経済学研究科博士後期課程修了。
2000年　博士（経済学）名古屋市立大学。
現　在　中京大学経済学部教授。
著　書　*The Economics of International Immigration*, Springer, 2016.
論　文　“Permanent Migrants and Cross-Border Workers — The Effects on the Host Country”, *Journal of Regional Science*, 1999.
“Transboundary Pollution and International Migration”, *Review of International Economics*, 2006. 他多数。

（検印省略）

2007年5月25日　初版発行
2011年5月20日　改訂版発行
2015年5月20日　第三版発行
2018年5月20日　第四版発行
2022年3月20日　第五版発行　　略称―国際経済基礎

［第五版］国際経済学の基礎「100項目」

編著者　多和田眞・近藤健児
発行者　塚田尚寛

発行所　東京都文京区春日2-13-1　株式会社　創成社
電　話　03（3868）3867　FAX　03（5802）6802
出版部　03（3868）3857　FAX　03（5802）6801
http://www.books-sosei.com　振　替　00150-9-191261

定価はカバーに表示してあります。

ISBN978-4-7944-3236-0　C3033
Printed in Japan

組版：ワードトップ　印刷：エーヴィスシステムズ
製本：エーヴィスシステムズ
落丁・乱丁本はお取り替えいたします。